Le traquenard pour faire taire,
en France, en 2018,
en toute impunité, sans jugement,
toute dénonciation de corruption,
toute vérité contraire aux bonnes pensées
de
MACRON et de sa clique,
de la FRANÇAISE-MACONNERIE,
de ses MAFIAS,
de la GENDARMERDERIE
et de la MAGISTRATURE.

*Les Agréments délicieux de Toulon,
du Département du VAR,
grâce à la « Française-Maconnerie »
Provençale,
ses corrompus maires, préfets, procureurs,
juges, magistrats,
et sa gendarmerderie.*

*Tous efficaces pour une cause,
La Leur !*

« Français, je n'ai absolument AUCUNE confiance en la justice de mon pays.

2018, FRANCE, VAR : Internement Abusif à Buts Politique, Religieux et Dogmatique »

a été écrit

par Laurent GRANIER, victime.

The Cocker Publisher.
www.thecockerpublisher.com
Publié pour le compte de l'ONG Supranationale
"ANOTOW" (Another Tomorrow – Un Autre Demain)

ISBN: 9781091792739

HISTOIRE VRAIE de 2018/2019

**Français, je n'ai Absolument
AUCUNE Confiance
en la Justice de Mon Pays.**

2018, FRANCE, VAR :
Internement Abusif
à Buts Politique,
Religieux et
Dogmatique

**Le Département du VAR,
La Ville de TOULON,
nid « Maconnique »**

Par Laurent GRANIER, Victime

Sommaire

- **Chapitre 1 : La Lettre au Ministre de l'Intérieur, Gérard COLLOMB, et au Premier Ministre, Édouard PHILIPPE**

Le détonateur qui a mis le Feu aux Poudres, mais aussi et surtout, le prétexte officiel pour détourner l'attention d'intentions de procès politique et para-religieux.

Le 28 Février 2018
R.A.R. Envoyé par le site de La Poste certifiant son contenu

MINISTERE DE L'INTERIEUR
Place Beauvau 75008 Paris
A L'ATTENTION PERSONNELLE DE GERARD COLLOMB

Hôtel Matignon
57 rue de Varenne 75700 Paris SP 07
A L'ATTENTION PERSONNELLE de Édouard PHILIPPE

Objets : MISE EN DEMEURE ET DEPOT DE PLAINTES PENALES
contre les gendarmes et spécialement MDL/Chef DALL'OPPIO Fabien
de la Brigade de Gendarmerie du BEAUSSET,
Bd du 11 novembre 1918 83330 LE BEAUSSET
Pour CORRUPTION, COLLUSION AVEC UNE ORGANISATION CRIMINELLE, INTIMIDATION, HARCELEMENT, MENACE, ABUS DE POUVOIR ET DE FONCTION à des FINS PERSONNELLES, COMPLICITE des DELITS EN BANDE ORGANISEE de DISSIMULATION de FRAUDES COMPTABLES et FISCALES, de DETOURNEMENTS DE FONDS, de BLANCHIMENT, d'ESCROQUERIE, de CHANTAGE, d'ENTRAVES à la MANIFESTATION de la VERITE, POSSIBLE COMPLICITE de TRAFIC de STUPEFIANTS et de CAMBRIOLAGES, etc.

Monsieur Le Ministre de l'Intérieur, responsable de la Gendarmerie et des actes délictueux des gendarmes,
Monsieur Le Premier Ministre, responsable de vos ministres et ministères,

Depuis plusieurs années que je séjourne occasionnellement dans le Var, et même dans les Bouches-du-Rhône, j'ai pu constater une récurrente corruption des autorités, et spécialement de la gendarmerie locale, collusion qui va jusqu'à se mêler et à s'impliquer avec la pègre, la mafia régionale.

Désormais, je suis confronté à une nouvelle entreprise de corruption criminelle de gendarmes de la Brigade du Beausset, et particulièrement le **MDL/Chef DALL'OPPIO Fabien**, *sachant qu'il a des complices gendarmes à ses ordres, n'agissant pas seul, commettant même les délits pénaux cumulés de* **CORRUPTION, COLLUSION AVEC UNE ORGANISATION CRIMINELLE, INTIMIDATION, HARCELEMENT, MENACE, ABUS DE POUVOIR ET DE FONCTION** *à des* **FINS PERSONNELLES, COMPLICITE** *des* **DELITS EN BANDE ORGANISEE** *de* **DISSIMULATION** *de* **FRAUDES COMPTABLES,** *de* **DETOURNEMENTS DE FONDS,** *de* **BLANCHIMENT,** *d'***ESCROQUERIE,** *de* **CHANTAGE,** *d'***ENTRAVES A LA MANIFESTATION DE LA VERITE, POSSIBLE COMPLICITE DE TRAFIC DE STUPEFIANTS** *et* **DE CAMBRIOLAGES,** *etc.*

L'historique :
Vous trouverez ci-joint le courrier expliquant la situation délictueuse, que j'ai adressé le 26 février 2018 (reçu le 27 février par Mme CAUSSIN) aux deux co-gérants officiels (en fait, il y a aussi Philippe COLOMBO qui donne son nom au garage et qui ne peut être gérant officiellement...) de la SARL COCOFISH (3478 QUARTIER LE VAISSEAU RN 8 13420 GÉMENOS, 492 336 771 R.C.S. MARSEILLE, Nom commercial : COLOMBO CHALLENGE), à savoir, d'une part, Mme Anne Marie Madeleine CAUSSIN, née le 6 septembre 1955 à Marseille 1°, demeurant au 970 Chemin du Grand Pin Le Mas des Chevrefeuilles - 83330 LE CASTELLET-, et d'autre part, Laurent ROMANO, né le 6 octobre 1968 à Marseille 1°, demeurant (LE BASTIDON) Chemin du Pas de Vicaire, Route des Crêtes 13260 CASSIS.

Déjà, le 24 novembre 2017, je leur avais adressé la même mise en demeure, mais à l'adresse de leur société. Aucune réponse officielle ne fut rendue.

Seule, une tentative de contact, le 28 novembre, par téléphone (messagerie) et par courriel

(fabien.dall-oppio@gendarmerie.interieur.gouv.fr)

par ledit MDL/Chef DALL'OPPIO Fabien, de la Gendarmerie du Beausset, message qu'il s'est bien gardé d'établir sous une forme autre que neutre, sans motif ni référence.

Déjà, j'avais trouvé étrange le fait et le délit de non-respect des usages du Droit en matière de juridiction, tout comme l'inapproprié de cette dernière. En effet, mon courrier recommandé avait été adressé au siège de la société, à Aubagne, dans les Bouches-du-Rhône, dans un autre département donc que celui du Var où est basé ce gendarme, mon adresse était et est sur Paris, donc aucune raison qu'une personne officielle s'autorise à exercer une action depuis une juridiction qui ne le concerne pas.

J'ai laissé passer 3 mois car j'avais d'autres occupations et objectifs professionnels comme, entre autres, des travaux de recherches en physiques nucléaires.

Le 26 février dernier, j'ai renouvelé ces courriers recommandés depuis le site internet d'envoi de courrier de La Poste, adressés directement aux deux co-gérants, à leur adresse respective que j'avais obtenues en acquérant une copie du K-Bis.

Le 27 février, l'un deux avait déjà été distribué, celui à Mme CAUSSIN, et l'autre était en instance de retrait.

Le même jour, une tentative d'appel de la gendarmerie du Beausset, me laissant toujours un message laconique. Puis, par deux fois, ils ont tenté de m'importuner, me harcelant, à une de mes résidences secondaires. Je n'ai jamais vu de la part d'une des gendarmeries locales, comme des polices, tant de réactivité, sauf quand ils sont personnellement concernés et/ou impliqués, si ce n'est leurs « amis ».

Bref, ils ont tenté de m'intimider. Se gardant bien de m'envoyer un courriel, ou de me fournir des preuves écrites de leur tentative d'exaction à mon encontre.

Il est à ajouter que le courriel envoyé en novembre par le MDL/Chef DALL'OPPIO Fabien, l'avait été à l'adresse de ma fondation ANOTOW ONG (anotow@xxx.com), et qu'il ne pouvait en avoir eu connaissance que par ledit courrier recommandé que j'avais envoyé aux co-gérants, par lequel je leur indiquais cette adresse e-mail, et mon adresse personnelle de Paris. La collusion avec les crapules que je mettais en cause et la tentative d'intimidation à mon encontre étaient déjà caractérisées.

14

Il est important de préciser que :

- *Il y a tous les ans, aux mêmes périodes, une vague de cambriolages sur la commune du Beausset, en général une quarantaine, et en ce début d'année 2018, une centaine, et la même gendarmerie locale n'a rien fait.*
- *La commune du Beausset est une plaque tournante pour le trafic de drogues, à petite et grande échelle, idéalement située pour la vente au détail, en bordure des Bouches-du-Rhône (donc d'une autre juridiction...), accessible depuis une autoroute en 2 minutes, et la même gendarmerie locale ne fait rien.*
- *L'aérodrome du circuit du Castellet (Paul RICARD) est une porte d'entrée pour le trafic à grande échelle, comme par exemple, celui de drogue, VINCI l'ayant racheté après que j'eusse dénoncer ces délits il y a 2 ans, offrant par la même occasion, si ce n'est une virginité, une protection juridique, légale et collusive (mafieuse), et la même gendarmerie locale ne fait rien.*
- *Mme CAUSSIN entretient ses relations avec la même gendarmerie locale en les invitant à des réceptions personnelles...*
- *Stéphane CLAIR, directeur de la société EXCELLIS qui détient le circuit ci-dessus nommé, pratique des fraudes comptables et fiscales, de blanchiment, comme déjà en vendant de fausses assurances (circuit de kart), une société de droit étranger d'un paradis fiscal (Ile Maurice avec un gérant suisse...), et la même gendarmerie locale ne fait rien.*
- *Si l'on veut déposer une plainte, ou même seulement une main courante contre une personne impliquée dans la mafia locale, les même gendarmes de la même gendarmerie locale refuse de les enregistrer (par exemple, une voisine harcelée par une autre voisine a voulu déposer une main courante, le planton de la gendarmerie a refusé parce qu'il ne voulait pas offusquer cette voisine harcelante au prétexte qu'elle travaillait au service des impôts situé au Beausset, et qu'elle faisait ses fiches de paie et versait son salaire...), et la même gendarmerie locale ne fait rien.*
- *Une personne fichée « S », sous contrôle judiciaire pour une importante affaire d'escroquerie d'une centaine de victimes, instruite à Toulon dans le Var, mais dont le*

pointage se faisait à Marseille parce qu'il avait déclaré son adresse dans les Bouches-du-Rhône, cette personne donc, vivait dans une villa, à une centaine de mètre de cette gendarmerie du Beausset, continuait ses affaires, à savoir à faire de faux documents, de la fausse monnaie, du trafic et du blanchiment de Bitcoin, à faire des escroqueries à la carte bancaire s'élevant à plusieurs millions d'euros, à faire du trafic de boissons sucrées et/ou énergisantes avec toutes les organisations criminelles de France grâce à ses accointances avec une personne locale des douanes qui lui faisaient des attestations et des facilités de passage en douanes, lui (le douanier) rapportant 25.000 € mensuel, et la même gendarmerie locale ne faisait rien.

– Un clerc de commissaire priseur, en complicité avec un mandataire liquidateur, a fait des détournements et des ventes « confidentielles » de biens d'une société en liquidation sise au Beausset, et la même gendarmerie locale n'a rien fait.

– Etc.

Si l'infiltration de policiers, de douaniers, d'agents de renseignements dans les milieux terroristes et les organisations criminelles est devenue commune, la réciproque est aussi vraie, même si elle n'est jamais évoquée en France, à savoir, l'infiltration de crapules, de salopards, de français-macons, de mafieux, de membres de famille mafieuses, de complices, d'amis au sein de la police, de la douane, des autorités, de la magistrature, et bien entendu de la gendarmerie.

Il est bien connu que la mafia italienne est présente en la région PACA, et le nom de ce gendarme, DALL'OPPIO, à consonance italienne, ne peut m'ôter de l'esprit de son parti pris avec ces vermines.

Il est aussi à noter que, de toutes les autorités, la plus organisée, la plus hiérarchisée et donc la pus répandue et la plus criminelle, tentaculairement au niveau national, à l'opposé des autres qui ne subissent qu'une corruption localisée et privée, c'est bien la gendarmerie. Elle offre la plus efficace et la plus dangereuse, d'une part, par son réseau sur tout le territoire français « grâce » au truchement des grades et des attachements militaires, d'autre part, par son caractère de cercle fermé bien distingué du reste de la population, et ensuite, « grâce » à la qualité morale et mentale de sous-hommes que sont les miliaires *qui obéissent systématiquement, sans (se) poser de questions, à tout ordre de son supérieur. Il est bien connu la nature stupide et « moutonesque » des militaires. Pour illustrer leur manque de fiabilité morale, il n'y a qu'à évoquer la période de la seconde guerre mondiale, durant laquelle cette espèce d'armée a su obéir à la fois aux ordres des nazis en zone occupée, et aux ordres de Vichy. Sans compter leur propension à l'alcoolisme. Il est à exprimer enfin le caractère anachronique et même illégal de la gendarmerie, une police militaire qui s'occupe des choses de civils, et ce, en temps de paix, et non de guerre.*

Comme le disait CLEMENCEAU, « La guerre est une chose trop grave pour la confier à des militaires ». Et la Paix ? Doit-on la leur confier ? Pire que si on le faisait à une armée classique, à une organisation militaire spécifique qui s'occupe de chose civile, comme la circulation ???

Pour finir, votre gendarmerie, du moins les gendarmes incriminés, me doivent la somme détournée par les personnes qu'elles protègent, abusant de leur position et de leur autorité à des fins personnelles, à savoir, la somme de 15.000 € (quinze mille euros), assortie du même montant pour les dommages, préjudices et intérêts originaux causés, et ensuite la somme de 1.000.000 € (un million d'euros) pour les préjudices induits dernièrement.

Vous avez 15 jours pour me verser ces sommes à titre d'arrangement à l'amiable.

Passé ce délai, vous me devrez 50.000 € (cinquante mille euros) supplémentaires par semaine, jusqu'à la date de versement total.

Il va de soi que des réparation financières ne seront pas suffisantes, et je vous mets en demeure de mettre à pied et d'entreprendre immédiatement toute poursuites judiciaires ainsi que de prononcer des sanctions disciplinaires, comme déjà leur « démission », à l'encontre du MDL/Chef DALL'OPPIO Fabien et des gendarmes de cette gendarmerie impliqués dans cette corruption qui m'oppresse, ainsi que celle qui gère les autres délits qui me sont étrangers et que je dénonce en la présente, comme la collusion mafieuse dans les trafics de drogues, les cambriolages, etc.

Pour finir, je vous mets en demeure de me fournir la liste des noms des gendarmes de cette gendarmerie.

Je profite de cette missive pour vous faire part de mes

dernières recherches scientifiques et de la prochaine commercialisation, en octobre 2018, d'une nouvelle arme de dissuasion (sic) massive, qui sera vendue par une de mes sociétés étrangères (je ne suis plus résident français en France), et pour laquelle, pour l'obtenir, il vous faudra remplir des critères qui ne seront pas que d'ordre (exclusivement) financier.

En effet, si la présente affaire décrite n'est ni l'objet de mesures de poursuites à l'encontre de ces crapules, ni la réalisation du règlement de mes préjudices, votre état, votre gouvernement, votre armée, vos polices, votre gendarmerie ne pourront prétendre à être parmi la liste des rares pays à en avoir la jouissance.

Pour information, cette dénommée « arme » est un système chimique sur-pulvérisé qui neutralise toute arme conventionnelle à poudre, et même certains explosifs, en méthode préventive et préalable. Pour exemple, une arme ou des munitions soumises à cette micro-pulvérisation deviennent inopérantes. Il en va de même avec certains explosifs, peut-être même avec des mines et des grenades (des tests doivent être faits au sujet de ces applications). Aussi, pensez à l'extrême utilité et nécessité de ce système pour contrer des attaques et des attentats aux armes à feu et/ou aux bombes.

Veuillez recevoir, Monsieur Le Ministre de l'Intérieur, responsable de la Gendarmerie et des actes délictueux des gendarmes, mes sincères salutations, espérant que vous êtes un tant soit peu intègre.

Veuillez recevoir, Monsieur Le Premier Ministre, mes sincères salutations, espérant que vous êtes un tant soit peu intègre.

Laurent GRANIER
Maître Philosophe, Inventeur, Théoricien
Fondateur de l'ONG "ANOTOW" qui dénonce et combat la corruption
Adresse en France : 75018 PARIS

Pour ceux qui ne le savent pas, Gérard COLLOMB a donné sa démission en septembre 2018, se montrant en profond désaccord avec, ce qu'il a découvert tardivement, notamment par l'affaire « BENALLA », la bande de malfrats qui a fait main basse sur le pouvoir, Élysée et Matignon, le trio Emmanuel MACRON, Édouard PHILIPPE et Alexis KOHLER.

Nous ne savons pas tout sur ce dossier, loin de là, et en tant que ministre de l'intérieur, il en savait bien davantage, et bien entendu, des informations qu'il ne pouvait révéler, comme, notamment, le chantage subi par Emmanuel MACRON par son ancien « proche », au titre des connaissances intimes de son homosexualité, une orientation bien connue dans les milieux idoines chics.

Peut-être aussi parce que ces éminences du pouvoir ont essayé de lui faire porter le chapeau dans cette étrange affaire, où la sécurité du pays est en jeu puisque ce petit agent du service de la sécurité du président, qui fait aussi partie de la gendarmerie(...), a en main des éléments si perturbateurs, qu'ils lui permettent, en toute impunité, de mentir au Sénat, et de continuer à exercer officieusement, avec, toujours en sa possession, des passeports diplomatiques, un téléphone crypté, et ce, sans passer par la case « Prison », sans être en détention préventive, libre de ses mouvements, sans même être importuné, ni par les autorités, ni par le gouvernement...

A la réception de ma missive, Gérard COLLOMB m'avait répondu le 15 mars 2018, par l'entremise de Jean-Marie GIRIER, qui m'informait qu'au titre de la séparation des pouvoirs, alors que ce corps d'armée est quand même sous son autorité et donc, sous sa responsabilité, qu'il la transmettait au ministère de la Justice, à la femme qui le porte si bien au regard de sa « personnalité spirituelle », au visage de sorcière, Nicole BELLOUBET, mais aussi, sans le nommer, au « Monsieur le général d'armée, directeur général de la gendarmerie nationale ».

Une autre manière de faire étouffer l'affaire, en envoyant la « patate chaude » en d'autres mains... En l'occurrence, de celles de Richard LIZUREY, le général de la Gendarmerderie.

Mais, au moins, il a eu le courage et la courtoisie de me répondre.

Et, rien n'a bougé.

Notamment contre ceux que je dénonçais, autant les gendarmes en question, que les « magistrats », que les fraudeurs et crapules auxquels j'attribuais un lien de faveurs entre les premiers et les seconds avec les troisièmes...

Mais, depuis le départ de Gérard COLLOMB, un balourd a pris sa place en tant que ministre de l'Intérieur, le type idéal pour le trio dirigeant, de constitution morale de nature servile à l'extrême, le subalterne par excellence.

Et depuis quelques mois, le risque politique devenait grandissant.

J'étais en pleine rédaction d'une missive à l'attention du Sénat, afin de le contraindre juridiquement, d'entreprendre ce qu'il était de leur devoir sans même que je n'eusse à leur signifier, une procédure de destitution d'Emmanuel MACRON de son poste de président de la République, ce, à l'appui d'informations encore plus sensibles, mettant en lumière les financements occultes de son parti et surtout de sa campagne présidentielle, liés à la complicité de certains politiques et représentants de l'État, et d'autres magistrats.

Une manigance dont la corruption avait, et a toujours pour conséquences une des pires pollutions de la mer Méditerranée, celle des Boues Rouges, avalisée et validée par les responsables passés et actuels des successifs gouvernements français, par l'entremise des préfets locaux, et pour laquelle j'avais déposé une plainte à la Cour Pénale Internationale à La Haye, pour Crime contre l'Humanité.

J'avais d'ailleurs été en contact, au printemps 2018, par l'intermédiaire de l'ONG « ANOTOW », et suite à sa demande par courriel, avec une prétendue étudiante journaliste qui s'intéressait à cette affaire. J'avais déjà trouvé son attitude médiocre, du type comme si tout lui était dû, informations et preuves, bref, tout le travail effectué par mes soins, sans qu'elle bouge son cul de son bureau, mais tout en en tirant le mérite et la gloire. Une attitude certes typique de la mentalité des journalistes, notamment français, mais aussi d'une manière péremptoire, comme celle des autorités, et des militaires...

J'ai compris six mois après, à mes dépens, sans son aveu, qu'il s'agissait d'une, ou plutôt de « la » gendarme... Mais, j'y reviendrai.

J'avais aussi pris contact dernièrement, et ce, malgré ma piètre considération à son endroit, avec Jean-Luc MÉLENCHON, afin de lui communiquer ces informations sensibles, la copie de ma missive au Sénat, à la suite de la multiple perquisition illégale qu'il a subie, et qui a fait les choux gras des médias débiles, qui n'ont rien compris de son légitime énervement.

Les journalistes sont des vendus, sont partiaux, du moins faiblement « neuronés », et tous les jours, ils se chargent eux-même de le démontrer par leurs propos de bas étage. Il y a certes des exceptions parmi elles et eux, mais elles et ils sont souvent bridés par leurs patrons, rédacteurs en chef, ou propriétaires du média...

Pour information, je ne suis pas de son côté politique.

Bien au contraire.

Mais je combattrai et dénoncerai toujours les salopards de représentants des institutions, corrompus, qui bafouent le Droit français, pour leurs seuls bénéfices personnels, ou sectaires...

Parallèlement, j'allais témoigner contre les services fiscaux français dans l'affaire UBS, dont le procès pénal à Paris, avait débuté le 08 octobre et s'achevait le 15 novembre 2018.

Une affaire politique plutôt, les suites d'un contentieux juridico-judiciaire entre la France et la Suisse, au sujet de prétendus « Lanceurs d'Alerte » dans lequel les autorités françaises, et même européennes, refusent de suivre, et la loi, et les jugements helvétiques.

Mais, j'y reviendrai aussi.

Et un petit mot sur la notion de corruption.

Le quidam pense généralement à une rétribution financière, ou à son équivalent par des avantages en nature.

Or, la corruption n'est malheureusement pas circonscrite à ce type de gain, d'échange matériel, car, sinon, elle serait plus facile à déceler, laissant toujours des preuves concrètes derrière elle.

La plus étendue est celle morale, qu'elle soit motivée par l'appartenance à un parti, un syndicat, une idéologie religieuse, une secte.

Cette corruption, minimisée à l'extrême, n'est même pas appelée ainsi, mais juste, « Parti-pris », « conflit d'intérêts ».

Or, c'est bien de cette corruption, la pire, dont nous parlerons puisque, quoi qu'il en soit, « Indépendance » ne veut pas dire « Intégrité ».

Bien au contraire...

Préambule à retardement : La Mise au Point épistolaire en matière juridique.

Pour information, mes missives, mes mises en demeure, mes plaintes, contiennent parfois des formules outrancières, voire inappropriées, mais uniquement quand cela est bien nécessaire, n'ayant pour but que de susciter une réaction de la part de son destinataire, par leur provocation.

Elles n'y sont présentes que par le bilan établi après de nombreuses années, d'être confronté à des personnes de mauvaise foi, malhonnêtes, au vu des précédentes correspondances qui sont restées lettres mortes, ou parce que les personnes officielles, procureurs, magistrats ou greffiers, en ont fait fi, sans doute trop gênantes pour leurs amis...

La provocation n'est malheureusement bien nécessaire que par le constat permanent de faire face (paradoxe) à l'absence de réaction de la part des concernés, des responsables, qu'ils soient les auteurs des crimes et délits, mais aussi et surtout, ceux qui les protègent d'une manière délibérée, alors corrompue, ou par simple lâcheté, laxisme ou nonchalance morale et « vertuelle ».

La provocation est le seul moyen qui peut enfin engendrer une réaction au niveau « pacifique », avant la décision de passer à l'action, principalement par la violence.

Les « Gilets Jaunes » en savent quelque chose. Ils n'ont obtenu une attention et une considération qu'avec cette dernière.

La provocation est le moyen d'imposer, et même de mettre au jour, la vérité.

En effet, « Prêcher le faux pour déceler ou obtenir la vérité », est une forme de provocation.

Quoi qu'il en soit,

« La plus belle victoire du diable est bien celle lorsque l'homme de bien ne fait rien contre lui, en le laissant faire ».

Et donc, tout Homme se doit d'agir en conséquences, à la mesure de ses moyens, pour dénoncer et combattre les sales actions des salauds.

Aussi, tout est acceptable pour accéder à cette noble quête.

De surcroît, il est évident que ces phrases, inscrites dans des courriers officiels, pouvant et ayant pour raison d'être, d'être produites en justice de ma part dans les procédures que j'entreprendrais, sont tant ridiculement exagérées, et même contre-productives sur un plan juridique, et même davantage, préjudiciables en desservant le fond, qu'elles ne peuvent être prises au premier degré que par les sots, les médiocres, les béotiens, et les abrutis malhonnêtes qui veulent détourner l'attention de leurs délits dénoncés.

Mais, parfois, cela peut aussi avoir un effet boomerang, une stratégie que j'appelle de « Double Tiroir », qui est fine et méticuleuse, et qui rapporte des fruits extraordinaires comme la preuve évidente de complicité, par exemple.

Mais, je dois l'avouer, rarement elle va jusqu'au bout, car, les adversaires utilisent une attitude commune en droit, celle d'ignorer, plutôt que d'y répondre.

Rarement, mais quand elle fonctionne, elle est d'une redoutable efficacité, et engloutit tout entier tous les protagonistes, et ceux satellites, complices, qu'ils soient directs ou indirects.

J'ai pu enfin en avoir la démonstration avec cette affaire, qui a fonctionné à merveille, et bien au-delà de ce à quoi je pouvais m'attendre. La preuve irréfutable d'un réseau de corruption dans le Var, et Toulon en particulier, mêlant non seulement la gendarmerie locale, mais aussi « les » procureurs, « des magistrats », « les » préfets locaux, et un maire, mais aussi des « docteurs », un directeur d'hôpital, etc.

D'ailleurs, « fair-play », j'évoquais cette stratégie psychologique dans la mise en demeure adressée aux intéressés, auteurs de délits et qui m'avaient floué, et que vous trouverez ci-après dans un autre chapitre (voir Mise en Demeure à CAUSSIN-COLOMBO-ROMANO).

« Je connais aussi des stratégies pour forcer l'enregistrement et la mise au jour de vos délits que vous chercheriez à étouffer. Par

exemple, voici une double manœuvre à double tiroirs : une personne viendrait à votre garage (ou chez vous), ouvrirait la baie vitrée qui sert d'entrée, et jetterait une grenade offensive, prenant bien soin de ne blesser personne, du moins le chien. Alors, une enquête se dirigerait vers moi naturellement, et alors, je pourrais rendre compte officiellement de toutes vos magouilles en même temps que vos délits à mon encontre, à savoir ceux d'escroquerie, de tromperie, d'abus de confiance, de fraude comptable, de fraude fiscale, de détournement de fonds, de blanchiment, de faux et usage de faux, de tromperie sur conformité, de détournement de gérance, etc. ».

Et malgré cette mise en garde en filigrane, mais ouverte et claire, ils sont allés droit dans le piège « intellectuel ».

C'est pour dire s'ils sont bien cons, tous, bien plus que ce que je pensais, d'avoir agi de la sorte, ayant été pourtant prévenus.

Ou alors, s'ils l'ont fait consciemment, cela prouve bien leur certitude, leur confiance en leur réseau d'influences et de corruption, qui leur offre une absolue sale impunité, mais qui appuie encore davantage l'effet « Double Tiroir »...

Il est aussi amusant d'avoir pu constater que cette phrase, dans son premier degré, a été reprise par les personnes intelligentes de la gendarmerie en charge de l'enquête contre moi, exclusivement contre moi, et jamais contre une des personnes que je dénonçais, éludant toute question du pourquoi et du comment, lors de mon audition !

Et bien entendu, la gendarmerie, comme la police, ne fait rien sans instruction de l'éminence, les procureurs ou le juge d'instruction.

Et en cette affaire, au moins, un des procureurs.

Un mouton, deux moutons, trois moutons,...

Ce qu'aucun d'eux n'a compris, c'est pour dire la pauvreté neuronale de leur outil cérébral, autant les destinataires comme leurs amis gendarmes, comme surtout les procureurs, et ce, même suite à ma réponse explicative au cours de mon audition, c'était bien la notion du « Second Tiroir ».

Pourtant, je tentais de leur faire comprendre que le « système » de cette stratégie (en réalité, uniquement par le premier tiroir...) était de les contraindre à m'attaquer judiciairement sur de tels propos, ce qui ferait obliger le système judiciaire à s'interroger sur leurs délits par la cause de leur teneur outrancière, en me poussant à devoir les justifier, et donc, eux, ayant à faire de même.

C'est l'explication que je leur fournissais, en concluant, que ma stratégie avait bien fonctionné, puisque je me retrouvais devant eux !

Démonstration ainsi faite.

Je ne pouvais pas, en cet instant, dans une telle situation coercitive et délicate où ma vie était en jeu, d'une manière ou d'une autre, évoquer le « second tiroir ».

Je leur avais pourtant donné matière à réfléchir.

Mais, soit ! Ce sont des militaires, et la réflexion n'est ni de leur formation, ni de leur qualité pour avoir été enrôlés, ni même du critère et du mode de sélection et de qualification pour devenir enquêteur de police judiciaire, comme déjà l'apprentissage et la maîtrise du langage français, pour sa compréhension, multiple, et non formatée...

Ce n'est pas pour rien qu'il y a des aides intellectuelles dénommées « profilers », qui ne sont en fait, que des personnes qui prêtent leur cerveau, puisque ce qu'ils remarquent ne sont que des choses évidentes que n'importe qui, un tant soit peu évolué, voit.

Le « second tiroir », et c'est bien le plus important, s'ouvre par le constat que, si aucune enquête n'était diligentée quant au fond de ma missive, malgré mes plaintes précédentes aux autorités, et si je n'étais même pas entendu sur ces points de raison de motivation et d'existence d'une telle attitude écrite, déjà au cours de cette prétendue enquête sur de tels propos extravagants, il naissait alors ipso facto, une preuve évidente de la corruption dénoncée, celle des autorités, en l'occurrence, la gendarmerie, au moins locale, et celle du système judiciaire tout aussi local, procureurs et autres magistrats, tous prenant faits et causes pour les salauds, en fermant les yeux sur leurs plus graves délits.

Là aussi, la démonstration fut faite !

Et bien au-delà.

Et il y aurait même une sorte de troisième tiroir, ou un double-fond au second.

Et je dois l'avouer, il m'est apparu dans cette affaire, ultérieurement, et n'est pas le fruit élaboré, voulu, dans ma stratégie.

- **Chapitre 2 : L'interpellation musclée et la Garde à Vue fantaisiste.**

Vendredi 16 novembre 2018, 9 heures du matin, au 26, allée de Dublin, Zone Industrielle de SIGNES, VAR. FRANCE !

Je sors de mon véhicule pour faire manœuvrer un camion porte-voiture que j'avais commandé pour enlever une auto de chez « Force Motorsport ».

Deux camionnettes de Gendarmerie Française arrivent en trombe, bloquant la rue, et une huitaine d'hommes armés en sortent pour m'interpeller. Ils me demandent si je m'appelle bien Laurent GRANIER, point ! Sans aucune autre forme d'identification.

Je reste surpris, n'ayant rien à me reprocher.

Bien au contraire, l'auto que je venais chercher est séquestrée par chantage par le tenancier du garage, Patrick CHAUMIER, qui est coutumier des valses financières douteuses dans lesquelles il a essayé de m'inscrire à mon insu, comme de la « cavalerie » d'une société à l'autre, des détournements de fonds sociaux, mais aussi, de son côté, fraudant les tenues sociales, comptables et fiscales, comme, par exemple, en n'émettant pas de reçu comptable, en émettant de fausses ou falsifiées factures, en facturant doublement au nom de chacune de ses deux sociétés (« ForceMotorsport », « FM Services »), en tenant une double comptabilité, en encaissant des chèques sur une autre société en falsifiant l'ordre, en déclarant de fausses adresses personnelles et même celle de leur siège social sur ses K-Bis, en n'ayant même plus d'adresse officielle déclarée à la Chambre de Commerce de Marseille, en ne déposant pas ses comptes annuels, employant sans déclarer, ou faisant faire des pièces, du travail à ses sous-traitants, sans facture...

Lui, en revanche, n'est pas inquiété...

Ni par la gendarmerie, ni par les procureurs, ni par les chambres de Commerce de Marseille et de Toulon, ni par les services fiscaux d'Aubagne et de Signes, ni par aucune autorité !

Au contraire, à la suite de mes mésaventures, il prendra

davantage ses aises délictueuses, exerçant un chantage accru et inapproprié grâce à des menaces et une tentative d'intimidation écrite à destination de mon avocat ! Il sait que je suis affaibli judiciairement par de fausses accusations basées sur de fallacieuses preuves, sous le coup d'un contrôle judiciaire pour un procès qui aura lieu dans quelques mois, et donc, en proie aux facéties crapuleuses des autorités locales qui se permettent tout, l'illégalité n'ayant plus de limite.

Ainsi, il peut surfer sur la vague délictueuse, aidé et protégé par tous ces acteurs, étant moi-même désormais dans le collimateur de la « justice » toulonnaise, qui est capable d'user sans mesure ni garde-fou, toujours plus d'illégalités à mon encontre, comme le fait déjà, d'utiliser des faux. Tout peut être manipulé contre moi. Il se vante même d'avoir à sa botte, des experts automobiles véreux (désolé pour le pléonasme), qui abonderont sans faille dans son sens, puisque nécessairement à mon encontre...

Je sais aussi que sa pseudo secrétaire, gérante de pacotille dans sa nouvelle société, Patricia ROUXEL, est de la secte... D'ailleurs, le CHAUMIER utilise cette dernière, prétendue ex-compagne, à titre personnel, pour exercer une intimidation additionnelle, ce qui constitue un délit supplémentaire de chantage caractérisé pour m'extorquer des fonds.

Sans compter celui de la prise d'images illégales filmées par son système de vidéosurveillance, qui est orienté vers la rue, domaine public.

J'apprendrais plus tard que cette paire de comparses avait participé passivement au piège qui m'avait été tendu par les gendarmes du Var, en leur communiquant l'heure de rendez-vous...

Cette curée se forme même supplémentairement avec une notaire du Beausset, Virginie HALTER, qui ferme les yeux sur des « irrégularités » et des « dessous de table », osant me menacer, m'intimider judiciairement, en constituant évidemment de fallacieuses accusations auprès du charmant procureur local de Toulon et de la « Madame Présidente de la Chambre des Notaires du Var », en détournant mes et mon propos, pour contrecarrer la mise au jour de ses délits que je m'apprêtais à divulguer aux autorités...

Cet aparté étant pour situer le contexte de « privilèges », toujours au bénéfice des crapules, qui flottent dans le Var, et donc, pour expliquer de ce qu'il s'y passe, en matière judiciaire...

D'ailleurs, vous trouverez dans un autre de mes ouvrages, dans la même collection « *Français, Je n'ai Absolument AUCUNE Confiance en la Justice de Mon Pay*s », l'étalage d'autres crapuleries judiciaires toulonnaises, méfaits impunis, que j'ai subis en 2013...

Deux individus, une femme et un homme, en civil, me signifient ma garde à vue, font un inventaire sommaire de ce que j'ai sur moi. Ils me forcent, sans succès, à signer d'abord une espèce de document, un torchon plutôt, rédigé sur une enveloppe, faisant état brièvement de mes effets, comme les espèces présentes dans mon porte-monnaie pour lesquelles ils ne font montre d'aucune rigueur, par facilité.

Ils veulent aussi me faire signer un document, tout aussi torchon, explicitant les faits qui me sont reprochés. Ils tiennent en 5 ou 6 points, énumérés par deux lignes chacun, stipulant l'adresse d'une page d'un site internet, avec pour finir mon nom, prénom et adresse sur Paris. Point !

Je ne mets pas au conditionnel, « qui me seraient reprochés », car, pour eux, la présomption d'innocence n'est même pas une notion juridique, encore moins française, car, nous sommes dans le Var, département véreux où les mafieux sont entremêlés avec les magistrats et les politiques, et la gendarmerie. Ils font et ont leur propre loi.

Le Var n'est en France qu'en matière de géographie.

Pas au niveau de la Loi, française s'entend.

Le Var est un État dans l'État.

Et la Française-Maconnerie y est régnante, dans toute la région PACA, et surtout par sa munificente Cour d'Appel régionale, à Aix-en-Provence, en laquelle, si vous n'avez pas un avocat appartenant à la secte, vous êtes sûr de perdre ! Et ce n'est pas une vue de l'esprit, mais bien une réalité.

Je leur fais état, je clame haut et fort la corruption de la gendarmerie du Beausset, et du Var, et que leur entreprise est bidonnée, n'ayant que pour but une intimidation à mon endroit.

Cela ne plaît pas aux Officiers de Police Judiciaire, le duo en civil, qui ne sont pas des flics, mais bien des gendarmes, c'est-à-dire, pour résumer, des militaires...

Je dois donc approuver, acquiescer, obéir, sans question ni précision, et encore moins information, à ces compétents et intègres gendarmes en civil, ce qui est écrit sur une demi-page, qu'ils me présentent à la volée. Je dois être à leurs ordres, étant au bas de l'échelle, un sous-humain, puisque civil, et n'appartenant pas à ce majestueux corps d'armée s'occupant de la foutue paix !

Il y est donc mention de 5 ou 6 adresses internet, chacune relative à une page d'un site internet, commençant par « www.anotow.org/.... », mais, non complètes, abrégées, et l'énumération finissant par mon nom, prénom et adresse de Paris, relevés dans chacune desdites webpages. Point !

Chaque hyperlien est relatif à une infraction relevée. Point !

Je ne sais même pas ce qu'il m'arrive, mais je comprends surtout qu'un coup monté par la gendarmerie varoise a bien été soigneusement orchestré, avec l'aide du procureur de Toulon, et de bien d'autres que je découvrirai au fur et à mesure du rétrécissement du traquenard...

En effet, mon adresse officielle est à Paris, adresse juridique donc, qu'ils ne peuvent ignorer puisque ce qu'il m'est reproché dans ces deux lignes mentionne bien celle-ci, et exclusivement celle-ci.

J'ai aussi une autre adresse dans les Bouches-du-Rhône.

Et voyageant beaucoup, et n'étant pas résident fiscal en France, toute procédure doit s'opérer en la capitale.

Ce sont des personnes liées à la Loi (française), et ils ne peuvent l'ignorer.

Bien au contraire, ils la connaissent que trop.

Et ils savent que si cette affaire, montée de toutes pièces, sortait de leur juridiction, même pour la prétendue enquête, et donc qu'elle était confiée à d'autres qui ne seraient pas de la combine, elle tomberait à l'eau. Et cela leur coûterait cher, et juridiquement, et judiciairement.

Du moins, par son ridicule, à titre professionnel, engendré.

Aussi, ont-ils pris soin de ne jamais me contacter à aucune de ces deux adresses, ni par courrier, ni par le biais d'une autorité locale. Et pour cause, ils n'auraient plus eu la maîtrise de leur illégal et frauduleux stratagème, fallacieusement monté sous le sceau de la prétendue légalité, interprété à souhait avec une belle enquête à charge de six mois (je ne l'ai appris qu'ultérieurement...). Il aurait volé en éclat, et aurait pointé, à la fois, leur incompétence, leur bêtise, leur manque d'intégrité, leur parti-pris, leur volonté inaltérable de dissimuler tout ce qui serait préjudiciable à leur corps d'armée, même et surtout provenant de civils, bref, leur basse mentalité de militaires qu'ils veulent appliquer à tout le monde, et encore plus à ceux qui leur sont inférieurs, le quidam.

C'est ainsi qu'ils ont pris le soin de tout concentrer en ce qui me concerne, et donc de m'interpeller, dans le Var...

Bref, ces deux officiers me demandent si je veux un interprète, un médecin, un avocat.

Je réponds par l'affirmative aux trois options.

Et déjà, on continue à bafouer mes droits, après celui de la présomption d'innocence.

Tout d'abord, l'interprète m'est refusé. Alors que je le voulais, non pas pour moi, qui parle, écrit et comprends parfaitement la langue française dans un large éventail, mais pour cette dame et ce monsieur qui prétendent la maîtriser, et ce, suffisamment pour oser interpréter mes (prétendus) propos avec des préjugés sur mon compte, mon niveau intellectuel et celui de ma culture générale, avec l'aide de faciles « à priori » sémantiques de tout prendre au mot, basiquement, sans subtilité ni réflexion qui pourrait m'être prêtée, bref, uniquement au premier degré.

La suite m'a donné raison, que ce soit à l'endroit de ces deux, et de leur chef planqué à la brigade, puis du duo qui a pris la suite, qu'à ceux des procureurs, magistrats, préfets locaux, et du maire de La Valette-du-Var... Des béotiens de la pire espèce, celle des gueux mentaux qui se croient intelligents parce qu'érudits en la matière du Droit Français de leur propre époque contemporaine, pensant avec toute la plus grande certitude que ces deux facultés sont jumelles et inaliénables, et qui s'en gargarisent pour justifier leur nomination à un poste à haute responsabilité, qui ne peut l'avoir été par hasard, ni par favoritisme.

Quant au médecin et l'avocat, ils me sont accordés par ces grâces.

Le médecin, je ne le verrai jamais, alors que j'avais le bras en écharpe, l'épaule et le poignet endoloris.

Quant à l'avocat, commis d"office puisque je n'en connaissais pas, elle ne serait pas venue, il n'y aurait eu aucune différence, voire moins préjudiciable.

Bref, je suis embarqué, menotté, vers l'unité départementale, la gendarmerie de La Valette-du-Var.

A part le duo en civil qui se déplace dans une autre auto, je suis en discussion avec une seule personne, celle du PSIG (Peloton de Surveillance et d'Intervention de la Gendarmerie) qui avait entrepris l'opération d'interpellation sur ordre d'une décision supérieure, et qui s'aperçoit que je suis loin, voire l'opposé, de l'énergumène de type criminel ou terroriste qu'on lui avait décrit pour justifier la nécessité d'une telle intervention, demandée par le procureur, pour être faite de la sorte, musclée et intimidante.

Il ressemble à Georges CLOONEY, et son propos est à cette image, pausé et sensé. Enfin une marque d'intelligence au sein de toute cette bande d'« encostumé ». Le seul, en fait.

Pourtant, un de ces officiers de police judiciaire de la gendarmerie, corps d'armée prétendument soudé, celui de la seconde équipe que je rencontrerai au cours de la seconde partie de ma garde à vue, 12 jours après, se gaussera de lui, le faisant passer pour un abruti, un débile, un inculte, faisant état d'approbation à mon objection à ses propos à son endroit, en lui ayant dit qu'il avait une ouverture d'esprit, qualité qui est une faculté essentielle et première pour la manifestation et l'exercice de l'intelligence. Mais, je reviendrai sur cet « enquêteur »...

La fonction qu'occupe « Georges », l'a formé à être fin psychologue, devant évaluer très rapidement, et surtout sans erreur, les personnes en présence, dans une situation précaire qui pourrait très vite devenir dangereuse, autant pour ses partenaires, que pour les personnes dont il a la mission d'arrêter, avec le moindre mal.

Il était plaisant de discuter avec lui. Il mérite un grade supérieur, mais voilà, il ne faut pas oublier que la gendarmerie est une armée, et que dans l'armée, l'intelligence n'est pas bien vue, car elle est tacitement une défiance à l'obéissance. Elle est un risque potentiel élevé d'insubordination, puisque, si on se met à réfléchir à la nature, au motif et à la raison profonde des ordres, on peut être enclin à ne pas les exécuter, du moins, à renâcler à les entreprendre avec enthousiasme, et surtout à faire poser des questions dérangeantes, qui pourraient même se propager dans l'esprit des « collègues »...

Les événements suivants au cours de cette sale journée, auxquels j'ai été confronté, ont confirmé l'intelligence et la pertinence de « Georges ».

Ce qui n'est pas, en revanche, le même cas de démonstration en ce qui concerne les prétendus enquêteurs, car, c'est bien leur non intelligence qui a été mise en lumière, autant pour ceux de ce jour-là, la femme, son chef (adjudant), et son « sur-chef » (adjudant-chef), que la paire de la seconde partie de ma garde à vue. Inintelligence, inculture, mais malhonnêteté absolue.

Encore aujourd'hui, je me pose toujours la question du comment ils et elles sont parvenu(e)s à de tels postes à responsabilités, de telles graves responsabilités qu'elles peuvent causer de graves et irrémédiables préjudices (et je le découvrirai à mes dépens...), et ce, avec si peu de culture générale, si peu d'intelligence, si peu de probité, si peu d'intégrité, si peu de connaissances en la langue française, notamment en sémantique (ce qui est le plus important quand on a à mettre en corrélation, à instruire et à gérer des textes, de la Loi, avec des écrits, objets des poursuites...), et surtout si peu de sens de l'authentique Honneur et du véritable Devoir, si peu de courage à assumer leurs propres erreurs...

Sans doute parce qu'elles n'en sont pas, des erreurs, puisque, pour certaines, délibérées...

Ma question trouve simplement sa réponse dans une seule évocation généraliste, omnipotente, omniforme : l'Armée !

Je suis certain du fait qu'ils n'auraient jamais obtenu cette position, sans un coup de pouce « intérieur », « militaro-copinage », comme celui s'ils avaient postulé au sein de la vraie police, celle qui fait des heures supplémentaires sans compter, celle qui « mouille le maillot » dans les endroits véritablement dangereux et glauques, celle des infiltrations, celle qui ne se satisfait pas toujours de la superficialité d'une enquête, celle qui se met en doute, celle qui ressent comme étrange les conclusions trop hâtives et trop faciles, celle qui a une expérience, et du terrain, et des mœurs des hommes, parce qu'ils en sont, eux.

Tout cela pour dire, et j'en reprendrai la conclusion de l'un d'entre eux, à la fin de sa mission d'enquête de 6 mois à mon endroit, après plus de 12 jours d'incarcérations, dont 11 en internement abusif, et une nuit passée en geôle pour faciliter la tâche de ceux-ci :

« Tout ça pour ça ! ».

Car, si cette bande, parce qu'ils ont eu besoin d'être au moins cinq, pendant six mois, avait bien fait son travail, et avait été honnête et intègre, et avait été en mesure d'utiliser un peu leurs cellules grises, cette affaire se serait soldée par un non-lieu, sans même m'auditionner, sans même que j'eusse appris que l'on enquêtait sur moi.

Mais voilà, l'un, ou plutôt l'une des instigateurs, était de mèche avec la gendarmerie locale...

Et surtout, cette prodigue affaire permettait de servir de paravent, de faux prétexte pour me faire taire sur mes sensibles révélations judiciaires, financières et politiques au niveau national, en circonscrivant mon périmètre loin de Paris, loin des médias...

- **Chapitre 3 : La Nasse judiciaire, ses manquements aux Droits des personnes, ses fraudes procédurales, son mépris pour la présomption d'innocence.**

Je me vois donc dans l'obligation de discuter avec des médiocres, intellectuellement, culturellement, et moralement.

La femme, Aurélie THOULOUZE, Maréchal des Logis-Chef, prend son travail à cœur, et pour cause, elle est en formation, pilotée par son plus vieux et plus gradé « partenaire », adjudant, qui lui dit quoi faire, quoi demander. Mais, il insistera à me dire qu'il n'est pas là, officiellement parlant, prétextant sous forme de pseudo plaisanterie qu'il était son « sbire », juste utile à faire les photocopies et à chercher les documents à l'imprimante.

C'est surtout un grossier subterfuge pour ne pas dire qu'il est impliqué dans cette fantaisiste et à charge enquête.

Dans les textes qui me sont reprochés, je ne l'apprendrais que bien plus tard, et pas par eux, il est mis à l'index ma juxtaposition de la mafia italienne présente localement, avec certaines personnes ayant un nom de cette origine.

Le chef de la Maréchal des Logis-Chef, son « assistant-esclave » selon ses propos à consonance humoristique, adjudant, se nomme Franck LA IACONA...

Et il ne m'aime pas du tout...

Il m'en veut d'avoir évoqué la corruption dans la gendarmerie, précisant essentiellement la honte qui en découle sur lui par rapport à ses enfants. En sus d'une attitude typiquement italienne, « filialo-égocentrique », il fait ainsi montre d'une véritable altération de son intégrité, en mettant en exergue la gêne personnelle d'une réputation dévoilée, révélée, en opposition à la vérité, qui doit rester tue, essentiellement quand elle n'est pas brillante.

Un médiocre dogme, de circonstance nécessaire quand on a de sales choses à se faire reprocher.

C'est aussi le laïus des lâches crapules, qui se moquent de commettre des méfaits, qui vivent très bien avec sur leur conscience tant qu'ils sont celés, mais qui ragent s'ils sont dénoncés publiquement.

En bref, il se conforte d'une bonne réputation, même si elle est fausse, mentie, usurpée, voire antagoniste avec la réalité.

Ils se complaisent dans le mensonge, dans l'hypocrisie, dans la fausseté,.. les mafieux.

Et les militaires qui se suicident pour prétendre échapper au déshonneur. Ce qui est cependant le comble du manquement à l'honneur, puisqu'ils n'ont même pas le courage, le sens du devoir d'affronter, et d'assumer leurs fautes ! C'est pour dire l'étrange débile, faussée et « dérangée » notion qu'ont ces personnes à ce sujet. Cela explique aussi le reste de leur médiocrité, leur piètre mentalité et leur basse partisane moralité ! Et pour les gendarmes, des flics militaires...

La porte du bureau est ouverte, et un autre, le chef de son chef, Adjudant-Chef, veille au grain, depuis le couloir.

C'est lui le « tireur de ficelles ».

Lui, n'apparaît pas dans les procès-verbaux...

Il est intéressant de rappeler que, lors de la prise en compte de ma garde à vue, sur le lieu de l'interpellation, il m'a été demandé si je voulais un interprète, un médecin, et un avocat.

J'avais demandé les trois.

Le premier m'avait été systématiquement refusé. Et donc, à quoi cela sert-il de le proposer comme un droit ?

Le second, je l'attends encore. Et donc, aussi, à quoi cela sert-il de le proposer comme un droit ?

Et le troisième est venu. Mais, elle, Emily LINOL-MANZO, ne serait pas venue, cela aurait été exactement pareil. Nullissime, inexistante, et même par la suite. Elle n'est jamais revenue pour la « continuation » de ma garde à vue, n'ayant été présente que pour la « pré-audition ».

Jamais pour l'audition. Et elle n'a jamais répondu non plus à mon fax, ni à mon appel téléphonique du lundi suivant, lorsque j'étais interné abusivement en psychiatrie. Je n'ai jamais plus eu de nouvelles de sa part.

Je ne la voudrais même pas pour balayer un trottoir, ni pour récurer des bidets dans un bordel sans eau courante...

Ces « gentils » propos, sur cette constatation sans équivoque à son endroit, je les ai écrits courant janvier 2019. Je n'avais alors pas encore le dossier complet de mon affaire, le tribunal de Toulon rechignant toujours à en fournir copie à mon avocat du temps présent... Je n'ai eu que fin janvier quelques pièces par ce dernier, parce qu'il en avait fait des photos avec son téléphone, lors des audiences devant le « Juge des Libertés et de la Détention », suite à cette garde à vue.

En en prenant connaissance, je découvrais, stupéfait à l'extrême, sa trahison, toute autant que la réponse à ma question du pourquoi elle ne m'avait plus donné signe de vie. C'est simple, c'est qu'elle avait été le catalyseur de mon internement !

Son abject silence tenait par le fait que « mon » avocate d'alors, Emily LINOL-MANZO, a rédigé un document le 16 novembre 2018, selon toute évidence après ma pré-audition, alors qu'elle était cependant pressée de partir pour vaquer à ses autres occupations.

Cette notification, alors que son auteur est censée me défendre, est faite à l'attention de la Gendarmerie, nommée « ATTESTATION D'ENTRETIEN LORS D'UNE GARDE A VUE », et qui mentionne, d'une manière manuscrite sur une feuille à son en-tête, « Emily LINOL-MANZO, Avocat au Barreau de Toulon, Lauréat de la Conférence, Master Droit des Contentieux Public et Privé » :

« *Je, soussignée, Maître Emily LINOL-MANZO, Avocat au Barreau de TOULON, atteste m'être entretenue avec : MR GRANIER Laurent,*

Observations : La teneur étrange des propos de Mr nécessite à mon sens une expertise psychiatrique » !

Et d'y ajouter les précisions :

« *Placé en Garde à vue dans les locaux de la Gendarmerie Nationale de La Valette, Le 16/11/2018 de 11h30 à 11h55, Fait à La Valette Le 16/11/2018* »...

Rappelez-vous cette heure déclarée par la prétendue avocate, dc 11h30 à 11h55.

Comparez la avec celle officielle du procès-verbal de cette pré-audition, de 12h00 à 12h25. !

Et maintenant, comparez la aussi, avec celle d'un document officiel dont je n'en ai eu la connaissance que cette fin janvier 2019, celui concernant un procès-verbal de réquisition d'un psychiatre, et spécialement nommé, à savoir « *Mme BASTIEN-FLAMAIN, psychiatre, 234 avenue Noël VERLAQUE à La SEYNE SUR MER 83500* », adressé à la substitute du Procureur, Stéphanie BATTLE, par un seul des deux officiers présents, le sieur Franck LA IACONA... Et en date du 16 novembre, 11 heures 35 minutes !

Il y est précisé que la psychiatre :

« 1. *Déterminer les anomalies mentales ou psychiques et les détailler*

2. *Déterminer la dangerosité du sujet*

3. *Evaluer le risque de récidive*

4. *Indiquer si le sujet est curable*

5. *Vous prononcer sur le discernement de l'intéressé au moment des faits. 6 Indiquer si une jonction de soin dans le cadre d'un suivi socio-judiciaire est opportune* »

Donc, tout était prévu, prémédité, tout le traquenard.

Et tout orchestré de méthode typiquement mafieuse, par les « talents italiens » de cet « officier de police judiciaire ».

Il n'a pas fait la réquisition d'un psychiatre, mais spécifiquement de celle-ci, la nommant précisément !

Maintenant, que l'on me prouve que rien n'était prévu, que rien n'était prémédité, que ce n'était pas un coup monté, un traquenard !

Et que certains gendarmes ne sont pas liés à la mafia locale, ne sont pas les auteurs, les acteurs, les commanditaires, ou les complices de cette crapuleuse entreprise à mon encontre ! Et qu'ils ne sont pas corrompus !

Parce que, moi, en revanche, j'ai bien les preuves du contraire !

Par la suite, sachant que l'expertise originelle et celles suivantes étaient de complaisance, et que l'internement induit était abusif, et que toutes ces actions officielles étaient aussi caractérisées de multiples manquements procéduraux fondamentaux, comme déjà, celui à la présomption d'innocence, et que tous, enquêteurs, magistrats et personnel médical de tous poils, savaient que je le savais (*sic*) parce que j'avais commencé à le leur reprocher, alors, les gendarmes du cru ont inventé ultérieurement à l'incarcération hospitalière, ce faux-semblant de prétexte officiel de mesure de réquisition d'une expertise psychiatrique, en invoquant que mes propos étaient délirants du fait que je disais que j'étais « Philosophe » !

Cet affligeant motif démontre avant tout que ces fins limiers n'avaient pas fait une enquête digne de ce nom, approfondie un tant soit peu, et objective, non à charge, et sans parti-pris.

Car, si cela avait été le cas, ces cerveaux auraient vu que j'avais publié plusieurs livres, dont un de philosophie pure, disponible sur tous les sites nationaux « Amazon » de la planète.

A moins qu'ils ne le savaient, qu'ils aient celé ce point pour me présenter comme un débile, et qu'ils, gendarmes, officiers émérites de la nation, militaires ayant prêté serment, parlant d'honneur et de devoir, aient menti...

Quoi qu'il en soit, pour mettre en évidence leurs allégations montées de toute pièce, celles à géométries variables des gendarmes enquêteurs, c'est selon la version, avant, pendant ou après, et celles de mon avocate, il suffit de les juxtaposer à mes réels propos.

Et il y a une preuve incontestable. Le procès-verbal de cette pré-audition, qui, je le rappelle, n'est pas l'Audition, mais seulement un rapport sur l'état actuel de la situation, comme la confirmation de l'identité, etc. Pré-audition par laquelle je refusais qu'ils mentionnent comme adresse de domicile, celle du Beausset, du Var, fait qui était faux, ayant la preuve du contraire (et eux l'ayant également, au point qu'ils avaient pris le plus grand soin de ne pas l'utiliser pour m'envoyer toute correspondance, toute convocation, tout transfert de dossier vers la juridiction compétente...), et au sujet de laquelle ils voulaient que je mente, pour leur seul avantage frauduleux...

Vous trouverez ce procès-verbal dans un des chapitres suivants, y étant dédié.

Je l'ai dit, du Droit Français, la Gendarmerie s'en moque royalement.

Sauf, quand il est à leur avantage, pour les protéger, les défendre, ou leur fournir une attention particulière par laquelle ils en retireront un bénéfice...

Le panache à la Française, à la Gendarmerie Nationale !

Et ce n'était que le début de leurs défis aux procédures, aux droits, au Droit Français, à celui des Droits de l'Homme, et à la simple présomption d'innocence.

Je ne pense pas qu'ils aient, et traitent les salopards de criminels, violeurs et autres, d'une manière pire que celle que j'ai subie.

Il est un fait amusant, bien typiquement militaire, et je ne pourrais pas dire que c'est de la rigueur puisque cette dernière a sa légitimité et sa noblesse dans la réalisation et sa réussite, mais plutôt, une règle procédurale méticuleuse que leur hiérarchie leur impose d'appliquer à la lettre. Bien loin d'un respect des droits à l'endroit des personnes, c'est une sorte de compte-rendu pointilleux, tel que ceux destinés aux personnes subalternes qui ne peuvent, ou n'ont pas à réfléchir. Ils notent précisément toute action, même minute par minute, des pages entières qu'ils font signer point par point, comme la mise en geôle à telle heure, etc...

« Mise en geôle » est la réalité, ce qu'ils mentionnent dans leur procès-verbaux, c'est : « *Du 16 novembre 2018 à 10 heures 00 minute au 16 novembre 2018 à 10 heures 30 minutes Laurent GRANIER a bénéficié d'un repos en chambre de sûreté* » !

Et même : « *Du 16 novembre...Laurent GRANIER a bénéficié d'un repos dans notre véhicule de dotation* » !

Ils suivent scrupuleusement le cahier des charges pour rédiger cette sorte de procès-verbal, mais cela ne leur évite pas d'y inscrire des bourdes : « *Le 16 novembre 2018 à 13 heures 00 minute, nous contactons à nouveau SOS Médecin suite à notre réquisition pour effectuer un examen médical sur la personne de Laurent GRANIER. Ce médecin nous a indiqué ne pas être en mesure d'intervenir dans le délai de trois heures soit avant le 16 novembre 2018 à 11 heures 55 minutes* » !

Ils ont inventé la machine à remonter le temps !

Pire, je m'apercevrai plus tard, à la connaissance de mon presque « entier » dossier photographié, fin janvier 2019, que ladite Aurélie THOULOUZE avait fait une espèce de faux, mentant dans un ordre de mission citée comme « Réalisée », nommé « *Rapport d'examen médical (article R.117 CPP) en date du 16.11.2018* », concernant une prétendue visite de SOS Médecin qui n'a jamais été faite...

Et par ailleurs, ils « oublient » de mentionner des faits importants, qui devraient être considérés tels que des vices de procédures, comme le motif des déplacements et la citation des lieux extérieurs où je suis emmené, à savoir, mon transport et ma présentation dans le commissariat de Toulon, pour le prétendu examen psychiatrique...

Les gendarmes sont d'une apparence, par leur floue rigueur (*sic*), à être méticuleux dans ces rapports, mais bafouent allègrement les Droits élémentaires de leurs « prisonniers », tout comme leurs devoirs procéduraux importants. Des militaires...

Et c'est bien compréhensible, ce rapport ne sert qu'à les protéger, eux, de toute poursuite.

Quoi qu'il en soit, il n'y a qu'eux qui comptent. Eux avant tout.

Mais, cela ne leur évite pas les erreurs élémentaires, celles que tout un chacun doté de quelques neurones seulement, remarquerait et éviterait, n'ayant pas à suivre bêtement une « check -list ».

Quant à un double, à une copie des documents qu'ils vous font signer, comme le plus important qu'est l'audition, ils n'en délivrent aucun.

Sans aucun doute, le faire leur serait compromettant et préjudiciable...

Des pleutres !

Quand il s'agit de protéger leurs intérêts, ils sont précautionneux, vigilants et attentionnés.

Le courage, l'intégrité, les sens de l'Honneur et du Devoir (les véritables), sont des notions qui sont bien gardées, bien protégées pour leur propre compte, et sous une définition, sélective et restrictive, qui leur est propre.

Comme le langage français, d'ailleurs, qu'ils interprètent comme cela les arrange, sous forme basique et orientée, faisant fi de sa sémantique, et de ses subtiles règles, et de ses usages d'écriture comme la signification de l'italique, ce qui démontrera ma volonté première de recourir à un « interprète », non pas pour moi, doué, du moins doté de sa connaissance, déjà par les multiples définitions d'un même mot, mais pour eux à mon attention...

Ces personnes ont définitivement besoin d'un traducteur, pour leur faire comprendre le sens réel des phrases auxquelles ils sont « confrontés ».

Pour pallier à leur faible niveau intellectuel et culturel, qui est, somme toute, de la plus haute importance puisque c'est leur outil de travail et la base de leurs responsabilités, les textes de loi et leurs applications, il leur serait nécessaire d'être assistés par une une sorte de « profiler » linguistique, et ce, autant pour les gendarmes que pour les magistrats, procureurs inclus.

J'avais d'ailleurs, à ce sujet, par le passé, déposé une plainte pénale contre un juge du tribunal de Paris, qui s'était permis d'interpréter fallacieusement un de mes textes pour les détourner comme calomnieux.

De surcroît, ces surhommes prennent les civils pour des chiens, qui doivent être à leurs bottes, obéir au moindre sifflet. Une déformation « professionnelle », considérant tout civil comme un sous-homme, devant plus qu'eux, obéir à tout ordre, provenant de n'importe quel grade puisque tout quidam est évidemment en dessous du seconde classe, même pas militaire.

J'en veux pour preuve leur réponse abjecte quand je leur demandais pourquoi ils ne m'avaient jamais convoqué officiellement, c'est-à-dire, conformément aux règles de procédures, par courrier, à mon adresse de Paris, celle qu'ils connaissaient pourtant bien pour l'avoir relevée dans les courriers publiés sur le site internet incriminé, et pour avoir dû la remarquer dans toutes mes correspondances administratives françaises.

Leur réponse : « *On vous a appelé au téléphone, et vous n'avez pas répondu* ».

« *On vous a envoyé un SMS, vous n'avez pas répondu* ».

« *On est venu à la maison du Beausset (qui est dans le Var...), et vous n'avez pas répondu* ».

Je leur rétorquais d'abord que je n'avais pas à répondre à une injonction orale sans preuve de leur identité, n'importe qui pouvant se faire passer pour un gendarme au téléphone, et encore moins à une manière de faire qui ne respectait pas les règles françaises de procédure, qui obligent à émettre des convocations par voie écrite, et surtout à transmettre tout dossier aux autorités compétentes de la juridiction adéquate, et en ce qui me concerne, celle de Paris.

J'apprendrai bien plus tard, en parcourant le dossier, fin janvier 2019, que ces minables prétendus « enquêteurs » avaient même appelé une ancienne voisine pour lui demander de me dire de les appeler !!!

Ils faisaient tout pour éviter la correspondance épistolaire qui pouvait laisser des traces, et surtout les obliger à transférer le dossier dans une juridiction dont ils n'en auraient plus eu la maîtrise, et qui aurait mis en lumière, et leur bêtise, et leur incompétence, et leur médiocrité, et leur malhonnêteté, et leur complicité, et leur corruption...

Et ensuite, je concluais par le fait que, sans aucune preuve écrite de leur part, je ne risquais pas d'entreprendre et d'entretenir un quelconque contact avec eux, n'ayant déjà plus absolument aucune confiance en la gendarmerie française, et notamment celle du Var, pour la bonne et simple raison que j'en avais eu, et l'amère expérience, et la preuve de leur corruption, pour avoir entravé, puis empêché, puis étouffé des enquêtes criminelles cinq années plus tôt, suite à mon agression à mon domicile, le 27 mars 2013 à Saint Cyr-sur-Mer, dans le Var...

Agression par deux hommes cagoulés, au matin, en ouvrant mes volets, qui m'ont fait subir tabassage, saucissonnage, vol, racket et rançon avec (véritables) menaces de mort.

J'avais alors passé les 3 jours suivants, blessé, à la gendarmerie locale, pour déposer plainte, et donner des pistes, notamment celle liée au milieu du banditisme toulonnais, mêlant la magistrature locale et certaines autorités. Trois jours durant lesquels j'étais toujours sous menaces, auxquelles je devais faire face seul, ayant dû trouver un logement avec toutes les précautions d'usage, le seul conseil donné alors par un des gendarmes de la brigade de Saint-Cyr-sur-Mer, suite à ma question s'ils envisageaient une quelconque protection, étant « Faites Attention »...

Je finissais par leur rappeler que les nouvelles voies de communication, comme tout autre moyen immatériel ne laissant aucune réelle preuve concrète de leurs contenus, ne sont pas faites pour leur faciliter leur vie professionnelle, mais qu'ils ont à suivre la Loi, française, s'entend, même si elle les contraint à de fastidieuses tâches.

Ils m'ont répondu du contraire, que tout était bon à entreprendre, donc, même non légal, pour leur procurer plus d'aisance dans n'importe quelle besogne dont ils ont la charge...

Et je l'ai compris par leur tacite démonstration supplémentaire, car j'ai été, et le suis sans doute encore, sur écoute, et que je ne pense pas qu'elle eut été sous forme légale, puisque, à ma question sur le sujet, la gendarmette a « botté en touche », en la minimisant par sa réduction à seulement la lecture de mes SMS...

Quant à leur justification de leur refus de transmettre le dossier à Paris, elle était basée sur le fait qu'ils considéraient l'autorité compétente, la Police Nationale, comme des fainéants, des incompétents qui n'en auraient rien fait !

Et donc, fi des règles et des lois françaises, les gendarmes font la leur !

J'ajoutais aussi que cette propriété au Beausset n'était pas mon domicile, loin de là, parce que je recevais à Paris, toute ma correspondance, tous les documents administratifs en ce qui me concerne personnellement, et même toutes les factures y afférentes, comme celle de la consommation d'eau, celles fiscales de la taxe foncière et de non habitation, et que je n'y avais même pas de boîte aux lettres.

Mais, ils s'en foutaient.

Leur motivation était de me garder dans le Var, et tous les coups étaient permis, même ceux de violer les droits fondamentaux de poursuites sur le territoire du défendeur, quitte à faire des faux, à inscrire de fausses informations, ou simplement à les omettre, comme le fait que la ligne de téléphone mobile supposée m'appartenir, et par laquelle ils avaient tenté de me joindre, était domiciliée à Paris...

Ils n'avaient qu'un seul objectif, celui de justifier six mois d'enquête, et donc, pour cela, me faire condamner d'avance, par ce qui est pudiquement appelé « Détention Provisoire » !

Car, comment peut-on décider de priver de liberté une personne qui n'est pas encore condamnée, c'est-à-dire commettre un acte qui est impossible à compenser, à dédommager, à corriger, et ce, dans un état de Droit où la présomption d'innocence prévaut ??!!

Pour cela, il leur faut ficeler les chefs d'inculpation, les falsifier, les travestir, quitte à les inventer.

Et il leur fallait aussi un peu d'aveu de ma part, ne serait-ce que pour avoir un support juridique à leurs mensonges et leurs manigances.

La fameuse avocate commis d'office était présente, et il n'y eut qu'une pré-audition.

J'ai d'abord mis en doute leur compétence, leur intégrité et leur manière hasardeuse, voire frauduleuse, d'établir des liens de causes à effets, usant de raccourcis « intellectuels » bien arrangeants et complaisants. Et par conséquent, je démontrais le comble de l'hérésie juridique, le conflit d'intérêts supporté par la corruption de la gendarmerie par le seul fait déjà, qu'elle s'occupait d'une affaire à charge contre moi, où la partie plaignante, adverse, était un de leurs collègues...

Bref, une manière bien militaire, bien corporatiste de se serrer les coudes, de se protéger entre eux, de circonscrire la honte à leur cercle réduit, afin qu'elle ne soit pas disséminée, ni dans leurs casernes, ni, encore moins, à la connaissance du monde extérieur, celui des civils.

Ils veulent conserver une belle image, orgueilleuse d'autosatisfaction, même si elle est fausse, quitte à étouffer toute vérité et réalité, sans même en supporter une quelconque responsabilité, quitte à « détruire » la vie d'un quidam, d'autant plus victime, qui ne vaut évidemment même pas celle d'un seconde classe, même corrompu.

Une notion de l'Honneur et du Devoir assez particulière, dévoyée, militaire...

Nous n'avons certainement pas les mêmes valeurs !

Ni, définitivement, les mêmes définitions des mots.

Je leur avais aussi signalé que des « Laurent GRANIER », il y en avait pléthore, et même au Beausset où il y en avait un autre, et que, parallèlement, quand ils m'avaient interpellé, ils ne connaissaient pas ma totale identité, mais qu'ils l'ont étoffée avec ma pièce d'identité...

En bref, je leur faisais une éclatante démonstration de leurs torts, de leurs travers, de leurs parti-pris, de leurs malhonnêtetés, de leurs manques d'intégrité et de compétence en matière d'enquête (une nuée de ratages, d'erreurs, d'oublis, etc.), de leur défaut d'intelligence, et de leur corruption morale par leur appartenance à la secte satanique des Français-Macons (*sic, etc. pour tous les autres*).

Pour ce dernier point, j'expliquais à la dinde que les hommes Français-Macons étaient des lâches, qu'ils agissaient toujours en catimini, jamais directement pour ne pas être démasqués, faisant opérer leurs sales actions par des sous-fifres, en utilisant souvent des femmes, naïves, ou pas, quoi qu'il en soit, soumises...

Je leur faisais comprendre qu'ils avaient maille à partir avec moi, pour obtenir les moyens de justifier des poursuites au sens strict légal, abusant de manières d'intimidations dans le seul but de me faire taire, puisque je savais argumenter, contre-argumenter, dénoncer les faux, pointer du doigt les incohérences, juridiques et circonstancielles, et que je connaissais « parfaitement », et la langue française, et les lois utiles, tout en ayant une certaine culture générale, ce qu'ils n'avaient, selon toute évidence, pas !

Il est aussi à signaler que l'Aurélie THOULOUZE m'a demandé, officieusement, mais devant l'avocate qui partait, si j'allais la citer, par son nom, dans mon prochain ouvrage. Je lui répondais que si elle était honnête, elle n'avait rien à craindre.

Je ne sais toujours pas pourquoi, cette pré-audition n'a pas enchaîné avec l'audition. Sans doute, l'attente du médecin qui n'est jamais venu... Mais, d'autres éléments, d'autres preuves montrent bien qu'un autre moyen de rétorsion avait été déjà mis en place, rendant inutile la venue d'un docteur pour certifier la possibilité médicale d'une audition...

Bref, ils étaient un peu coincés juridiquement, et même pire, ils avaient beaucoup de choses à se (faire) reprocher.

Et il était vendredi après-midi, et ces messieurs-dames voulaient profiter de leur week-end.

Ils n'avaient qu'une solution, à la fois pour ne pas être obligés de rester en poste, et pour ne pas dépasser les 24, voire 48 heures, de garde à vue, celle d'inventer un stratagème frauduleux et crapuleux, quitte à entorser la loi, une nouvelle fois, n'ayant plus aucune limite.

Il a donc été décidé avec la complicité de la Procureur Adjoint de Toulon, Stéphanie BATTLE, qui est somme toute la donneuse d'ordre, la commanditaire officielle, de me faire évaluer au niveau psychiatrique.

Le fourre-tout bien pratique, où tout propos, même le silence, est interprété à volonté et à discrétion, selon le bon vouloir de son « spécialiste », et selon la direction dans laquelle « on » veut utiliser l'« expertise », à savoir, l'internement, pudique appellation médicale, qui est en réalité, une détention arbitraire, sans raison, sans besoin de raison, et sans même à en devoir justifier, ni d'un délit, ni même de rien d'autre.

Il est à savoir que ma conduite, autant depuis l'interpellation jusqu'après cette pseudo expertise psychiatrique au commissariat, a été exemplaire. J'ai été calme, courtois et serein, si ce n'est que j'ai déclamé haut et fort, la vérité, c'est-à-dire, la véritable intention de cette manœuvre, à savoir, une intimidation orientée et inique, et appuyée sur des méthodes crapuleuses et illégales. Mais, par dessus tout, j'ai prononcé le sale mot qu'il ne faut pas dire, qu'ils n'aiment pas que l'on prononce, « Franc-Maçon ».

Ils devaient se débarrasser de moi pour le week-end, et ce, sans perdre le délai des 48 heures, tout en me cassant, me matant et me gardant prisonnier, disponible pour la suite, le lundi suivant.

Ils craignaient une seule chose, que je ne sois plus « attrapable » dans le Var, sinon, ils auraient eu à dévoiler le motif « bidon » et la caractère « truqué » de leur enquête, ou de la laisser tomber...

Il est à rappeler que je ne savais toujours pas de quoi j'étais accusé, n'ayant eu sous les yeux, et très brièvement, que l'énumération de 5 ou 6 adresses incomplètes de pages internet, associées à mon nom, prénom et adresse de Paris, chacun des points tenant sur deux lignes.

Les présupposés textes, prétendument condamnables, et qui m'étaient attribués ipso facto, ne m'avaient toujours pas été montrés, ni lus, afin que je puisse les identifier, ou non, et que je puisse déclarer s'ils étaient de ma main, plutôt de mon esprit, ou non.

Le délit d'opinion m'était même escamoté.

- **Chapitre 4 : Note d'information UNE : Sur les utiles protagonistes, instigateurs de la procédure « paravent », prétexte officiel au niveau régional, et complices avec la gendarmerie varoise. La Mise en demeure à CAUSSIN, ROMANO et COLOMBO.**

La motivation de ma lettre au Ministre de l'Intérieur et au Premier Ministre était la complicité de la gendarmerie du village du Beausset avec une certaine Anne CAUSSIN, résidant dans les parages, et contre laquelle, et ses deux comparses, je tentais de recouvrer une somme qui m'avait été détournée via leur garage à Gémenos, à côté d'Aubagne, dans les Bouches-du-Rhône.

Voici la mise en demeure que je leur avais alors adressée, sachant que je ne connaissais toujours pas en ce 16 novembre 2018, le fait qu'elle faisait parti des deux courriers, avec le sus-nommé aux ministères, parmi lesquels des phrases m'étaient reprochées...

Comme quoi, j'avais raison.

La complicité entre Anne CAUSSIN, et en catimini Philippe COLOMBO et Laurent ROMANO, avec la gendarmerie du Beausset est étayée.

Et même davantage, avec la gendarmerie du Var !

En effet, comment ces derniers et les procureurs de Toulon, ont-ils pu associer judiciairement ces deux affaires, alors qu'elles sont bien distinctes par le motif et l'objet de ce qu'il m'est reproché, c'est-à-dire, la nature et la destination de deux courriers indépendants.

D'un cas et de l'autre, chacun des griefs à mon encontre porte sur des éléments différenciés.

Pour le premier, une double notification à deux ministères, c'est-à-dire, une information de graves délits aux responsables hiérarchiques administratifs de leurs auteurs, et pour le second, le courrier ci-après, adressé à des civils.

Et pourtant, l'enquête est commune, les poursuites sont communes, et le procès est commun, fusioné même, sous la même juridiction, sous le même numéro de référence procédurière

48

et de parquet, et à la même date !

Le stratagème du second tiroir a fonctionné à merveille !

Sans compter que les motifs de l'enquête, les chefs d'accusation relevés pour m'interpeller, pour me mettre en garde à vue, pour m'interner, pour m'inculper, pour me mettre sous contrôle judiciaire, pour me faire verser une caution, sont uniquement basés sur les faits, non pas que ces courriers aient été écrits, ou même qu'ils aient été adressés, mais qu'ils aient été publiés sur un site internet, que je rappelle, indépendant, d'une ONG...

Tout la malhonnêteté de ces gens, gendarmes, préfets, magistrats, procureurs, maires et docteurs, se précise (*sic*) dans l'aspect nébuleux, vague et navigant de ces fantaisistes accusations, et de leurs suites juridico-judiciaires, attablées tantôt au titre de leurs écrits, tantôt pour leur publication...

Le 26 Février 2018 R.A.R. Envoyé par le site de La Poste
MISE EN DEMEURE ET NOTIFICATION DE DEPOT DE PLAINTES PENALES
Adressée aux Co-Gérants
Anne Marie Madeleine CAUSSIN, *née le 6 septembre 1955 à Marseille 1*
970 Chemin du Grand Pin Le Mas des Chevrefeuilles 83330 LE CASTELLET
et Laurent ROMANO, né le 6 octobre 1968 à Marseille 1°
(LE BASTIDON) Chemin du Pas de Vicaire, Route des Crêtes 13260 CASSIS

SARL COCOFISH
3478 QUARTIER LE VAISSEAU RN 8 13420 GÉMENOS
492 336 771 R.C.S. MARSEILLE Capital de 461.250€ ???
Nom commercial : COLOMBO CHALLENGE

A l'attention EXCLUSIVE des Co-Gérants déclarés :
Anne Marie Madeleine CAUSSIN et Laurent ROMANO
Objets :

- Mise en Demeure de délivrance de quittance comptable;
- Mise en Demeure de Remboursement d'un montant total de 15.000 €;
- Notification préalable de dépôts de plaintes pénales pour escroquerie, tromperie, abus de confiance, fraude comptable, fraude fiscale, détournement de fonds, blanchiment, faux et usage de faux, tromperie sur conformité, détournement de gérance, etc.

Madame et Monsieur les gérants,

j'étais plutôt occupé ces derniers mois, aussi, ne vous faites pas d'illusion, je ne vous ai pas oubliés, 3 mois après ma mise en demeure que je vous avais adressée au siège de votre société citée en référence, et à laquelle vous avez cru bon de ne pas répondre. Une attitude malhonnête en adéquation avec votre comparse Philippe COLOMBO.

Je reprends donc, son contenu :

Courant octobre 2016, étant déjà client, j'ai sollicité votre société, par l'intermédiaire de messieurs Philippe et Eric COLOMBO, pour commander d'abord une, puis ultérieurement (novembre) une seconde LOTUS 3-ELEVEN qui devaient être livrables au printemps 2017.

Pour se faire, je n'ai été en contact qu'avec Eric et Philippe COLOMBO, qui se présentaient alors comme les patrons du garage automobile dénommé commercialement "COLOMBO CHALLENGE".

Je n'ai jamais su que vous étiez, vous Madame CAUSSIN et Monsieur ROMANO, les véritables gérants, et donc les véritables décisionnaires et responsables de la dite société.

D'ailleurs, je ne vous ai jamais rencontrés, dans le sens de m'avoir été présentés ainsi. J'ai certes vu des personnes dans ce garage que j'ai saluées, sans savoir ce et qui elles étaient.

C'est bien pour cela que j'ai eu la méprise, notamment au regard des problèmes, puis des litiges, puis des conflits qui m'opposent désormais à votre société et à vous personnellement (s'agissant de délits pénaux), de discuter avec votre employé subalterne, certes associé, peut-être gérant dissimulé, Philippe COLOMBO, qui, il l'avoue lui-même, n'y connaît rien, ni en juridique, ni en comptabilité, se présentant alors comme un simple vendeur d'automobiles. Et c'est bien là la montée en puissance de ce que je pourrais nommer, dès lors, de guerre ouverte.

J'ai donc découvert tardivement que celui-ci n'était pas grand chose dans ce garage, officiellement et administrativement parlant, à savoir un employé (et encore, est-il déclaré ???), et comme dans toute discussion grave et sérieuse, je ne m'attarde pas à perdre mon temps avec les sous-fifres, avec ceux qui n'ont ni les responsabilités civiles et pénales, ni les autorités en matière administrative, comptable et financière, je n'ai même pas voulu lire son dernier e-mail n'ayant, par principe de la loi, aucune valeur. De plus, j'ai appris qu'il était interdit d'exercice de gérance, après avoir constaté qu'il n'était pas de parole, et qu'il n'avait pas les moyens, ni financiers, ni officiels d'émettre de règlements financiers pour le compte de la société. D'autant que votre délicate situation financière m'a été certifiée à la lecture de vos bilans antérieurs, ce qui n'a fait que confirmer mes inquiétudes sur vos capacités à me rembourser, doutes nés alors, déjà quand vous n'étiez pas en mesure de faire des extra dépenses pour la location du circuit du Luc en ce mois d'octobre, prétextant qu'il n'était plus réservable par manque de disponibilité...

J'ai certes aussi compris dernièrement qu'il y avait là une imposture de gérance, et donc, que vous deux, serviez d'"hommes de paille", et que, par conséquent, vous étiez complices des activités de blanchiment d'argent pour lesquelles votre garage (société) sert d'"écran". Avant de commencer mon enquête ces derniers jours, j'avais déjà décelé il y a un an, les contours de cette activité, lors de mon observation de certains de vos clients rencontrés lors de votre repas de fin d'année. Même si ma fondation ONG "ANOTOW" dénonce et combat les "saloperies" (les phénomènes de corruption) en France et ailleurs, je me moquais bien, et de vos activités extra-mécanique, et de vos clients douteux. Je ne dénonce et combats que les enculés de grandes envergures. Mais, comme apparemment, vous voulez la guerre, je vais donc être obligé de déposer des plaintes pénales contre vous à de diverses autorités, et pour étayer la fraude dont je suis victime, pour démontrer l'ampleur et la récurrence de vos manières de faire, tout en prouvant et légitimant le fait que ce n'est pas une erreur comptable de votre part, ni une exceptionnelle maladresse, mais bel et bien une activité organisée, je vais donc être dans l'obligation d'exposer le périmètre de vos activités. Je sais que vous êtes "puissants", et que vous vous croyez encore l'être davantage que la réalité, et qu'avec vos relations locales de tous types, vous pensez être à l'abri, mais, la vie m'a appris une chose : Les gens qui vous couvrent, ne le font que jusqu'au point où elles sont, ou risquent d'être éclaboussées". Bref, vous allez perdre vos clients, et je pense même, que certains, vont facilement bavasser pour se payer une virginité.

Je connais aussi des stratégies pour forcer l'enregistrement et la mise au jour de vos délits que vous chercheriez à étouffer. Par exemple, voici une double manœuvre à double tiroirs : une personne viendrait à votre garage (ou chez vous), ouvrirait la baie vitrée qui sert d'entrée, et jetterait une grenade offensive, prenant bien soin de ne blesser personne, du moins le chien. Alors, une enquête se dirigerait vers moi naturellement, et alors, je pourrais rendre compte officiellement de toutes vos magouilles en même temps que vos délits à mon encontre, à savoir ceux d'escroquerie, de tromperie, d'abus de confiance, de fraude comptable, de fraude fiscale, de détournement de fonds, de blanchiment, de faux et usage de faux, de tromperie sur conformité, de détournement de gérance, etc.

Et le tour serait joué. Voulez-vous réellement jouer ?

Mais, revenons à l'historique de cette histoire, et précisons les points juridiques, administratifs, comptables, et fiscaux, à votre charge.

Au lieu de faire faire un bon de commande classique, Eric COLOMBO m'a fait signer par deux fois donc, des devis, des prétendus contrats/bon de commandes, directement avec l'usine LOTUS en Grande-Bretagne, qui d'une part, n'étaient pas et n'ont jamais été validés par les autres co-contractants ci-dessus, et pour lesquels je n'ai jamais eu de confirmation écrite et signée de leur acceptation. Il ressort que cette procédure extraordinaire de commande différente des autres modèles de LOTUS n'étaient pas du fait d'Eric COLOMBO (que j'estime bien), mais par la consigne obligatoire de l'usine, présentant cette manière illégale de commercialisation de ce type de véhicule, notamment par rapport au Droit français, parce que lesdits objets de vente n'étaient pas conformes en matière d'homologation sur le sol français.

Il s'avère aussi et surtout que ces pseudos contrats n'étaient pas en langue française, mais anglaise, que l'un portait la mention de la TVA, et l'autre pas, et par dessus tout, que les sommes stipulées n'étaient pas en €euros mais en Livres Sterling, et que les acomptes et paiements devaient se faire sur leur compte bancaire en Grande-Bretagne.

En bref, les responsables de chez LOTUS tentaient de contourner, et donc, fraudaient délibérément le Droit français, et à plus d'un titre...

Ainsi donc, ces pseudos contrats n'ayant pas été établis ni en langue française, ni en euro, mais en langue étrangère et en livre sterling, et ce, sur le sol français, qui plus est, au sein et par l'intermédiaire d'une société française qui est la vôtre, qui, encore plus, n'ont jamais été contresignés par eux, ces pseudos contrats donc, n'ont aucune valeur juridique, ni en France, ni même en

Grande-Bretagne. Pire, ils sont illégaux et frauduleux.

Ces pseudos contrats sont donc à considérer justement, même s'ils sont caducs par le lieu de signature de ma personne et en l'absence de leur part de confirmation/entérination par leur signature, comme être entre l'usine LOTUS et moi. Point. De plus, ne leur ayant pas versé d'argent par moi, à eux directement comme stipulé dans lesdits prétendus contrats, ces derniers n'ont pas été entérinés !

Les responsables de LOTUS, malins et roublards, ont l'habitude de frauder, de détourner les lois des autres pays, pour arriver à leurs fins, non pas, seulement pour contourner les règles, les obligations et les contraintes de sécurité et de conformité des pays où ils veulent vendre, mais aussi pour économiser des frais d'homologation, voire des dédoublements douaniers et fiscaux. J'ai donc appris par la suite que les 3-Eleven concernées, n'étaient pas vendues neuves, mais d'occasion, déjà immatriculées en Grande-Bretagne, sous leur propre nom...

Face à ces précisions, Monsieur Philippe COLOMBO, qui, je rappelle de son propre aveu, est inapte à appréhender le fond et la forme juridique, décrète alors que lesdits contrats ont été établis avec lui, c'est-à-dire, avec la société "COLOMBO CHALLENGE", société dont je n'avais aucune autre information à son sujet, si ce n'est que je pensais que c'était lui le patron. En fait, il n'est même pas gérant, du moins officiel, étant interdit de cette position, ce qui confère, avec son omniprésence au sein du garage, à une imposture de gérance avec vous comme prête-noms...

Monsieur Philippe COLOMBO a alors changé son interprétation des faits parce que je lui mettais en exergue le point délictueux de sa part comme quoi il avait reçu des fonds de ma part, les virements de 5000 € des 28 et 31 octobre, et 28 novembre 2016, soit il y a plus d'une année maintenant, au titre de contrats établis entre l'usine et moi, et que donc, il n'avait pas à détenir des fonds qui m'appartiennent, et qui plus est, n'avaient pas à avoir été reversés à l'usine sans mon accord, et ce, sans tomber sous le coup de blanchiment et détournement de fonds. Il a cru bon essayer, sans doute sous les conseils d'abrutis d'avocats (désolé pour le pléonasme), de faire valoir le contrat en votre société et moi, pour la faire apparaître du Droit français. Or, dans ce cas, qui est déjà faux et mensonger, son délit serait encore plus grave, car je n'ai jamais reçu quittances de ces versements, et que, même quand je les lui ai dernièrement demandés, il me confirmait qu'il allait me les transmettre immédiatement. Je vous avoue que j'étais autant curieux qu'amusé de voir comment il allait justifier une rentrée d'argent faite un an auparavant, et donc démontrant un retard comptable d'autant, et ce, d'un autre exercice fiscal, achevé et donc figé.

Comme homme qui n'a pas de parole, il ne m'a jamais fourni ces quittances, ce qui démontre qu'il sait bien qu'il a commis et commet des fraudes. Je comprends aisément le pourquoi de son interdiction de gérance...

Donc, si nous restons sur ce seul plan juridique, il n'y a que 2 manières de voir et de considérer les choses:

Les contrats sont établis soit, entre l'usine et moi (ce qui était l'origine et la réalité malgré leur caducité élémentaire), soit entre votre société et moi.

- *Si vous optez pour la première, il est caduc en de nombreux points déjà évoqués, et surtout, l'argent que je vous ai viré n'a rien à voir en votre comptabilité, n'a pas à être sur votre compte, et surtout, il n'a pas à être sur le compte bancaire de Lotus. Si vous avez fait l'erreur de verser l'équivalent de cette somme globale de 15.000 € (combien en Livres Sterling?....) qui ne correspond en rien avec les prétendus contrats, c'est votre problème, car mon argent est à considérer d'être exclusivement sur votre compte. Après, que vous soyez des pouilleux, des clochards qui n'ont pas 15.000 € en trésorerie pour me rembourser (cela ne m'étonne plus depuis que j'ai découvert vos comptes déficitaires des années précédentes...), cela n'a rien à voir avec les contrats britanniques en question.*

- *Si vous optez pour la seconde, j'ai en mains ces pseudos contrats établis en anglais, en Livre Sterling, ce qui les rend caducs au vu du Droit français, code que Messieurs COLOMBO ne semblent pas connaître, ni le vouloir... Et même s'ils devaient être considérés comme conformes, il faudrait que les coordonnées complètes et exactes de votre société y soient inscrites (ce qui n'est pas le cas), et quoi qu'il en soit, toute fallacieuse interprétation juridique de conformité ne vous exempterait pas de vos délits de* fraudes comptables et fiscales au regard de l'absence de délivrance de reçus correspondants aux versements.

Quelle que soit votre malsaine interprétation sur la forme, vous avez tort sur le fond.

Votre société, en sus d'une activité remarquable et officielle de garage, de très bonne qualité de travail et de services (et je le regretterai), est une couverture pour blanchir de l'argent sale, et ces activités vous ont tous habitués, vous trois associés, à croire que les vous pouvez tout vous permettre parce que certains de vos clients ont des choses à se reprocher, et qu'ils s'interdiront toute plainte, cependant, il en est tout autre avec moi. S'il faut aller au feu, cela ne me dérange pas. Bien au contraire.

La situation déconfite actuelle, surtout pour vous, car tous les torts, tous les délits sont sur votre dos à titre personnel, alors que moi, ce n'est que de 15.000 € en jeu, mais j'en fais désormais une affaire personnelle et d'honneur, la situation critique donc, ne provient que de la faute, de l'incompétence de Monsieur Philippe COLOMBO qui s'est montré d'une extrême veulerie, servilité, soumission à l'usine Lotus et aux bons vouloirs de leurs malhonnêtes responsables, comme si votre société en était une filiale. Or, vous n'êtes même pas concessionnaire exclusif de cette marque, donc, pourquoi ne défendez-vous pas plutôt vos clients ? C'est le monde à l'envers ! Ce sont nous, les clients qui vous faisons vivre pas eux, et LOTUS a besoin de vous, revendeurs, pas le contraire !

En fait, depuis plus d'un mois que cela traîne, après les mensonges de Monsieur Eric COLOMBO qui m'avait donné sa parole que tout était entendu, je me suis aperçu que Monsieur Philippe COLOMBO avait le beau jeu de m'embobiner depuis le temps pour ne pas me rembourser, et dernièrement, prétextant fallacieusement son obligation à prendre livraison desdits véhicules, qui chronologiquement, et bizarrement, étaient au status en septembre, de prochaine fabrication, puis après, de construites, et dernièrement, en cours de fabrication.

Maintenant que je découvre que vous êtes des escrocs, doublés de fraudeurs (blanchiment organisé d'argent), il est certain que je ne veux plus avoir à faire à vous. Je n'achèterai plus de LOTUS, du moins neuve, que cela soit chez vous ou ailleurs.

Donc, je vous mets en demeure une dernière fois, la première officiellement à vos personnes, Madame CASUSIN et Monsieur ROMANO, les co-gérants, de me rembourser les 15.000 € qui m'appartiennent, dans les 24 heures à réception de la présente, et de me fournir des reçus comptables tant en entrée qu'en sortie.

A défaut, vous pouvez essayer de faire valoir la bonne teneur d'un éventuel fallacieux et faux contrat, mais cela vous obligera à subir d'importantes sanctions de ma part, à payer davantage, des dommages et intérêts, car, pour cela, vous devrez mettre à ma disposition lesdits véhicules, c'est-à-dire les avoir réceptionnés de l'usine, et prouver leurs conformités intégrales, tant administrative que sécuritaire que fiscale que douanière que contractuelle (et là, j'ai des surprises pour vous...). Donc, dans ce cas, je vous mettrais en demeure de me les livrer dans la semaine qui suit.

Pour mettre un point final, je vous rappelle le Droit français, en ses termes basiques, puisque, apparemment, vous n'avez que des abrutis/enculés comme conseillers, qui ne pourront qu'utiliser quelques arcanes, mensonges, mauvaise foi, etc. bref de sales attitudes pour faire croire à ce qui n'est pas, manières qui seront sanctionnées, et doublement en ce qui les concernent, aussi, je vous recommande, s'il s'avérait que vous êtes véritablement malhonnêtes comme l'est Philippe COLOMBO, et que vous choisissiez la méthode procédurale juridique avec l'entremise d'avocat(s), de les prévenir de bien prendre garde à ce qu'ils écriraient ou diraient. Pour faire simple, le premier écart commis d'une des catégories décrites ci-dessus, entraînera les verdicts, les sanctions suivantes, au regard de la loi universelle et supranationale "ANOTOW" : un doigt coupé, le deuxième écart, ce sera une main tranchée, le troisième la langue, le quatrième, les yeux, etc. Il se pourrait même que le(s) salopard(s) soi(en)t inscrit(s) parmi la "Liste", déjà bien étoffée depuis plusieurs années, qui servira de stock en tant que sources biologiques pour mes futures expériences scientifiques (à partir de courant 2018). Leur condamnation et inscription dans la « Liste » ne vous exemptera pas de la loi de complicité, de donneur d'ordre et de commanditaire, ce qui vous fera ipso facto condamner au moins aux mêmes sanctions/punitions.

Pour revenir à la base du Droit français, les principes :

– Le doute bénéficie toujours à celui qui n'a pas rédigé le contrat (il y a beaucoup plus que des doutes...)

– Un contrat ne peut-être convenu qu'avec un accord sur la chose et sur le prix. (la chose n'est pas décrite, et le prix non défini -dans le sens définitif puisqu'en devise étrangère à celle utilisée en France..., absence de TVA sur un d'eux, etc.).

Je garde pour moi les autres "détails" de ce dossier démontrant encore plus la caducité et l'escroquerie de la vente forcée de ces véhicules par vos soins.

Je vous informe que je suis aussi dans l'obligation de déposer une plainte pénale contre vous, puisque vous vous êtes présentés et reconnus comme les représentants en France de LOTUS, du moins, en cette pénible affaire, et contre le monsieur Eric MATHIOT, représentant des ventes en France, mais n'ayant aucun bureau ni représentation légale d'importateur en France, se présentant comme rattaché employé de LOTUS UK en Grande-Bretagne, alors que son travail l'oblige à être, au moins, la majorité de son temps en France, ce qui en fait un travailleur qui devrait être déclaré en France, travail pour lequel les charges sociales devraient être payées en France. Un représentant en France impossible à joindre pour obtenir son adresse officielle en France, lieu de son travail. Je vais donc déposer aussi un plainte aux services fiscaux, à la Répression des Fraudes et à la Brigade Financière.

J'ai été assez baladé depuis plus d'un an, et dernièrement depuis 1 mois par votre employé subalterne Philippe COLOMBO, pour obtenir le remboursement de sommes que vous n'avez ni à détenir, ni à avoir versées à LOTUS UK.

Je vous ai assez demandé leurs remboursements, aussi, je suis dans l'obligation de vous mettre en demeure de me les rembourser sous 24 heures à réception de la présente.

Par ailleurs, je vous rappelle que si LOTUS vous oblige à prendre ces véhicules, c'est illégal, et je vous ai suffisamment donné d'arguments pour les refuser, et pour les poursuivre. Si vous argumentiez du contraire, cela ne fera qu'une preuve supplémentaire à celle que je détiens déjà, au sujet du délit de complicité entre Eric MATHIOT et vous, une collusion qui fait porter toute cette affaire sous le sceau aggravant de "bande organisée ».

Je vous rappelle que si vous reconnaissiez un quelconque contrat entre vous et moi, il est nul et non avenu, ou alors, il faudra reconnaître celui originel, jamais entériné, et qui est caduc, celui entre LOTUS UK et moi, ce qui en ferait alors un cas de nullité entre vous et moi. Quoi qu'il en soit, si vous partez de cette fallacieuse interprétation de l'existence d'un contrat, qu'il fut entre vous et moi ou entre LOTUS UK et moi, il ressort que vous devrez recevoir ces autos, me les mettre à disposition, afin que les prétendus achats soit refusés de ma part. Il va de soit que lesdits véhicules devront respecter tous les termes des prétendues commandes, qu'ils respectent les homologations en France, qu'ils respectent les obligations fiscales, et surtout qu'ils ne présentent aucune ombre de possible interprétation de détournements des Droits français et Européens, tant en matière de véhicules, que fiscaux et douaniers.

Il y a déjà plus d'un écueil, déjà au niveau fiscal, douanier et sécurité des véhicules (à ce sujet, je n'ai jamais signé un quelconque document sur la description détaillée et technique des véhicules supputés commandés). Quoi qu'il en soit, je me refuse à participer à une quelconque fraude.

Donc, si je n'ai pas mes fonds dans les 24 heures, nous opterons pour les différentes plaintes évoquées, et par ailleurs, puisque vous devrez prétendre à l'exécution d'un contrat établi uniquement par LOTUS UK et moi-même ou par vous et moi, j'attendrais avec impatience leurs livraisons et mises à disposition pour calquer aux pseudos contrats.

Quoi qu'il en soit, si vous vouliez vous montrer honnêtes et de bonne foi, je vous recommanderais de déposer une plainte contre les responsables de LOTUS UK.

Un petit mot sur mes préjudices.

Hormis les intérêts que vous me devez sur mon argent que vous détenez depuis un an, sur d'autres points que je n'évoquerai pas ici, il ressort un fait essentiel et grave. Si jusqu'en septembre mes activités pouvaient facilement s'affranchir de souffrir de vos manigances, il apparaît que depuis lors, j'ai repris mes travaux de recherches sur de nouvelles inventions révolutionnaires que j'avais mises en suspens, et qui touchent, entre autres, la physique quantique, concernant principalement 3 orientations : un système vulgairement appelé « Anti-Gravitation », une arme de dissuasion (SIC) massive et la plus abominable arme jamais conçue (toutes 3 vont me demander des essais et des tests sur des organismes biologiques vivants, et comme il serait moralement abject et totalement injuste de les faire sur des animaux et/ou des personnes innocentes, CQFD la nécessité de la fameuse « Liste »). J'espère que vous avez plus de neurones que Monsieur Philippe COLOMBO qui n'a pas réussi à saisir la situation, et qu'ainsi vous pourrez aisément comprendre que ces travaux me demandent 100% de mes capacités cérébrales et mentales, tant en concentration qu'en réflexion, et que par conséquent, je ne puis tolérer aucune perturbation, et encore moins des bassesses telles que les vôtres, polluant par leur mauvais esprit, le mien. Vous pourrez aussi comprendre que 10.000 euros par jour, comme dédommagements, sont largement sous-évalués par rapport à la réalité des objectifs poursuivis, estimés à plusieurs milliards. Tout cela pour vous dire qu'à ce jour, vous trois, me devez déjà 150.000 €. Quant aux préjudices subis par mes sociétés pour les troubles causés par votre employé Monsieur Philippe COLOMBO, ils s'élèvent à plus d'un million d'euros. Par ailleurs, au vu de la position dans laquelle votre employé vous a engagés, je pense que votre garage sera fermé avant 2019.

Je vous demanderais de me répondre, vous deux personnellement, en me prouvant que vous êtes bien les auteurs de cet échange épistolaire, et non un simulacre par une imposture de Monsieur Philippe COLOMBO, ce, afin de me dispenser de vous envoyer à nouveau cette missive à vos adresses personnelles respectives, par courrier recommandé ou en mains propres par une ou deux personnes spécialement mandatées...

J'espère pour vous que vous êtes moins con que votre employé subalterne, en comprenant la délicate situation dans laquelle il vous a mis, et au regard des risques que vous encourrez, tant au niveau personnel qu'à celui de vos autres sociétés..., et que, par conséquent, vous me rembourserez immédiatement pour éviter toute autre hémorragie pénale, fiscale et financière...

Merci de me contacter par voie postale à mon adresse à **PARIS** ou par e-mail à anotow@xxx.com.

Je constate que vous, du moins votre subalterne Philippe COLOMBO, êtes assez médiocres pour ne pas avoir vu, compris et cerné deux faits essentiels qui démontre ma sollicitude passée à votre égard, et ma munificente démarche, à savoir :

1. Que je vous donnais tous les éléments pour vous dédouaner des commandes auprès de la malhonnête usine LOTUS ;

2.   *Que je vous avais prévenu avant leur livraison par l'usine afin que vous puissiez vous en départir, alors que si j'avais été pervers et malhonnête comme vous, je ne vous aurais rien dit, et j'aurais attendu que vous les receviez pour les refuser tout autant, avec tous les arguments légaux et légitimes, notamment contre vous, et vous vous seriez « farci » ces autos.*

Bref, au lieu de jouer mon jeu, celui de votre client, vous avez préféré jouer celui de l'usine LOTUS, ou plutôt le vôtre pour profiter de la situation et me voler la somme de 15.000 €.

Vous allez le payer très cher maintenant. J'ai le loisir et les moyens de m'occuper de votre futur triste sort.

Veuillez recevoir, Madame et Monsieur les co-gérants, aucune salutation.

Laurent GRANIER
Maître Philosophe, Inventeur, Théoricien
Fondateur de l'ONG "ANOTOW" qui dénonce et combat la corruption

Au regard de mes propos outranciers, qui peuvent paraître inappropriés, et même choquants pour le quidam ou l'homme de loi, il ne faut pas perdre de vue la nature des personnes à qui je m'adresse, c'est-à-dire des personnes liées aux milieux du grand banditisme marseillais et toulonnais. Et par conséquent, il est déconseillé, voire dangereux de se montrer faible, de « jouer petits bras ».

C'est bien une question de vie ou de mort, et à mon endroit !

Mais, ces cons de gendarmes (OPJ) et de procureurs, comme les autres magistrats de cet acabit, ne prennent pas en compte ces facteurs de risques aggravés. Ces lâches ne mettent jamais leur peau en jeu au nom de la justice, alors que c'est leur job, qu'ils en ont prêté serment, en tirent les honneurs, et qu'ils ont même un salaire, des congés payés, et même une bonne et garantie retraite...

Pour finir, et comme preuve absolue de collusion « française-maconne », et de son implication à un haut niveau, Anne CAUSSIN a commis une grave erreur.

Dans sa déclaration/plainte à la gendarmerderie du Beausset, elle fait allusion à Thierry GOURMAUD, comme quoi j'avais eu un différent avec lui, à mon tort, évidemment, essayant ainsi de fabriquer, de toutes pièces, une mauvaise réputation à mon endroit.

Or, ce prétendu expert automobile, ce qui ne veut pas dire ni garantir de sa probité, alors qu'il n'y a eu jamais aucun lien, ni même de communication entre nous trois, dans aucune affaire commune, apparaît sans raison dans sa bouche.

Sans raison apparente.

Il n'y a jamais eu de lien entre nous trois, et donc, aucune raison ni moyen que la CAUSSIN connaisse le fait que j'ai eu maille à partir avec ce dernier, qui m'avait pré-expertisé un an plus tôt, une auto de collection. Je m'étais alors séparé de ses « services », alors que je lui avais cependant versé une bonne partie de la somme du devis, somme dont je n'ai jamais obtenu de reçu comptable (...), car il avait tenté une manœuvre de chantage à mon endroit, en essayant de me vendre sa « neutralité » !

Bref, un expert corrompu comme on en trouve fréquemment, voire généralement, et spécialement dans cette région.

Je dirais même qu'il est quasi impossible de trouver un expert intègre et compétent, toute discipline confondue, sachant que la gangrène maconnique racole dans ces milieux que sont les expertises, puisque leur parole est d'« Évangile », et donc utile pour certifier tout, et n'importe quoi.

Un propos qui ne peut être discuté...pour façonner une vérité...

J'ajouterais que le sieur expert savait que mon auto était chez le « CHAUMIER », et qu'il m'avait diffamé...

- **Chapitre 5 : Note d'information DEUX : Sur les protagonistes instigateurs et sur leurs motivations au niveau national et politique. La Plainte à la Cour Pénale Internationale pour Crime Contre l'Humanité contre BOUILLON, VALLS, RAME,... impliquant MACRON**

Un des motifs réels de la cabale politico-judiciaire à mon encontre, qui est liée avec d'autres...

Le 17 mai 2016   envoi par courriel (e-mail) et par courrier recommandé avec accusé de réception.   R.A.R INTERNATIONAL n° RK 04 144 900 6 FR
Dépôt de plainte pénale avec constitution de partie civile par Laurent GRANIER et l'ONG "ANOTOW"
contre Stéphane BOUILLON, Manuel VALLS, François HOLLANDE et Frédéric RAMÉ
pour CRIME CONTRE L'HUMANITÉ
et contre Jean RAMPON et David COSTE pour non dénonciation de délit pénal, et pour complicité passive.

Cour pénale internationale

Unité des informations et des éléments de preuve
Bureau du Procureur
Boîte Postale 19519
2500 CM, La Haye Pays-Bas
otp.informationdesk@icc-cpi.int / télécopie : +31 70 515 8555

A l'attention de Monsieur Le Procureur de la Cour Pénale Internationale

Dépôt de plainte pénale avec Constitution de Partie Civile pour CRIME CONTRE L'HUMANITÉ

par Laurent GRANIER, XXX, 75018 PARIS et l'ONG « ANOTOW », sise à Londres (UK)

contre

- *Stéphane BOUILLON, Préfet de la région Provence-Alpes-Côte d'Azur, Préfet de la zone de défense Sud, Préfet des Bouches-du-Rhône, au moment des délits (2016),*

- *Manuel VALLS, premier ministre de l'état Français au moment des délits (2016),*

- *François HOLLANDE, président de l'état Français au moment des délits (2016),*

- *Frédéric RAMÉ, président d'« ALTEO », Route de Biver, 13120 GARDANNE - Fr*

  Pour crime contre l'Humanité,
  au titre des délits complémentaires, associés et consécutifs de corruption et de trafics d'influences portant à
  la pollution et la contamination toxique (au mercure, par exemple) délibérée d'espaces protégés,
  la pollution et la contamination toxique (au mercure, par exemple) délibérée d'espaces naturels nationaux et internationaux,
  suite de collusion et de favoritisme avec une entreprise polluante et contaminante rejetant des déchets toxiques,
  et de collaboration et d'associations avec des entreprises criminelles,
  avec la circonstance aggravante de délits en bande organisée,
  et autres délits à définir au cours de l'instruction.

- *et contre Jean RAMPON, sous-préfet et directeur du cabinet du préfet, et David COSTE, secrétaire général de la préfecture, pour non dénonciation de délits pénaux et pour complicité passive.*

Monsieur Le Procureur,

entre autres et parmi mes diverses activités et qualités (auteur, théoricien, inventeur, maître philosophe, fondateur de l'ONG « ANOTOW » dénonçant et combattant la corruption notamment au sein de la magistrature), je suis "négociant" en informations, notamment, évidemment, en informations « sensibles ».

Ainsi, je récolte et détiens des informations confidentielles, que même les juges d'instruction des affaires relatives ne connaissent pas, ou ne veulent pas connaître, et ce, sur des affaires autant nationales (françaises) qu'internationales (à l'étranger sans pour autant être relatives avec la France, comme les USA).

En ce qui concerne la France, par exemple, j'ai des informations "spéciales" sur les affaires de secret d'état des « Frégates » de Taïwan, et de Karachi par correspondance (concernant des ventes occultes d'armes, des failles dans les systèmes de sécurité, et un attentat), sur l'affaire "Omar RADDAD" (criminelle, en laquelle il est partie prenante), sur des blanchiments, fraudes et malversations d'organismes bancaires (HSBC France, HSBC UK, Crédit Mutuel, CIC, -Citibank USA-, par exemple), sur des compagnies d'assurances commettant des détournements de fonds, du blanchiment, des fraudes fiscales, de faux vrais contrats (en France : GAN, AXA, ALLIANZ, par exemple), sur des dissimulations de crimes par de hautes autorités gouvernementales (ancien Ministre de la Culture français, par exemple), sur des accointances et des associations collusives d'organisations criminelles, voire terroristes avec des officiels, élus et/ou "placés", postes fictifs ou « stratégiques », usant de chantage, d'extorsion, de menaces, de mesures de représailles (préfet du Var, par exemple), sur des centre fiscaux corrompus exerçant chantage, menace, extorsion, représailles, ou couverture de fraudes fiscales et/ou détournement de fonds pour les activités de leurs amis (Toulon, par exemple), sur des flics corrompus et lâches (gendarmerie du Var, police de La Ciotat, par exemple), sur des huissiers véreux usant de leurs pouvoirs pour extorquer et détourner des fonds, grâce à de faux documents ou de complaisance délivrés par d'autres officiels-greffiers (trop nombreux pour les citer, Marseille, Toulon, Aix-en-Provence, Paris, …), sur des avocats corrompus (G. COLLARD, par exemple) et/ou corrompant les juges (trop nombreux pour les citer, Marseille, Toulon, Aix-en-Provence, Paris), sur des procureurs utilisant les plaintes en les « enterrant » contre un renvoi d'ascenseur (financier, ou carriériste), sur des juges corrompus délivrant des ordonnances de complaisance basées sur des faux par exemple (trop nombreux pour les citer, Marseille, Toulon, Aix-en-Provence, Paris, …), sur des notaires véreux détournant des fonds et acceptant des faux documents (P. BRANCHE, par exemple), sur des ministres véreux de tous bords couvrant malversations, crimes et délits pour leur compte en vus d'échange de bons procédés et/ou chantage de « dossiers » (M. VALLS, R. DATI, C. TAUBIRA, et autres), etc.

J'ai aussi des « dossiers » sur des juges, des greffiers, des avocats corrompus en Californie, même sur des agents du FBI, et des greffiers et juges fédéraux aux USA.

Malheureusement pour ces vermines, celles que je dénonce aujourd'hui, j'ai de la connaissance à la fois, au niveau international et local, ce dernier en la région PACA et spécialement les Bouches-du-Rhône (et aussi le Var), et spécifiquement Gardanne, ses mafieux, officiels ou non, et son usine pestilentielle à tous les titres, autant figuré que propre...

La corruption en cette commune passe par la municipalité associée à la gangrène mafieuse et syndicale.

Tout ceci en préambule, juste pour vous démontrer que ce qui suit est approprié, avéré et réel.

Les faits et délits :

Stéphane BOUILLON, le préfet local, départemental et régional, représentant l'état français, a signé le lundi 28 décembre 2015 un arrêté autorisant la société « ALTÉO » à continuer ses activités industrielles polluantes à compter du 1er janvier 2016 sur son site de GARDANNE (département -13- des Bouches-du-Rhône), mais surtout, l'autorisant à continuer à rejeter dans la mer méditerranée, ce, pour une durée de six années supplémentaires, des effluents aqueux dépassant les limites réglementaires. Sa décision n'est étayée d'aucune raison.

Il s'agit de rejets de substances liquides, chimiques, toxiques et radioactives, autrement appelées « boues rouges », dépassant les seuils légaux de rejets pour trois éléments, notamment le mercure, l'arsenic et l'aluminium.

Depuis près de 50 ans, ce site de production d'alumine situé à GARDANNE bénéficie d'un droit de se débarrasser en mer, et donc à coût nul, des résidus de son activité polluante, ce, à 7 km au large de MARSEILLE et de CASSIS. Plus de 20 millions de tonnes de « boues rouges » ont été ainsi déversées sur les fonds marins de la fosse de CASSIDAIGNE.

Son activité est le traitement du minerai de bauxite, traité avec l'aide d'industrie toute aussi douteuse que « BAYER ».

Cette usine, dangereuse et extrêmement polluante, qui n'est étrangement plus classée « SEVESO », est non seulement vétuste, mais obsolète, érigée en une autre époque, puisqu'elle est située en pleine agglomération, en pleine zone urbaine centrale ! Elle pollue l'atmosphère de la ville de GARDANNE et de ses environs. « ALTÉO » est situé sur la Route de Biver, à GARDANNE (13120).

En quelques chiffres, le chiffre d'affaires est de l'ordre de 210 millions €, et sa production atteint 635 000 tonnes, depuis une importation de minerai de bauxite de 3000 tonnes et vers une exportation de plus de 1200 tonnes de produits finis.

Ainsi, les déchets, rejets en mer atteignent un total de 30 millions de tonnes sur 50 ans, et à terre depuis plus de 100 ans, plus de 4 millions de tonnes.

La canalisation d'évacuation des déchets chimiques polluants et toxiques à destination des fonds marins méditerranéens a été rendue opérationnelle en 1966, et mesure près de 50 kms de long.

Les "déchets" rejetés se trouvent sous les formes de résidus solides et d'effluents liquides, soit 30 millions de tonnes déversés sur une superficie de 2500 km2 au lieu-dit le Canyon de CASSIDAIGNE, constituant un dépôt de plusieurs mètres d'épaisseur sur une vingtaine de kilomètres de long.

Le canyon sous-marin a une profondeur de près de 2000 mètres.

Pour évaluer le niveau de contamination propagée, nous pouvons relever le simple fait que les pêcheurs locaux remontent leur matériel couvert de boues rouges à partir de 100 mètres sur le plateau continental, pour, auparavant, des profondeurs dépassant les 300 mètres.

Il a été déversé, et ce de façon irréversible pour la faune et la flore, du mercure, de l'arsenic, d'autres métaux tels que le fer, l'aluminium, le titane, le chrome, le zinc, le plomb, le cuivre, le nickel et le vanadium.

Déjà en 1993, le rapport de CREOCEAN exprimait que les poussières en suspension avait une néfaste action spermo et embryotoxique (embryon /fertilité), même à très forte dilution sur les larves d'oursins, tout comme sur les autres espèces telles que les huitres et les moules, par exemple.

L'Histoire de la corruption locale.

Anciennement « PECHINEY », cette usine a été cédée à « RIO TINTO ALCAN » en 2003, puis le site est devenu « ALTÉO ».

Depuis son origine, cette usine a fourni à la commune et ses habitants, de nombreux emplois et de fortes taxes professionnelles, rendant riche cette commune communiste, tout autant que riches et puissants, ses élus restés en place depuis des décennies.

La corruption de cette municipalité se porte, non seulement avec les dirigeants de cette usine, mais aussi avec les tout autant corrompus syndicats qui font le lien (négociations et paiements) entre ceux-là sous le couvert de fausse vraie société (écran), mais aussi avec la mafia criminelle locale, utile pour les basses besognes... Pour exemple, GARDANNE est une plaque tournante du trafic de drogue, aux mains d'un gang de criminels maghrébins (en collaboration avec le point central qu'est MARSEILLE, GARDANNE étant un satellite, une sorte de zone franche pour ces mafieux de bas étages). Cette gangrène bronzée apporte aussi la garantie de voix pour les élections locales...

Cette association politico-économico-criminelle aiguise les trafics d'influence, les partages favorisés, les rétributions occultes, les échanges de « bons » procédés, les avantages « protecteurs » et/ou dissuasifs.

Le CRIME contre l'HUMANITÉ.

En sus de Frédéric Ramé, président d'« ALTÉO », le préfet Stéphane BOUILLON n'est pas le seul et principal bénéficiaire de ce trafic d'influence qui a abouti à cette décision officielle de complaisance.

Ce dernier prétend qu'il a fondé sa décision d'autoriser le rejet de ces boues rouges dans le Parc National des Calanques des Bouches-du-Rhône sur l'avis d'une commission « indépendante » et non sur l'intervention du Premier ministre, Manuel VALLS. Or, la corruption de ce dernier est sans équivoque, étant le commanditaire, le bénéficiaire final de cet agrément inacceptable qui n'aurait jamais pu avoir lieu en des circonstances responsables, honnêtes, intègres, bref, « normales ».

De plus, « indépendance » n'est ni synonyme, ni garantie d'intégrité. Ben au contraire, cela suppute une totale liberté d'action, sans garde-fou, ni contrôle, ni sanction. Voir l'exemple édifiant du système de la « justice » en France, comme ailleurs...

L'ancien agrément préfectoral, tout aussi motivé par la corruption de son décisionnaire, le préfet d'alors, et de son commanditaire, s'achevait fin 2015. C'était une opportunité juridique d'arrêter une pollution grandissante depuis des décennies. Stéphane BOUILLON n'a pas profité, et n'a pas fait profiter l'Humanité, ni de sa position, ni de son pouvoir, ni de son potentiel temporel (le moment du renouvellement) pour stopper une déjà inadmissible et préjudiciable situation qui aurait dû déjà être interdite avant la fin de l'autorisation, au vu des rejets outranciers et dangereux.

Mais, bien au contraire, Stéphane BOUILLON en a tiré des bénéfices personnels, tout autant, voire davantage, pour son commanditaire, Manuel VALLS.

Aussi, au vu de ce que je sais, je, soussigné Laurent GRANIER, déclare que le préfet qui a validé, accepté et agréé l'évacuation à vocation de décharge, de déchets polluants et toxiques, autrement appelés « Boues Rouges » (même si le traitement désormais par ladite société a pour but d'ôter cette couleur repérable facilement), par la société « ALTÉO », ce, dans un lieu public, en mer méditerranée, qui plus est, en un espace naturel protégé, et surtout en un espace et un volume non contenu (à vocation de propagation dans les eaux internationales et territoriales non françaises),

je déclare donc que Stéphane BOUILLON est corrompu,

et n'a commis ce grave délit à double envergure, environnementale et juridictionnelle, international et universel car impliquant les facteurs associés « temporel et spatial », c'est-à-dire, dépassant à la fois ses pouvoirs, ses prérogatives et son mandat dans le temps, mais aussi hors de ses compétences territoriales,

en portant de lourds, graves et sérieux préjudices connus et inconnus, sur l'environnement, la faune, la flore, les existences biologiques marines et terrestres, actuelles et à venir, non définis dans le temps, et à des personnes présentes et futures, locales et extra-locales, non concernées

ni bénéficiaires d'aucune sorte par ladite décision, ni par les avantages tirés par ladite société bénéficiaire,

mais, pour les seuls bénéfices apparents des propriétaires, actionnaires, partenaires et employés de la société « ALTÉO », contre, ce que nous appellerons pudiquement de "remerciements", délivrés par « certains » responsables de la société « ALTÉO », et par le biais du mafieux syndicat local et localisé...

constituant ainsi tous les points, tous les faits, toutes les intentions, tous les délits suffisants, toutes les caractéristiques d'une atteinte à l'Humanité, et même au delà de notre espèce et de notre présent, au delà même de certains autres crimes de cette catégorie (comme les génocides, puisque ces derniers ne concernent que des actes passés et finis, et au nom desquels une action de la CPI n'a pas pour but de stopper une action criminelle en cours), c'est-à-dire, une atteinte non seulement passée, mais aussi présente, et future, et dont la cause peut être stoppée même si les conséquences et effets ne le soient que dans une certaine mesure, celle de ne pas en rajouter davantage,

et j'accuse Stéphane BOUILLON, représentant de l'état français, sous les ordres directs de Manuel VALLS, premier ministre de l'état français, commanditaire et bénéficiaire final de cette décision de complaisance, contre nature, défiant toute logique, et dénuée de toute justification,

être tous deux coupables de Crime contre l'Humanité.

Ainsi donc, par la présente, je, soussigné, Laurent GRANIER, né le XX à XX (F),

dépose en mon nom personnel en tant qu'être vivant et être humain, au nom des Droits Universels de l'Homme, et de la Nature,

au nom de toutes les personnes justes, intègres, honnêtes, impartiales, d'une haute valeur morale,

et tout autant en tant que fondateur de l'ONG internationale "ANOTOW" (Another Tomorrow) basée à Londres, qui a pour but de dénoncer et de combattre la corruption, notamment dans la magistrature et les postes officiels,

une plainte pénale internationale avec constitution de partie civile,

au titre de CRIME CONTRE L'HUMANITÉ,

contre les espèces d'individus, sous-hommes au vu de leur

acte inqualifiable aggravé par le fait qu'il avaient le devoir de répondre et de représenter une fonction étatique dépourvue de toute considération et/ou avantage personnel, profitant de leur fonction officielle et dictatoriale de préfet ou de ministre, les dénommés :

• *Stéphane BOUILLON, né le 09 mars 1957 à Cambrai (Nord), nommé (non élu) Préfet de la région Provence-Alpes-Côte d'Azur, Préfet de la zone de défense Sud, Préfet des Bouches-du-Rhône, nommé lors du conseil des ministres du 15 juillet 2015, décisionnaire signataire de l'agrément du rejet des « boues rouges » au bénéfice de la société « ALTÉO »,*

• *Manuel VALLS, né le 13 août 1962 à Barcelone (Espagne), aucune certitude sur la légalité de sa nationalité française, nommé (non élu) premier ministre de l'état français au moment des délits, plus haut responsable direct de son subalterne, le préfet Stéphane BOUILLON, et « commanditaire » et bénéficiaire quasi final et principal de cette décision arbitraire et totalitaire, et sans justification, à l'encontre de toutes les lois environnementales, tant françaises que supranationales, européennes et internationales,*

• *François HOLLANDE, né le 12 août 1954 à ROUEN (France), élu président de l'état français par certains, président de son gouvernement français au moment des délits, et directement responsable pour avoir nommé personnellement Manuel VALLS,*

• *Frédéric RAMÉ, né le 06 mars 1972, président d'« ALTÉO »,*

La présente plainte pénale concerne un CRIME CONTRE L'HUMANITÉ, vu que la décision préfectorale porte d'immenses préjudices dans un environnement naturel qui ne sont pas circonscrits ni dans le temps, ni dans l'espace, vu que la pollution est toxique, vu qu'elle sera et aura à être supportée durant des décennies, au-delà des mandats des sus-nommés, vu la propagation libre et non contenue à une localisation géographique spécifique qui, de plus, n'est pas de la circonscription des mêmes sus-nommés, ni de leur juridiction, ni même de la France (française), telle que les eaux internationales, et les eaux territoriales avoisinantes, et au delà, et que par conséquent cette pollution irréversible aura à être supportée et subie par des personnes non concernées, présentes et futures, au moins une grande partie de l'Humanité.

Il est à préciser les délits complémentaires, associés, primitifs et consécutifs, avec la circonstance aggravante du phénomène de bande organisée et d'abus de privilèges et de pouvoir, ceux de corruption, de pollution délibérée d'espaces protégés, de collusion et de favoritisme avec une entreprise polluante et nocive, de collusion avec des organisations mafieuses.

• *et contre Jean RAMPON, sous-préfet et directeur du cabinet du préfet, et David COSTE, secrétaire général, pour non dénonciation de délit pénal, et pour complicité passive.*

Il est certain que les responsables nationaux et internationaux de la société « ALTÉO », ainsi que leurs « partenaires », associés et actionnaires doivent aussi être poursuivis, tout autant que les politiques et mafieux locaux, ayant participé à l'entreprise de cette décision causant des préjudices irréversible contre l'Humanité, et même au delà, puisque touchant et impactant toutes les espèces vivantes.

Pour éviter toute manigance de « salopards » officiels qui chercheraient à étouffer l'affaire, je fournirai les preuves de leur corruption dès lors que cette plainte sera parfaitement enregistrée et instruite.

Je vous remercie par avance de prendre au plus vite et au plus tôt les mesures nécessaires contre ces sales individus et leur toute aussi sale décision, prise d'une manière toujours aussi sale, subjective et bénéficiaire.

Je n'évoquerais pas la sentence qui devrait leur être infligée, vu que votre autorité est limitée, déficiente moralement en ne faisant subir ni châtiment physique, encore moins définitif comme la réduction d'un sens ou la séparation d'un membre, ni même une simpliste et pratique exécution capitale, seules réelles condamnations appropriées que ce genre d'individu mérite. Ce n'est point grave car, d'une part, le plus important est de stopper les conséquences de leurs actes actuels, et d'autre part, une sanction conforme à leurs crimes leur sera attribuée, et elle s'appliquera tôt ou tard par un système judiciaire et punitif d'un rang supérieur, lors de l'établissement du Nouvel Ordre.

Une plainte pénale supplétive pourrait être déposée ultérieurement au titre de complicité, contre toutes les personnes qui protégeraient, ou essaieraient de protéger judiciairement les sus-nommés.

Veuillez recevoir, Monsieur Le Procureur, mes sincères salutations.

Laurent GRANIER
Auteur, Inventeur, Théoricien, Maître Philosophe, Profiler Environnemental et Stratégique,
Fondateur de l'internationale ONG « ANOTOW » « Another Tomorrow »
75018 PARIS

Je précise qu'à cette période, je n'avais pas encore identifié le MACRON, comme le réel commanditaire et le final bénéficiaire.

- **Chapitre 6 : Note d'information TROIS : Sur les protagonistes instigateurs et sur leurs motivations au niveau national et politique. Plainte contre l'État au parquet du TGI de Paris et au parquet financier de Paris, pour Crime contre l'Humanité contre VALLS, BOUILLON, et MACRON.**

Cette notification d'intention de plainte est relative à l'officielle proposition de procédure, dont les modalités et leurs adresses e-mail se trouvent sur le site du nouveau tribunal de Paris, qui est offerte aux plaignants en ce qui concerne de futures poursuites contre l'État.

Il y est inscrit :

« *Démarches et Procédures du parquet de Paris, Contentieux Civil : Affaires dans lesquelles la responsabilité de l'État est engagée du fait du fonctionnement défectueux du service public de la justice. Exemple : contre les agents judiciaires de l'État* »

Il y a aussi la prise de contact avec le parquet financier.

La suite qui a été donnée ?

Aucune réponse de chacun d'eux.

Si ce n'est qu'en contrepartie, les sales mésaventures qui me sont arrivées.

Ce qui démontre bien que cette proposition de contact et de notification est fourbe, car elle n'a que pour seul objectif que celui de les Informer au préalable de toute dénonciation, de toute plainte, et ce, dans le seul but, non pas d'entamer une quelconque négociation, ou un possible arrangement à l'amiable, ou une correction des délictueuses attitudes menées, ou la prise de sanction contre les auteurs responsables, ou de faire ouvrir une enquête, mais seulement de leur donner l'opportunité de la tuer dans l'œuf, en catimini...

Ainsi ce fut fait.

Copie exacte avec ses fautes...

parquet03.tgi-paris@justice.fr   10/28/2018 at 10:23 AM
pr-financier.tgi-paris@justice.fr   10/28/2018 at 10:10 AM

AFFAIRE CORRUPTION POLITIQUE / CRIME CONTRE HUMANITE - VALLS.BOUILLON. etc.

Mesdames et Messieurs du Parquet National Financier,

même si je me doute bien que votre département est corrompu, vérolé, je tente la chance de tomber sur une rare personne moralement honnête, pour vous soumettre un premier dossier d'importance, la corruption de l'ancien ministre Manuel VALLS, l'ex préfet des BDR, Stéphane BOUILLON, et Frédéric RAME, entre autres, puisque depuis, j'ai découvert que le salaud qui fait office de président de cette sale république est impliqué, et a même bien mangé, puisqu'il a bénéficié de largesses pour le financement de sa campagne... Mais, c'est une autre histoire qui concerne une autre autorité que la vôtre.

Pour faire bref, la Justice française a défailli (pour être politiquement correct).
Elle a plutôt souffert de corruption passive, le classique enfouissage de dossier, méthode souvent utilée pour couvrir des proches, des amis, des "Frères", ou pour négocier une autre affaire à tort (de toujours les mêmes bénéficiaires mis à l'index), ou simplement pour en retirer un bénéfice personnel financier...
Bref, pour reprndre les termes descriptifs de la raison d'existence de votre département:

- **Affaires dans lesquelles la responsabilité de l'Etat est engagée du fait du fonctionnement défectueux du service public de la justice**

ex : contre les agents judiciaires de l'Etat

Et en ce qui concerne ce dernier point (exemple), nous citerons la corruption du procureur de Paris, et des acteurs cités dans la plainte à al CPI, et de leurs acolytes qui ont fait tuer dans l'Oeuf, toute poursuite internationale et nationale.

Vous trouverez ci-joint, la plainte que j'avais adressée à la CPI il y a plus de 2 ans déjà (et pendant ce temps, à chaque minute, la Méditerranée est polluée, encore et encore...), où une bonne parie est décrite. Depuis, j'ai étoffé de nouvelles connaissances...

Qu'allez-vous faire ????

"ANOTOW" est une fondation internationale dénonçant et combattant la corruption, où qu'elle se trouve.
Nous avons de nombreux dossiers à vous transmettre, sensibles pour certains, comme des organisations nationales, et certaines internationales, commettant en permanence, blanchiments, et fraudes comptables, administratives, financières, fiscales, et même boursières. Il y a de nombreuses affaires mettant en cause les services de l'état, déjà par la corruptio généralisée (ou presque) des procureurs de la psuedo république. Je ne parle pas que de Paris, mais, bien de Marseille, Toulon, Lyon, etc.

Salutations.

Laurent GRANIER
Auteur, Inventeur, Théoricien, Maître Philosophe
Fondateur de « ANOTOW », ONG internationale dénonçant et combattant la corruption

- **Chapitre 7 : Note d'information QUATRE : Sur les protagonistes instigateurs et leurs motivations au niveau national et politique. Le cas d'école HSBC en matière de corruption contrainte sous rançon, et celui UBS en matière de représailles politiques subies, tous deux ourdis par les services fiscaux français.**

Deux cas récents illustrent ce que je dénonce, la corruption concomitante du système judiciaire et du système fiscal français, notamment pour ce dernier, grâce au fameux « verrou de Bercy ».

Ce dernier est un « outil » juridique et judiciaire, un vice constitutionnel légalisé, au seul bénéfice des services fiscaux, qui leur permet de pouvoir choisir qui elle poursuivra, ou non, et ce, sans explication, ni justification à exprimer. Sans même informer qui que ce soit !

C'est une grande porte ouverte à la corruption, car, à l'instar du système judiciaire français qui se targue fallacieusement de probité à la faveur de la prétendue séparation des pouvoirs, qui n'existe d'ailleurs pas en réalité par le seul fait que les poursuites, ou non, sont décidées par ledit Procureur de la République qui est nommé par le président de la République(...), et qui est un représentant l'État(...), c'est-à-dire, agissant en sous-main au nom des personnes qui dirigent le gouvernement, et donc au titre de la toute autant prétendue indépendance de la justice, il n'y a aucun organisme, aucune autorité supérieure qui vérifie ce qu'ils font, opèrent, décident, et cachent...

Et dans ce foutoir moral, il y a aussi les arrangements mi-officiels, mi-officieux, aux seuls bénéfices des très grandes entreprises, même étrangères, qui obtiennent, au moins, des réductions d'impositions, et de certains états, comme le QATAR, dont ses ressortissants, pudiquement appelés « investisseurs », sont totalement exemptés d'impôts sur leurs bénéfices récoltés en France, faisant à la fois d'intéressants placements stratégiques et de juteux bénéfices, ayant donc accès à des montages financiers et immobiliers économiquement viables, mais qui ne le seraient pas pour des français, ce qui constitue une fraude, et un délit caractérisé par l'aspect de concurrence déloyale sanctionné par la loi, le tout pendant que le petit monsieur SARKOZY y est « invité » régulièrement, pour des conférences grassement payées, pour parler de je ne sais quoi...

Une corruption à paiements différés, une rente officialisée...

Le cas HSBC Suisse.

Il y a quelques années, des pseudos « Lanceurs d'Alerte » (statut désormais à la mode par de prétendus journalistes), employés de ladite banque, ont détourné, sans doute par une subite et pratique conscience communiste patriotique, des données confidentielles sur des clients français qui y avaient un compte.

Un d'eux n'a pas réussi à vendre ces informations, aussi, ses « confidences » ont trouvé une écoute attentive de la part d'un service particulier du fisc français, la DNEF.

La DNEF, infesté aussi par la française-maconnerie, tire d'importants bénéfices de ces situations délicates, par les mêmes ficelles, chantage, menace, intimidation et rançon.

Les responsables de ce département opaque ont tous les pouvoirs, celui même d'être au-dessus des lois, notamment par le « verrou de Bercy ». Ce dernier étant la version officielle, visible, de leur « confidentialité »...

A l'instar des procureurs et de leurs subalternes, ils ont plus de pouvoir que les juges, car les dirigeants de ce service décident, seuls, sans avoir à justifier, sans besoin d'un jugement, d'une ordonnance, de poursuivre ou non, d'emmerder ou non, de créer un enfer ou de laisser tranquille, et même de faire incarcérer, avec l'avantage non négligeable d'un anonymat, lâche certes, et sous le couvert d'un secret contenu. Un état dans l'État.

Ce moyen de pression ultime et absolu, entrepris en toute impunité, est la clé du paradis pour n'importe quel chantage, et pour faire accepter toute négociation, comme le fait d'être « financé » personnellement. En clair, c'est un levier de rançon.

Les responsables et les acteurs de la DNEF aiment à se décrire comme les services secrets du fisc français. Et ils n'ont pas tort, car ils font ce qu'ils veulent, et n'ont aucun compte à rendre à personne.

Leurs bureaux sont à l'avant-dernier étage du bâtiment sis au 140 rue Jean LOLIVE à PANTIN.

Leurs supérieurs officiels dans l'organigramme des services fiscaux, tels que ceux au dernier étage de cet immeuble, et donc, encore moins ceux des inférieurs, ne savent même pas ce qu'il se trame et se combine dans ce niveau sécurisé.

Tous ces propos, tous ces faits, toutes ces informations, je les tiens de première main, parce que j'ai été reçu en ces locaux, le 7 octobre 2016 à 10 heures 30, sur rendez-vous pris avec Brice, dont le nom ne m'a pas été divulgué, et dont je ne suis même pas sûr que le prénom soit réellement le sien. C'est pour dire le problème de transparence de ce service.

J'ai été présenté au numéro deux, un asiatique surnommé « Le Chinois », dont je ne me souviens plus le nom. Il se vantait d'avoir fait « tomber » HSBC, l'affaire étant en cours de « négociation bouclée » (*sic*), et de faire de même avec UBS, ce, avec une certaine jubilation vengeresse, affichant comme médaille d'honneur virtuelle, le fait qu'il était fiché comme interdit de territoire en Suisse.

Se la jouant à fond dans son rôle de patron de ces services étrangement secrets, il vantait les mérites de la messagerie à la mode, cryptée et prétendument confidentielle, voire anonyme, « What's App », en me demandant si j'y avais déjà un compte. Je lui répondais que non, ne pensant pas que ce moyen de communication était fiable dans des cas extrêmes comme ceux dans lesquels il prétendait « nager », vu que si un des deux smartphones, celui de l'émetteur ou celui du destinataire, était contaminé par un virus, il n'y aurait ni confidentialité, ni protection numérique, au moins, du contenu.

Je l'ai rencontré suite à des entretiens au préalable, avec un de ses lieutenants, le « Brice », avec qui j'avais échangé, par courriel (brice.dnef@gmail.com) et un peu par téléphone (06 11 76 79 71), au sujet de dossiers importants que j'avais en mains, pensant alors, naïf que j'étais, que ce service était constitué de personnes intègres et honnêtes, animées de louables intentions.

Or, c'est bien tout le contraire !

Mon objectif était de rétablir une forme de justice en « touchant », qu'importe les moyens, de sales personnes commettant en toute impunité des délits de toutes sortes, puisque la justice française ne faisait rien contre eux.

Ils étaient intéressés, bien entendu, et c'est bien pour cela que ledit numéro deux avait daigné me recevoir.

Anecdotiquement, je lui parlais aussi d'un dossier très sensible, sur le circuit de financement des transactions sensibles de « Thomson-CSF », celui des « Frégates de Taïwan », pour lequel j'avais des preuves, même matérielles. Il était très intéressé. Et quand je lui répliquais qu'il ne pourrait rien en faire, trop ancien, il me répondit que cela ne faisait rien, et que ce n'était que par curiosité... En fait, c'était pour avoir un autre moyen de financement personnel, celui auprès des personnes pouvant être incriminées, même 20 ans après, grâce à son omnipotente position.

Mais, « Le Chinois », à la fois cupide et avare, voulait tout gratuit, la gloire, les avantages pour sa carrière, son financement personnel, et accessoirement, celui de l'administration fiscale. Il n'était même pas question de me dédommager de mon travail, de mes frais, ni même de mes pertes personnelles puisque la plupart de ces affaires, j'en avais été la victime, témoin du premier cercle, et ayant le pouvoir juridique de déposer une plainte pénale.

Je lui expliquais que tout travail mérite salaire, et surtout qu'il était normal que je sois dédommagé vu que j'en avais subi des préjudices pour obtenir de telles informations, et que, de surcroît, eux, allaient se récolter de considérables rentrées, avec un gain de temps et de frais, grâce à une affaire pré-mâchée apportée sur un plateau.

Je lui expliquais même qu'il y avait un avantage pour lui d'établir une collaboration, c'est-à-dire, un partenariat gagnant-gagnant, puisque, en tant que victime, cela lui permettait d'officialiser les poursuites qu'il engagerait, de les légitimer et de les prouver officiellement.

Cela aurait permis de me faire rembourser de mes préjudices, de mes frais, non plus par son administration, mais par les mis en cause.

Cette stratégie pouvait même être légiférée, et elle aurait rapporté beaucoup au fisc, car elle aurait permis à des victimes de se faire dédommager, rétablissant une forme d'équilibre juridique, en étant plus fortes, avec, à ses côtés, une administration conséquente.

Combien d'affaires, qui leur restent inconnues, auraient-ils récoltées par cette méthode ???

Mais, que nenni !

Le « Chinois », égocentrique, égoïste, avide et cupide comme l'administration à laquelle il appartenait, et ridiculement stupide, ne comprenait pas les avantages accrus qu'ils pouvaient en tirer ; ou plutôt, ne voulait pas payer quoi que ce soit, sans doute la crainte d'avoir à officialiser le statut d'« informateurs », ce qui aurait montré au public, et à ses supérieurs, que, de sa gloire quant à son palmarès carriériste, il n'en méritait pas tant tous les honneurs...

Sans doute, aussi et surtout, que ce genre de partenariat n'arrange pas les affaires de ce service, secret, car ils auraient à mettre au jour des dossiers qu'ils préfèrent garder confidentiels, afin de pouvoir les négocier au mieux, pour leurs propres intérêts personnels, ou simplement de les occulter lorsqu'ils concernent leurs amis, leurs « frères »...

Il persistait, par son subalterne Brice, à vouloir mes dossiers gratuitement.

Il avait pourtant évoqué ce type négociation, quand je lui avais dit que j'avais été escroqué doublement par HSBC FRANCE de près de 25.000 €, et qu'il m'avait répondu que c'était bien dommage, qu'il était trop tard, qu'ils avaient déjà finalisé leur arrangement...

C'était, je le rappelle, en octobre 2016, et cette banque s'est acquitté de son règlement à l'amiable, pour achever tout litige fiscal, à l'automne 2017.

Soit, un an après !

Mais surtout, six mois après l'élection du sieur Macron au poste de d'Élysée, et ce, après avoir été à Bercy, en ce temps là, Ministre de l'Économie et des Finances...

J'ai compris ses allusions aux manigances, ourdies par ces personnes de ce service secret fiscal, et notamment par le « Chinois », à savoir que ladite banque avait dû à avoir à financer, d'une discrète « obole », et le nouveau parti politique, et surtout la campagne électorale présidentielle, en échange d'une réduction de peine fiscale, financière notamment, mais aussi pénale...

C'est monnaie courante, et le mot est bien approprié, de verser des sommes aux personnes corrompues, via leur association, leur club, la société d'audit de leur(s) proche(s), etc.

Pour entériner le deal, n'ayant aucune confiance en HSBC, et pour ne pas susciter le moindre soupçon, ils ont attendu un an pour officialiser la fin des poursuites, ayant eu aussi, pendant ce temps-là, un moyen constant de pression, de chantage, et une garantie contre toute dénonciation ultérieure.

Sans doute aussi, pour avoir la possibilité de demander une rallonge, au cas où...

J'étais déjà un « Lanceur d'Alerte », avant le nom même, avant que cela ne devienne à la mode médiatique, par le statut de ma fondation « ANOTOW », créée il y a plus d'une dizaine d'années, basée à Londres, dont le leitmotiv est de dénoncer et de combattre la corruption, et d'inscrire l'intelligence au sein des pouvoirs. Certes, une double tâche ardue, voire impossible.

De son côté, un tribunal fédéral suisse avait condamné pénalement le français pseudo « Lanceur d'Alerte », ancien employé d'HSBC, pour avoir collaboré avec le fisc français en leur fournissant des fichiers dérobés. Un mandat d'arrêt international avait été émis, mais ledit « malfrat » circule librement, en France, et même en Europe, protégé par certaines autorités occultes nationales ayant des rapports au niveau européen... Par exemple, suite à son arrestation en Espagne, l'extradition vers la Suisse avait été refusée, et il avait été remis en liberté.

Depuis, il y a un sérieux contentieux entre la France et la Suisse, et il s'est davantage creusé, matérialisé et affiché par, et avec, le cas UBS.

Le cas UBS.

Le « Chinois » s'en vantait toujours.

Le fait d'avoir été déclaré « indésirable » par la contrée helvète.

En réalité, il avait plutôt la haine contre la Suisse, qui l'avait banni, même si, pour ne pas montrer sa rancœur, la souillure de son prétendu « honneur », qui n'est que de l'amour-propre mal placé, il présentait cette infamie comme une récompense, une validation comme quoi son travail avait porté tant ses fruits, tant ses dommages, que le pays entier l'avait condamné au bannissement.

Il m'avait même avoué, et c'est bien ce qui corrobore sa volonté de représailles envers tout ce qui représente ce pays, cette nation, et donc, que le cas UBS est bien de fait politique, que, comme UBS n'avait pas voulu obtempérer à un arrangement à l'aimable comme celui pour HSBC, c'est-à-dire, reconnaître les délits, et payer une forte amende, d'autant minorée par un financement « parallèle », ils en payeraient les chères conséquences.

Au vu du procès contre UBS et certains de ses responsables, qui se profilait à Paris, et au vu de ce que je connaissais des tordues manigances de ces sales personnes de ce crapuleux service « secret » du fisc français, qui permettent à certains de leurs amis de ne pas payer ce qu'ils devraient, et qui participent activement au pillage et à l'affaiblissement financier du pays, et surtout au vu de leur hypocrisie de se faire passer pour des gens extrêmement « biens » par le fait que leur fonction serait noble, par le rétablissement de la « Justice » au sens financier, au seul bénéfice du pays, ce qui est tout le contraire, j'avais décidé de devenir un « Lanceur d'Alerte » inversé, en dénonçant les salauds certes, mais ceux, toujours occultés, les véritables, ceux de l'autre camp.

J'avais alors contacté le siège social d'UBS à Zurich, à l'attention d'un de ses principaux responsables qui était poursuivi personnellement, qui était aussi habitué aux transactions juridiques, et qui avait surtout refusé le chantage de la part de la clique du « Chinois », en rejetant un accord à l'amiable inique et abusif, en y préférant un procès, qui serait alors qualifié de « politique »...

J'ai donc envoyé un courrier à Markus DIETHELM, juriste d'UBS.

Apparemment, il n'en a pas eu connaissance.

Ensuite, durant le procès, j'ai contacté son avocat en France, un certain Gérard CHEMLA, qui, apparemment, préférait ne pas entendre ce point important, très utile pour son client, et pour UBS, pour faire rendre un non-lieu quasi immédiat.

Mais, comme pour tout avocat, cela n'était pas de son propre intérêt, puisqu'il leur est toujours plus pratique financièrement d'entretenir doute et risque, afin de justifier la nécessité de leur présence, et surtout l'à-propos de leurs honoraires exorbitants, et de leur temps passé. Et puis, en tant que français, et ancien bâtonnier, donc, sans doute français-macon, il était de cœur (le côté du porte-feuille) du parti des « gens » du fisc français... Et il devait vouloir favoriser une solution dans laquelle son client serait encore plus dans une difficile et délicate situation, celle d'être condamnée, afin que les deux parties qui lui sont chères, son propre compte en banque, et ses amis de la partie adverse, en retirent davantage d'avantages (*sic*). Une condamnation procure bien plus de faiblesses pour un tacite chantage vers un arrangement à l'amiable occulte.

Je commençais à comprendre la nasse encore plus grave dans laquelle UBS se trouvait.

Le piège.

J'ai donc contacté un journaliste franco-suisse couvrant ledit procès, et qui publie ses articles au journal genevois « Le Temps ».

Je me suis entretenu avec lui, d'abord par e-mail, et ensuite par téléphone, et lui ai donné ces informations très confidentielles, celles de mon témoignage, et celles du fait que j'allais témoigner. Au vu de sa faible réaction, j'ai compris qu'il était partial, du côté français.

Je l'informais alors par courriel que je décidais d'attendre le rendu du tribunal, pour témoigner, c'est-à-dire, le 20 février 2019.

Le procès s'est achevé le 15 novembre 2018.

Ils m'ont arrêté le 16 novembre.

Pour des raisons que vous pouvez constater comme fantaisistes, avec de fausses accusations basées sur des preuves détournées et même inventées, une procédure déjà manifestement irrégulière, entachée de nombreux vices, bien circonscrite dans le département du Var, loin de Paris, et ce, malgré le fait que la juridiction du défendeur se trouve dans la capitale...

D'apparentes « officielles » manigances, qui ne peuvent en être la motivation réelle, du moins, unique...

- **Chapitre 8 : L'autre pan politique par la preuve de la corruption des services fiscaux français.**

Hormis les faits inacceptables d'exonération fiscale de certains étrangers, comme les Qataris, il y a la corruption, celle qui protège ses amis, et la même qui enfonce ses ennemis, ou du moins, ses non-frères, car il faut bien user de coercition, par vengeance, en représailles, afin de trouver ailleurs le moyen de compenser, le manque d'argent qui n'est pas volontairement perçu...

Pour mettre en évidence cette dépravation morale, j'avais envoyé une notification à Bercy, le 15 novembre 2018, la veille du traquenard dans lequel je suis tombé.

Certes, il n'y a pas de cause à effets en l'espèce, puisqu'ils ne l'avaient pas encore reçue, mais il faut la voir différemment car ce n'est pas le propos, direct.

En effet, le 20 novembre, le ministère me répondait déjà en la personne de Jean-Michel BIRAULT, Chef du Bureau des Cabinets, m'informant que ma missive avait été transmise à Gérald DARMANIN, ce dernier leur donnant la mission de me dire que je serai tenu informé des suites données.

Trois mois plus tard, je n'ai rien reçu.

Pourtant, cette lettre informative était grave et riche d'informations.

Toutes les affaires citées ont dû subir la constance de leur statut, leur enfouissement par les acteurs locaux responsables, et corrompus...

Il y a donc bien, deux poids, deux mesures. Et d'une amplitude importante.

Voici cette missive.

Ministère de l'Économie et des Finances
Télédoc 151, 139, rue de Bercy
75572 Paris Cedex 12

A l'attention de Bruno LE MAIRE,
Ministre de l'Économie et des Finances

<u>Objet :</u>

NOTIFICATIONS DE CORRUPTION DES SERVICES FISCAUX LOCAUX :

- **AIN 01 : CHANEINS**
- **BOUCHES-DU-RHÔNE 13 : MARSEILLE, AUBAGNE, AIX-EN-PROVENCE**
- **HAUTE GARONNE 31 : TOULOUSE, BALMA**
- **GIRONDE 33 : BORDEAUX**
- **ISERE 38 : VILLETTE D'ANTHON**
- **NORD 59 : LILLE, VILLENEUVE D'ASCQ, WASQUEHAL**
- **OISE 60 : BEAUVAIS**
- **RHÔNE 69 : LYON, BELLEVILLE, SAINT JEAN D'ARDIERES**
- **HAUTE SAVOIE 74 : MEGEVE**
- **VAR 83 : TOULON, SIGNES, LE BEAUSSET, LA FARLEDE**
- **HAUTS-DE-SEINE 92 : NANTERRE**

Monsieur Le Ministre,

Las des magouilles liées à la corruption de vos services locaux provinciaux, départementaux, régionaux et nationaux, j'en suis obligé à vous en informer officiellement, afin que vous ne puissiez dire à l'avenir, quand mon livre sera publié sur le sujet, et mes plaintes instruites, que vous ne saviez pas quant à l'élevé et grave niveau de corruption de vos services de contrôle dans les villes et départements désignés en référence.

Bien entendu, cette liste est loin d'être exhaustive, même parmi celle dont j'ai les preuves.

Et évidemment, les localités, les départements et les régions non citées ne sont pas exemptes de ce fléau, c'est tout simplement que j'en ai pas d'informations à leur sujet.

Mais, la corruption est généralisée, certes à des degrés différents. Une des plus vérolées est la région PACA, où les crapules manipulent à la fois, fraudes comptables et fiscales, et escroqueries à l'encontre de personnes, ce, en toute impunité, tant judiciaire que fiscale.

J'ai toutes les preuves de leur corruption par, justement, cette criarde impunité judiciaire et fiscale que certains de ces salopards bénéficient au regard de leur détournements de fonds et de biens sociaux, et autres opérations financières douteuses, et toutes aussi illégales, et voire même frauduleuses et crapuleuses pour certains de leurs auteurs bénéficiaires.

Ainsi donc, je me vois dans l'obligation de vous rappeler à l'ordre quant à vos devoirs, c'est-à-dire, une équité de traitement !

Vous trouverez ci-après, comme de multiples exemples d'impunité fournie par vos services locaux, une liste non exhaustive de personnes et de sociétés qui pratiquent à haut rendement ces malversations financières, me basant uniquement sur mes découvertes, sur mes enquêtes, parfois après en avoir été de leur victime.

Pour vous donner un éventail de situations, vous y trouverez tant de « PME » représentées par de petits combinards manipulant et fraudant sur des dizaines de milliers d'euros, voire centaines, jusqu'à de grandes sociétés, des multinationales pour certaines, évoluant dans la fraude à très grande échelle, et depuis plusieurs années, prouvant bien la corruption de vos services concernés par la pérennité de leurs délits, sûrs de leur impunité...

Il convient aussi de dire que si, vos subalternes avaient fait leur travail, au lieu de fermer les yeux en récompense de quelques avantages personnels, de quelque nature qu'ils fussent et qu'ils soient, je n'aurais pas été une autre de leur victime d'escroquerie...

Bien entendu, cette liste est loin d'être exhaustive, supputant aisément et sans malice que le reste du territoire de la France est sous ces sales mêmes auspices, cependant, je ne peux vous informer qu'au regard de mes connaissances étayées. Je peux vous en fournir d'autres.

Je vous communiquerais toute preuve et toute information complémentaire à votre demande.

Il est à noter la présence récurrente de certaines banques dans les opérations de fraudes, comme HSBC que vous connaissez bien pour leur avoir fourni un blanc-seing judiciaire en matière de crapulerie contre une obole, mais aussi le CRÉDIT MUTUEL, la CAISSE D'ÉPARGNE, la SOCIÉTÉ MARSEILLAISE DE CRÉDIT, ING DIRECT,...

Pour préciser sur trois d'entre elles, HSBC blanchit pour les clients importants (sociétés, organisations criminelles et particuliers), c'est-à-dire, à caractère international et à gros volume de finances, ayant au moins plusieurs centaines de milliers, voire millions d'euros, tandis que le « CRÉDIT MUTUEL » offre les mêmes prestations et avantages, mais aux petits escrocs et/ou fraudeurs, en général les « PME » et artisans, bref, ceux trop petits pour HSBC, avec le bonus d'une caution morale fiscale d'une banque populaire « sainte-nitouche » qui fait de la publicité dans ce sens (« La Banque qui appartient à ses clients, ça change tout », c'est certain, surtout si ces derniers sont des vermines !...).

Et la « SOCIÉTÉ MARSEILLAISE DE CRÉDIT » est pour les crapules et organisations criminelles d'une envergure territoriale moyenne (régionale, départementale et communale), bien située à Marseille, pour le milieu local, toulonnais et Corse...

Pour finir, je tiens à vous certifier que vos contrôleurs, même ceux cachés à la DNEF à PANTIN (que j'avais rencontrés...), sont des abrutis, des personnes orgueilleuses et méprisables, inefficaces, et que vos services sont infestés de jeunes TDC qui n'ont aucun cerveau, et j'en veux pour seule preuve, la dernière, celle de surveiller les réseaux sociaux pour déceler les prétendus fraudeurs. C'est tellement débile que je n'ai même pas en faire la démonstration, et ensuite, c'est bien bien une idée de « feignasse », car, les plus grandes affaires sont celles trouvées sur le terrain, et vos employés à la charge de la fraude n'auraient pas beaucoup de (bons) résultats sans informateurs, comme dans la police ou les douanes.

J'en viens donc à vous proposer que j'ai des moyens pour rendre efficace vos services de contrôle, mais pour cela, il vous faudra me payer comme consultant. Je sais comment augmenter de 25 % vos recettes !

Quand vous contrôlez, et que vous pensez avoir tout trouvé, en réalité, vous n'avez mis en évidence que de 30 à 70 % des fraudes...

Vous ne connaissez pas la technique du « RIO GRANDE », utilisée tant en matière criminelle que de fraude administrative, comptable, sociale, douanière, fiscale. Ou la Technique du « PARAVENT »...

Il y a aussi les « HOT SPOTS » de la fraude, liés aussi avec des organisations criminelles, comme par exemple, la Zone Industrielle de SIGNES, dans le Var, où beaucoup d'étranges personnes, sociétés, activités gravitent sereinement...

En sus, j'ai suffisamment de dossiers et d'informations pour vous faire recouvrer 1 milliard d'euros minimum.

Bien entendu, ces criminels et fraudeurs ne peuvent continuer à exercer sans un sauf-conduit, fourni par certains de vos employés, et/ou par les autorités locales (spécialement la gendarmerie, ou plutôt certains gendarmes (Voir Le Beausset dans le Var, dont la zone de SIGNES précitée est sous leur juridiction...).

Nota Bene : Je ne vous recommande pas d'utiliser mon dossier pour en retirer un quelconque bénéfice personnel de la part de ces criminels, en échange d'un « enfouissement » soigné de mon dossier et de ma plainte...

La présente missive sera publiée sur internet et dans un de mes prochains livres, transmise aux médias et aux partis politiques. Votre réponse et action en conséquences, aussi !

Veuillez recevoir, Monsieur Le Ministre, en même temps que mes salutations, mon rappel quant à vos obligations et devoirs au regard de graves délits, et de faire ce pour quoi vous êtes payé (officiellement s'entend...).

Laurent GRANIER
Auteur, Inventeur, Théoricien, Maître Philosophe
Fondateur de « ANOTOW », ONG internationale dénonçant et combattant la corruption

Et je finis par une longue liste de fraudeurs, professionnels, de très grande importance pour certains, multinationale même comme « AXA », liés à leur local service fiscal respectif, qui, étrangement, ne trouve jamais rien, officiellement, à leur encontre...

- **Chapitre 9 : Aparté sur les pratiques lâches et vicieuses des acteurs de la Française-Maconnerie face à des ennemis d'opinion, de religion et de dogme.**

Pour ceux, et vous êtes nombreux, et parmi vous, il y a même des adeptes, qui ne connaissent pas les véritables rouages de cette secte, car elle en est bien une, sinon, pourquoi emploierait-elle exactement les mêmes mécanismes psychologiques de racolage, d'enrôlement et de maintien en son sein, ou ceux, naïfs, qui croient qu'elle est un "bienfait pour l'Humanité en l'éclairant", il est important de leur apporter des précisions réelles sur les méthodes et les stratégies employées telles un dogme, dont le point commun est la duplicité, dans laquelle sont animés, entremêlés, la couardise, le mensonge, le travestissement de la vérité, cette dernière en subissant les outrages, soit en présentant fallacieusement sous un bon éclairage de prétendus actes bénéfiques, soit en occultant, ceux peu glorieux.

Ce qui les intéresse, c'est le pouvoir absolu, mais sans les contre-coups, sans les risques.
Et d'y associer, bien entendu, une belle, bonne et bienveillante image.

La réalité est qu'ils sont exactement l'opposé de ce qu'ils prétendent être, de ce qu'ils clament moralement appartenir.
Le goût du lucre devrait être leur devise.

Ils font du prosélytisme dissimulé, et infiltrent tous les milieux, souvent à posteriori.
Pour cela, ils démarchent les nouveaux venus, les derniers arrivants, comme, par exemple, celui de maire fraîchement élu, comme, par exemple, dans un village, comme, par exemple, dans le département du Var, comme, par exemple, au Beausset...
Par ailleurs, leur stratégie générale est l'action en catimini, à l'insu.

Pour cela, ils utilisent toujours des pare-feux, c'est-à-dire, des stratagèmes basiques qui ne pourront relier factuellement, et le commanditaire, et le mobile réel, et ce, par l'usage systématique du « bouc émissaire », du fusible humain, et du paravent, pour continuer à détourner l'attention de leur véritable dessein.

Et le tout, pour toujours passer pour l'innocent, la victime, la « blanche colombe ».

Du reste, pour contrecarrer ceux qui les dénoncent, ils ne contre-argumentent pas, trop dangereux, et très difficile puisque leurs détracteurs disent la vérité. Aussi, ils optent pour la dérision, la moquerie, le quolibet, par l'affirmation ironique appuyée et exagérée.

C'est la même technique pour se défausser, qu'utilisent ces « bons penseurs » qui dénoncent la fameuse et à la mode, idée, sous forme généraliste, fourre-tout mental, de « complotisme ».

Ils bannissent toute pensée rebelle à toute version officielle, même si cette dernière n'est qu'une hypothèse, une théorie, une probabilité, basée sur de mêmes qualités de fondements incertains que celles vilipendées.

Le mensonge et le reniement absolu, revendiqués comme « maître étalon ».

Leur but est de lisser. Toute personne doit avoir un caractère policé, sans humeur, sans avis autre que le leur, bref, toute personne doit être un robot obéissant, et uniforme.

Éditer une « histoire » leur fait croire qu'elle est factuellement authentique, par la croyance en elle qui est répandue dans les esprits.

Mais, il leur faut une apparence noble.

Pour cela, ils entretiennent le mystère sur leurs desseins, faisant étalage de cette absolue nécessité de discrétion pour ne pas être attaqués par leurs ennemis, évidemment nombreux, et mauvais.

Aussi, tel un « parrain » qui fait don de charité pour s'habiller d'une urbaine image de notable, ceux-là de la secte infiltrent, et même créent des organismes censés débusquer les vices. Par exemple, les associations à but non lucratif, prétendument « anti-corruption », ou prétendument « Pour la protection de la Nature, de l'environnement », ou « Interpol », police semi-privée, financée par de grandes entreprises, mais officialisée on ne sait trop comment, comme sa douteuse légitimité et légalité...

Ils maîtrisent ainsi la communication, et sont en première ligne pour apprendre ce qu'il se trame contre leurs intérêts, pour anticiper tout dérapage judiciaire, et pour allumer éventuellement un contre-feu à ce qu'il leur serait défavorable, en émettant une déclaration médiatique.

Il y est 3 principes fondamentaux pour s'attaquer à ses ennemis, c'est-à-dire, ceux qui lui feraient concurrence, ceux qui dénoncent ses crimes, ceux qui n'abondent pas dans leur sens immoraux et profitables, ceux qui refusent d'y adhérer et de devenir leur disciple après de nombreuses tentatives de racolage, dès lors que vous avez obtenu un poste important à responsabilité.

Le premier pan de leur stratégie est de ne pas relier le commanditaire à l'action menée, et ce, à double raison, celle qui risquerait de démontrer la réelle motivation et le but à atteindre, et celle de mettre en cause ceux-ci en cas de riposte judiciaire, de mise au jour du traquenard.

Pour ce faire, rien de plus facile que d'utiliser des subalternes qui feront la sale besogne officielle, tout guillerets de participer à une entreprise dans laquelle ils se sentent être investis d'une noble mission, tout étant, vanité oblige, regonflé à bloc d'une telle confiance de la part de leur petit supérieur.

Des sous-fifres, il y en a pléthore, comme des sous-préfets, des substituts de procureurs, des gendarmes novices, des sous-officiers, ou simplement adjudants, des greffiers, des clercs d'huissier, etc.

Le deuxième est de ne pas dévoiler le véritable motif, mais plutôt de mettre en exergue autre chose, un autre grief, afin, toujours à double effet, de ne pas donner un moyen précis et justifié de la cause de ces actions en les mettant au jour comme des représailles, qu'elles sont cependant, et de semer aussi le doute sur ces dernières, tout en détournant l'attention sur un point annexe insignifiant qui fera perdre du temps, de l'argent et de l'énergie au défenseur.

Fort de ces deux principaux dogmes, il ressort le troisième, s'attaquer toujours indirectement, et pour ce faire, aux personnes de l'entourage de celui visé !

Le but essentiel étant de ne pas relier la réelle cause à l'effet, mais surtout, d'isoler la cible.

Vous remarquerez le parallèle avec mes amères mésaventures...

"Ils" ont utilisé des sous-fifres, « ils » ont utilisé de fausses accusations basées sur de faux délits, et « ils » ont même inventé des écrits qu'« ils » m'ont attribués. Et « ils » avaient commencé il y a quelques années, par s'attaquer aux personnes en qui j'avais de l'affection et du respect, comme mon notaire d'alors, par les mêmes moyens crapuleux d'usage du système judiciaire avec des faux.

Ainsi donc, quand vous avez une armée de l'ombre qui agit en catimini, au sein de toutes les arcanes des pouvoirs, et que vous pouvez en tirer les ficelles, de surcroît, en toute impunité puisque ceux de l'institution qui pourraient vous poursuivre et vous condamner sont vos « frères et sœurs », tout est possible.

Il suffit donc d'avoir des adeptes dans la magistrature, du greffier (insignifiant par le fait que personne ne le remarque, invisible, mais très important personnage pour faire des faux...), au juge, en passant par la troupe du procureur. Troupe, car ils sont bien plusieurs à hanter ce poste, puisqu'il y a les obscurs substituts et vices. Idem pour les préfets...

Et le tout aidé par des forces physiques, armées, aux ordres.

Il n'est pas si mal interprété de dire « armée », puisque la gendarmerderie française est infestée par la « française-maconnerie ».

Une police militaire qui a le pouvoir sur le peuple, aux ordres de la secte. Et si la secte a un de ses aficionados à la tête du gouvernement, alors, c'est le GRAAL...

Même les gendarmes non membres obéissent aux commandements, par leur fameux sens hiérarchique exacerbé qui les oblige à ne pas les discuter.

Une police militaire qui exerce un pouvoir coercitif omniprésent dans le monde civil, depuis la circulation routière, aux enquêtes criminelles, en passant par la « sauvegarde » en montagne, le tout en protégeant la magistrature, et cette dernière les protégeant.

Nous en voyons un bel exemple avec « mon affaire ».

Et même avec le boxeur qui s'est attaqué à mains nues à un gendarme, casqué, muni d'un écran de protection, équipé d'un équipement corporel de haute protection, armé d'une matraque, protégé par un bouclier...

Le pauvre gentil gendarme se plaint, et c'est le salaud de civil qui est mis en détention provisoire, procédure bafouant la présomption d'innocence, notamment au regard de subir une condamnation irréparable sans qu'elle eut été prononcée. Ces droits lui ont été volés !

De plus, et c'est consternant de paradoxe, une absolue négation de la piètre qualité de ce « serviteur » de la paix qui devrait avoir honte, car il démontre la médiocrité de sa qualification quant à sa fonction, celle prétendue de défendre le citoyen, quand lui-même n'est pas capable de le faire pour sa personne, avec tout l'attirail de défense et même offensif dont il est équipé ! Et face à un homme à mains nues ! On redoute de penser que l'on pourrait être dans une situation dans laquelle on serait prétendument défendu par ce pleutre...

Quant à l'acte d'injustice du gendarme qui a causé cette réaction du boxeur, elle a été effacée !

Donc, quand un groupuscule religieux, sectaire, détient le pouvoir absolu, ayant des agents infiltrés dans tous les rouages des pouvoirs d'une république, nous ne pouvons plus parler de démocratie, mais plutôt de dictature dissimulée.

Elle est au sein de l'État, par l'infiltration, par la corruption de tous ses engrenages.

Du grouillot, qui servira d'homme (ou femme) de paille, et de fusible occasionnellement, au plus haut statut.

La technique du chantage, de l'extorsion, de la rançon.

Par exemple, les procureurs et ses subalternes, par les plaintes qu'ils reçoivent, obtiennent, sans rien faire, assis dans leur fauteuil, fiche de salaire en main, des « dossiers » fournis gratuitement.

Eux seuls décident de poursuivre, ou de ne pas poursuivre.

Sans justification, ni de raison juridique.

Eux seuls décident de jeter la plainte à la poubelle, ou de l'utiliser à des fins personnelles.

Si une plainte concerne un de leurs chers « Frères » ou « Sœurs », elle est détruite, ou « égarée ». Comme les preuves, d'ailleurs...

Et si elle concerne un de leurs ennemis, ils la conservent précieusement, et l'utilisent en matière de chantage, soit pour obtenir un échange de bons procédés, c'est-à-dire, l'abandon réciproque de poursuites qui cibleraient un de leurs « amis », soit simplement pour spolier ledit opposant, si tant est qu'il présente un intérêt financier sur lequel ils veulent faire main basse.

Et vous, plaignant, victime, vous n'en saurez rien, si ce n'est que votre plainte est partie aux oubliettes, officiellement.

Et s'ils ont besoin d'un faux, un amical greffier ne s'en gênera pas, lui suffisant d'apposer un tampon, et d'oublier de signer et de mentionner son nom, pour ne pas être identifié en cas de pépin...

Qui irait prétendre mettre à l'index, un « vrai faux vrai » document officiel ?!

Et je sais de quoi je parle, j'ai été confronté à de nombreux faux établis par des greffiers fantômes, des huissiers...

Tout comme d'obscurs sous-procureurs m'ont parfois répondu qu'ils ne donneraient pas suite à ma plainte, et ce, sans même mentionner de quelle affaire il s'agissait !

Avec toutes ces spoliations, ces coups tordus, en toute impunité, depuis des lustres, leurs moyens et leurs pouvoirs financiers sont incommensurables.

Ils pillent les états.

Et l'État français n'est pas épargné.

Bien au contraire, des sociétés comme « VINCI » profitent de l'aubaine, arnaquant le(s) pays, en faisant main basse sur les autoroutes, les aéroports. A ce sujet, pourquoi croyez-vous qu'ils soient dans ces domaines ? Pour le lucre ? Certes, mais aussi pour avoir un outil de surveillance des mouvements des individus...

Vous avez aussi « AREVA », « ENEDIS », « ENGIE », etc.

Ce n'est pas pour rien que de véritables mafieux liés au grand banditisme, à des organisations criminelles internationales, sont à la tête de ces loges. Pour exemple, il y a quelques années, il y eut une rébellion au sein de l'une d'entre elles, au niveau national, certains « honnêtes naïfs » de la base refusant la nomination au plus grand échelon, d'une crapule, d'un véritable « parrain ». Ils furent répudiés ! GLNF ? Ou GOF ? A vous de trouver...

Nous ne pouvons même plus parler de démocratie au niveau électoral, quand on voit ces mêmes pouvoirs utiliser la loi à leur seul avantage, la détournant même, pour faire taire les éventuels concurrents.

MÉLENCHON en sait quelque chose avec ses abusives perquisitions illégales...

Pour flâner un peu dans les sphères politiques françaises à leur sujet, leur lâcheté atavique les contraint systématiquement à combattre, à détruire, et à ré-écrire ce qui ne leur sied pas.

Le mensonge est de leurs armes principales.

C'est compréhensible, la couardise oblige à réfuter, à nier, pour éviter d'assumer, de payer. Ce dernier terme les effraie au plus haut point, « Payer ». Et je parle au niveau pécuniaire.

L'avidité va de pair avec leur fausseté, leur bassesse, leur vilenie, et leur poltronnerie.

Nous le constatons avec mes mésaventures, qui, somme toute, proviennent du fait que de médiocres salauds de basse-fosse refusent de rembourser une simple somme de 15.000 euros.

Rembourser, pas payer !

Et au nom de cela, « ils » sont tous capables d'éliminer quelqu'un !

Pour exemple, le MACRON a fait le fanfaron en disant qu'il assumait, au regard du « bounoulla ».

Mais, ce n'est que pur langage, aucun acte, aucune peine en contre-partie.

Assumer, c'est payer !

Et comme il se sait à l'abri des tourments de la Justice par son immunité présidentielle, et par ses disciples maconniques, il est facile de déclamer de telles prétentions, même pour le pire des pleutres.

Les « français-macons » portent à son excellence la notion de lâcheté, car, non seulement ils attaquent en meute, mais aussi, ils le font en obscure manière (en usant de faux semblants et de moyens détournés), et au surplus, ils font exécuter leurs desseins par d'autres. Une triple protection.

Je ne sais s'il est possible d'agir de plus couarde façon.

Par ailleurs, ce serait un tort que de penser qu'ils préfèrent la discrétion pour éviter brimades et répressions, suite à leurs expériences passées de martyrs.

C'est leur rengaine, bien pratique, et bien mensongère.

Si ces gens là n'avaient rien à se (faire) reprocher, s'ils faisaient le bien comme ils le prétendent, ils n'auraient rien à craindre, et encore moins de le faire savoir, surtout en période de démocratie.

Leur but n'est pas l'illumination des esprits, mais l'obscurantisme, par un autre éclairage, biaisé, qui favorise aussi la mise en ombre.

Si lumière il y a, elle n'est uniquement qu'en leur faveur, et par le spectre qui les présente sous un faux jour artificiel tout à leur avantage.

Et quant à leur fameuse opposition viscérale à la dictature, au fascisme, se présentant comme des sauveurs de l'Humanité, ou des garants de la démocratie, ce n'est uniquement que parce qu'ils en ont subi les affres durant ces dures mais justes périodes.

Ils ne sont pas contre l'autocratie.

Bien au contraire, ils sont contre toute forme de totalitarisme qui ne leur sied pas, ou qui n'est pas de leur initiative.

La preuve en est avec la Russie, l'Iran, et dernièrement le Brésil, où ces « enlumineurs » intellectuels baignent avec les « nouveaux venus » du monde politique.

A leurs sujets, ce qui est amusant, c'est de constater l'ostensible criante homophobie de leurs dirigeants, Poutine, les successifs différents politiques et religieux iraniens, et puis Bolsonaro, alors qu'ils sont acoquinés avec cette secte de sodomites.

Pour finir sur ce point, la « franc-maçonnerie » (sic) combat les formes connues de religion, non pas frontalement, ils sont trop lâches, mais en les pourrissant de l'intérieur. Ainsi, ils ont infiltré le Vatican, et bien d'autres lieux symboliques cultuels... Les musulmans, moins cons sur ce point, ou plus lucides, plus affranchis, s'en méfient. Et la secte est interdite dans les pays où l'Islam est la seule officielle. Sauf au Maroc. Cherchez l'erreur...

Quoi qu'il en soit, que l'on soit croyant, ou agnostique, ou même athée, on ne peut renier les faits. C'est-à-dire, ce en quoi ils croient, et agissent.

La « franc-maçonnerie » (sic) est issue initialement de la séparation dieu/diable (sic et sic), ses adeptes étant les suppôts de ce dernier.

Pour information, je ne mets jamais de majuscule aux noms « dieu » et « diable » en matière de philosophie et dans les circonstances telles que celles-ci, afin d'éviter qu'ils soient identifiés par rapport à une religion, ou à une autre. L'emploi de minuscule, ou plutôt le non emploi de majuscule, est juste pour englober la définition linguistique de ces divinités, et qu'elles ne soient absolument pas circonscrites à une expression par rapport à une méthode spécifique de culte.

Je dis « issue », non par ce fait, dont je ne sais s'il est réel, ou non, ou simplement partiel, ni même quant à l'existence ou non de ces divinités, mais du point de vue de leur état d'esprit, de leur croyance, de leur dogme, pour lesquels ils agissent en conséquences.

Ainsi, ces adeptes sont évidemment contre « dieu », et tout ce qu'il représente par définition. Et par création.

La Nature, et bien évidemment les animaux, étant par identification biblique, de sa conception, de son fait, ne sont pas de leur affection.

Bien au contraire.

Aucun des « français-macons », pourtant si puissants qu'ils soient, pourtant infiltrés dans toutes les arcanes des pouvoirs, n'a fait quelque chose pour protéger la Nature, l'environnement, et les animaux.

Pour exemple, le maître MACRON est pour la chasse à courre... Sans compter ses actions musclées, délibérées et autoritaires, pour salir tout ce qui représente l'équivalent « matière », « concret », de dieu, c'est-à-dire, la Nature, au bénéfice de ce qui est construit par l'Homme, et qui prend le pas sur cette dernière au point de la détruire (comme l'industrialisation).

Il n'y a qu'à constater à ce sujet, son étrange attitude inactive via son ministère, une d'autant plus étonnante absence de détermination, de volontarisme, de la part d'un hyperactif voulant absolument tout diriger...

Dans la même veine, mais active celle-ci, il y a le fait réel de son action en faveur de la pollution des « Boues Rouges », qu'il porte à son « tableau d'honneur », un trophée moral et intra-social qui célèbre sa position élevée de disciple au dogme... Et pour donner le change auprès du peuple, et auprès des institutions concernées comme les associations pour la protection de l'environnement, comme un alibi moral, il critique ouvertement

Donald TRUMP. Un sujet facile à utiliser avec les abrutis de journalistes français (*sic pléonasme*), gaucho-bobos...

Et pendant ce temps, il ne fait rien pour la planète, sauf élucubrer en détournant un slogan, qui en devient ridicule, puéril et immature...

L'environnement naturel représente pour eux, un chaos, le désordre, et par opposition, ils sont pour un univers structuré et méthodique, l'ordre.

Ceux qui connaissent un peu la physique, je dirais que le côté diable défini franc-maçonnique est assimilable à la théorie de la Relativité, représentant un univers somme toute figé, contrôlé, édicté, maîtrisé à l'absolu, quand celui de dieu est le pendant par la mécanique quantique.

Dans la même veine de la conception de la séparation divine, la femme est leur idole. « Columbia »...

Et oui, ces apparents mâles, souvent « blancs et habitants de beaux quartiers » (*sic*), se montrant toujours (trop) virils, voire (trop) machos, se prosternent devant une « bonne » femme.

Enfin, « bonne »... Façon de parler.

C'est pour cela que les homosexuels, et homosexuelles, se « retrouvent » « spirituellement » dans la secte.

Il ne faut pas oublier que, bibliquement, la « Femme » est un sous-produit de l'Homme.

Certes, certains pourraient dire qu'elle est plutôt une évolution, une amélioration de la création originelle. Mais, au vu de leurs sales, sombres et occultes desseins, et de leurs toutes aussi sales actions, dissimulations, perversions, je ne pourrais que pencher pour la première option.

Nous pouvons même remonter à leur origine, la frange mercantile du peuple juif. Avant le judaïsme, imposé d'une manière subtile, il y avait, parmi ce polythéisme, le culte du Veau d'Or. Ceux qui tenaient les ficelles du pouvoir lucratif de toutes leurs croyances, voyaient d'un mauvais œil, au niveau business, cette théorie portant à un dieu unique. Après s'y être opposé, et après avoir constaté que ce moderne courant spirituel s'enflammait, ces mêmes « commerçants » ont alors trouvé profit, et en ont retiré d'autant les bénéfices. Bien plus tard, quand Jésus est arrivé, et a commencé à mettre le « bordel », devenant une gêne pour leurs affaires, ceux-là ont décidé de l'éliminer, mais d'une manière

« propre », par le système judiciaire en place, incontestable car officiel, et aux yeux de tous. Un gros coup de « com » !

La franc-maçonnerie est la suite, le côté non judaïque du peuple juif.

Quant à leur « G », symbole initiale de « Geometry », je pencherais plutôt pour « Greed » (avidité) !

Et quand je compare les prétendues menaces physiques que j'aurais faites, inexistantes en réalité, à leur simulacre d'intronisation, avec de ridicules accoutrements, par lequel ils précisent et avertissent leurs nouveaux venus qu'ils seront égorgés (*sic*) s'ils révèlent leur secret, et/ou quittent la secte... C'est plus que « l'hôpital qui se gausse de la charité » !

Et personne n'ose dénoncer que c'est bien une secte avec de tels sales propos !

Qui peut affirmer qu'elle est du côté du « bien » en tenant de si viles mises en garde ?

D'autant que si elle tient ses promesses de ce qu'elle avance être, c'est-à-dire l'« illumination pour le bienfait de l'Humanité », l'objet « phare » pour lequel ces « gens » en deviennent ses adeptes en toute sincérité, lequel en démissionnerait ?

Et que pourrait-il dénoncer de si irrévérencieux, ou de si dangereux ?

Nous constatons ainsi, sans l'ombre d'un doute, leur paradoxe « commercial », et la preuve de leur duplicité.

Quoi qu'il en soit, aucune religion, aucune secte, aucun dogme prônant le bienfait de l'Humanité ne proclame un tel sordide et sanglant avertissement, qui est, quoi qu'il en soit, absolument contre la Loi, d'en France, et d'ailleurs !

Leur but est d'imposer leur vision d'une manière celée, et ce, d'une force dictatoriale implacable.

La maîtrise de tout, le contrôle de tout le monde.

C'est pour cela qu'ils sont aussi contre le choix de fin de vie, l'euthanasie. Rien d'éthique, ou de moral.

Par extension, ils sont contre la chance et les personnes chanceuses.

En effet, ils considèrent cette manne providentielle comme étant le résultat d'une aide « divine », ce qui en fait une sorte d'assistance de l'Univers, et comme leur raison d'être est d'être leur propre maître de leur devenir, ils détestent et combattent ceux qui bénéficient de ce type d'octroi divin. Ils essayent en premier lieu de les convertir, de les enrôler.

Pour conclure d'une manière candide, il est consternant de constater que cette opposition, cette confrontation, et ce conflit grandissant entre ces deux pôles, obligent chacun de nous à choisir un camp. Et de renoncer à l'autre.

Je ne parle pas au niveau des actes, d'avoir à choisir d'être un salaud, ou pas, d'être une personne du « bien », ou pas, mais du choix esthétique de tout environnement, car le chaos, comme le structuré ont leurs avantages, leurs subtilités, et leurs beautés.

Personnellement, j'aime autant la Nature, que les constructions harmonieusement bâties.

En d'autres mots, pourquoi l'Architecture, et tout ce qui est parfaitement ordonné, tel que les Mathématiques, seraient-ils le jardin gardé de cette secte, revendiqués sous exclusivité par cette divinité maligne ?

Et pour achever le propos à leur endroit localisé qui concerne la raison de cet exposé littéraire, la question est de savoir si toutes les « françaises-maconneries » sont de cet acabit, dirigées par de gros « enculés » de première (dé)classe, tels qu'on les détecte facilement à Toulon, dans le Var, en région PACA ?

Ou, si celles nationales sont plus « honorables ».

Pour être « franc », sachant qu'il n'y a pas que des salauds, je pense que la région Sud est assez spécifique, car, somme toute, les salopards qui se sont ligués pour me réduire au silence, ont pris toutes les mesures pour circonscrire « mon affaire » dans leur fief, y compris celles de nombreuses ruses illégales, et ce, afin qu'elle ne convole pas vers d'autres cieux.

C'est bien qu'ils ont à craindre son bruissement incontrôlé, déjà médiatique, puis juridique sous un ailleurs.

On pourrait presque en déduire que les « français-macons » des autres régions, et particulièrement ceux de la capitale, ne sont pas (tous) des « enculés » (sens figuré).

Ou alors, qu'ils n'y sont pas aussi puissants, pas aussi infiltrés, ou qu'ils y ont de coriaces et redoutables adversaires...

Si « Tout est bon dans le cochon », en revanche, « Tout est mauvais dans le mac(r)on » !

Par cet addendum, je tiens à expliquer pourquoi j'écris bien, confirmant du systématique « sic », « français-macons ».

Déjà, je pense qu'il faut bien faire un distinguo entre eux, surtout ceux de certains pays, notamment ceux français, qui sont bien des « enculés », alors que tous ceux du reste de la planète, n'en sont nécessairement pas.

J'ai pu remarquer des différences notables dans d'autres pays, où leur attachement n'est pas si « satanique » que dans l'hexagone, même si leur dessein général s'oriente dans la même veine.

Il est à ajouter que l'utilisation inappropriée, improprement à leur avantage, du terme « franc » me gêne particulièrement, par son opposée réalité, qui demeure fallacieusement arrangeante.

Certes, d'une ancienne définition, ce terme peut aussi désigner la liberté, la non dépendance.

Cependant, il reste de nos jours, d'une mauvaise traduction, typiquement française. Le terme originel moderne vient d'Outre-Manche, « Free-Mason », dont la traduction est « libre ». Cela est dû à leur dogme, qui fait vœu d'indépendance spirituelle absolue par rapport à l'Univers, tel qu'il a été créé et voulu originellement par son créateur. Un lien divin rompu par leur rituel initiatique, par lequel les individus démissionnent de leur appartenance atavique à dieu. Certes, pour un autre asservissement...

C'est pour cela que je n'emploie pas « Franc », mais « français ». Et spécialement quand cela concerne les adeptes du cru, car j'ai cependant l'impression que ceux d'en France sont plus pervers, plus vérolés, plus mafieux que dans la plupart des autres pays. J'en veux pour preuve que chez certains « ailleurs », il y a même des associations, des partis politiques, des groupements, anti-maçonniques. Et officiellement. Et même en. Écosse, berceau d'un des plus anciens et des plus grands courants de ce dogme religieux moderne.

Alors qu'il n'y a pas d'opposition officielle en France. Cherchez l'erreur !

Quant à l'« oubli » de la cédille, c'est plutôt une trace camouflée humoristique, de ce qu'ils sont, reprenant leurs artifices mystérieux et leurs manières occultes de laisser des signes visiblement celés pour les affranchis...

- **Chapitre 10 : Retour sur la garde à vue illégale. L'impasse juridique, la mise au jour du travail d'une enquête mal opérée, orientée et à charge, et l'appontage sur le week-end.**

La manière la plus simple et la plus honnête pour comprendre la situation grotesque, sans parti-pris, ni interprétation quant à leur niveau professionnel et intellectuel, et même moral, est de vous exposer ce que la gendarmerie appelle « Pré-Audition ».

L'avocate commis d'office était arrivée. Elle s'était entretenue brièvement avec moi, me demandant ce pourquoi j'étais là, et donc de lui parler de l'affaire en question. Elle n'avait apparemment pas pris connaissance du dossier. Je répondais que je n'en savais guère plus qu'elle, vu que ces honnêtes gendarmes enquêteurs s'étaient bien gardé de m'expliquer et de me montrer de quoi il retournait, sauf ces paires de lignes exprimant un lien internet, et une accusation y étant relative !

Bref, elle ne m'a rien rien dit de spécial, ni d'ordinaire, d'ailleurs. Elle n'a même pas parlé pendant la pré-audition. Elle n'aurait pas été présente, cela n'aurait pas été pire. Ou plutôt, cela aurait été mieux, plus favorable à mon cas, puisque celle qui prétendait me « défendre » n'aurait pas rédigé une attestation à mon encontre, trahissant son client. Une déclaration manuscrite à l'attention des gendarmes, sujette à des problèmes d'incohérences temporelles avec la réalité relatée en d'autres documents relatifs à la procédure, rédigés par ces derniers, qui, de surcroît, est illégale, illégitime, faussée, complaisante, et qui, fait gravissime, démontre une usurpation frauduleuse de la qualité médicale de considération en ce domaine, le tout en bafouant toutes les règles élémentaires de déontologie de sa profession...

Le médecin demandé lors ma mise en garde à vue, n'était toujours pas arrivé, et l'audition principale ne pouvait, apparemment, pas se faire.

En fait, il ne viendra pas. Et pour cause. J'ai appris par les documents de fin janvier 2019, qu'elle n'était déjà plus prévue depuis 11 heures 35 minutes, au moins...

L'Aurélie THOULOUZE en fera même un procès-verbal de constat de carence, bidonné parce que ne mentionnant pas l'heure(...), document que je découvrirai deux mois plus tard.

Par ailleurs, au vu du fait que son chef acolyte, le « Franck qui ne l'est pas » (mais qui doit bien faire de la maçonnerie...), a manigancé, anticipé l'internement, j'ai de forts doutes qu'un médecin ait même été appelé, puisqu'ils savaient pertinemment qu'il serait inutile...

D'autant que, comment un médecin n'a pas pu trouver le temps de se déplacer en une journée pendant laquelle j'étais séquestré, notamment quand il s'agit de « SOS Médecin »...

Il est, par ailleurs, à noter que j'ai toujours insisté qu'ils fassent état et mention de mon adresse de Paris, et du refus d'inscription de l'adresse du Beausset, qui n'était pas valide, n'y ayant même pas de boîte aux lettres.

De plus, voyageant beaucoup, et n'étant pas résident en France, toute procédure à mon encontre devait être entreprise dans la juridiction de la Capitale, et même si, au demeurant, je n'y aurais pas eu d'adresse de correspondance.

Ainsi donc, à double titre, je dépends, et ce à titre de victime, de plaignant, et encore plus à titre de défendeur, de la juridiction de Paris, et uniquement d'elle.

Mais, cela n'arrangeait pas les affaires, ni celles des gendarmes, ni celles des magistrats locaux, procureurs et préfets inclus, ni celles de leurs frères mafieux.

Comme leur traquenard, leur piège, était monté de toutes pièces, autant fallacieuses, arbitraires et fausses, les unes que les autres, il ne fallait pas que d'autres, non affranchis, notamment non gendarmes, comme les policiers, les vrais, et surtout non français-macons, mettent le nez dans cette sordide affaire mafieuse provençale, mêlant criminels, magistrats, notables et gendarmes...

Voici donc cette fameuse pré-audition dont mes propos ont mené « mon » avocat d'alors, commis d'office, dotée du don de voyance décelé par son anticipation au vu de ses incohérences déclaratives, temporelles et physiques, et qui ne me connaissait pas, tout comme le dossier d'ailleurs, à faire une attestation aux autorités selon laquelle, et au vu de sa compétence en la matière (sic), au niveau médical, j'avais besoin (sic) d'une expertise psychiatrique.

Fautes de tous genres incluses.

Ce qui est écrit l'a été par la gendarme, selon ses facultés, et donc, la retranscription n'est pas parfaitement exacte et rigoureuse avec mes propos, dans leur intelligibilité et leur sémantique.

Le vendredi 16 novembre 2018 à 12 heures 00 minute.

Mdl/Chef Aurélie THOULOUZE et Adjudant Franck LA IACONA,

Question : Avez-vous des observations à effectuer quant au déroulement de votre garde à vue ?

Réponse : Je note une procédure abusive non étayée par le droit constituant une manœuvre d'intimidation. Et me mettant en danger, me confinant dans un endroit qui pourrait atteindre à ma vie par des personnes mal intentionnée et non par moi. Je précise que je ne veux pas me suicider et que je suis en bonne santé.

Quant au début de la garde à vue, l'officier qui a traité l'affaire (Psig) et avec qui j'ai discuté à été très courtois et professionnel et compréhensif.

Même si cela m'est préjudiciable, je ne peux dire de même des deux personnes en civil, officier je ne sais pas quoi, Qui ont eu une attitude et des propos autoritaires et malveillants.

Je tiens à ajouter que les documents que vous m'avez présentés que j'ai refusé de signer car comportaient de nombreuses lacunes juridiques et de manquements procéduraux comme notamment la seule mention de mon identité en nom et prénom. Je tiens à ajouter que des Laurent GRANIER il y en a pléthore sur le territoire français et ailleurs.

J'ai tous les doutes confirmés quant à l'intégrité de ces deux personnes au regard de leur action musclée et armée sur une juridiction qui ne correspond pas à mon domicile déclaré qui se trouve au 108 rue XXX PARIS. Comme ils le savent pertinemment dans leur semblant de preuves concernant les odieux crimes que j'aurais commis concernant des pages sur internet avec une prétendue adresse au BEAUSSET.

J'ai refusé de signer tous les documents lors de mon arrestation et dans les locaux de la gendarmerie de La Valette parce qu'il manquait des omissions et ou des erreurs et qu'il m'a été refusé de les rédiger en conformité avec la réalité et la loi.

Question : Avez-vous bien compris les raisons qui motivent votre placement en garde à vue ?

Réponse : Non.

Question : Avez-vous besoin qu'on vous rappellent les motifs ?

Réponse : Je ne dirais pas rappeler mais prendre connaissance dans entièreté car lorsque l'on dit rappeler cela veut dire que je les auraient lus.

Question : Vous nous avez expliqué ne pas avoir signé le formulaire des droits de placement en garde à vue lors de votre interpellation expliquant que ces derniers contenaient des omissions et erreurs. Cela veut bien dire que vous les avez lus. En conséquence, sachant que sur ces documents les raisons qui motivent votre placement en garde à vue sont mentionnées, vous en avez eu, par conséquent, connaissance.

Réponse : C'est simple, vous ne me présentez aucune preuve ou document, vous ne me citez que deux lignes évoquant un site internet. Toutes les accusations ne sont fondées sur rien, sur aucune preuve à ma connaissance, à cet instant. J'ajoute que cette procédure et ses manœuvres d'intimidation relèvent d'une affaire politico-mafieuse. Puisque apparemment des deux lignes que j'ai pu lire et des accusations diffamantes qu'on me portent sont une atteinte à mes libertés d'esprit et de décisions et de dénonciation de crime que tout véritable homme se doit d'avoir même s'il n'est pas sous serment de d'aucune autorité.

Question : Pouvez-vous nous préciser quel est votre lieu de domicile ?

Réponse : 108 XXX à PARIS.

Question : A quoi correspond l'adresse XXXX LE BEAUSSET ?

Réponse : Résidence secondaire.

Je précise que toutes mes procédures, tous mes courriers, tous mes documents officiels, tous mes documents fiscaux et même ma consommation d'eau pour LE BEAUSSET sont adressés à PARIS.

Je n'ai aucune boîte aux lettres à l'adresse du BEAUSSET.

De plus, je tiens à ajouter qu'il y a un autre Laurent GRANIER sur le BEAUSSET. »

Avant de mettre fin à l'audition, nous demandons à Maître LINOL-MANZO Emily s'il souhaite poser des questions complémentaires à la personne entendue.

L'avocat n'a pas de question à suggérer.

LA VALLETTE DU VAR 83160,
le 16 novembre 2018 à 12 heures 25 minutes.

Je vous avais dit de vous rappeler de l'heure...

- **Chapitre 11 : La commune pratique du pratique internement abusif, opéré par la française-maconnerie, grâce à la fraternelle complicité active de prétendus docteurs en la matière, d'un maire et d'un préfet moralement nauséabonds, face à des ennemis d'opinion, de religion et de dogme, contre qui elle ne peut rien juridiquement ou judiciairement.**

Pour emprisonner quelqu'un sans avoir de compte à rendre au niveau judiciaire et juridique, et donc, sans besoin de légitimité ou/et de preuve de sa responsabilité, de sa culpabilité, et même d'acte répréhensible de sa part, et donc, spécialement quand il est difficile de lui reprocher quelque chose, et pour éviter le subterfuge délicat de faux documents et de fausses accusations qui pourraient être mises à mal et dévoiler les manigances au vu d'une audience en un tribunal, même s'ils ont utilisé cette manière pour amorcer la prise de ma liberté, il n'y a rien de plus pratique que l'internement.

Besoin de rien.

Juste d'un psychiatre malhonnête (pléonasme au regard de leur majorité, et de leurs supposées connaissances en la matière, et de leurs prétendues méthodes de soins...), voire incompétent, voire « enculé » (au sens figuré), ou le tout à la fois, en étant membre d'une secte satanique qui a infiltré et corrompu tout le système judiciaire français, magistrats et services de police entremêlés, politiques inclus.

Toulon est la ville la plus tordue, bien plus que Marseille, pourtant bien noircie par sa véritable réputation.

Mais, à la différence de cette dernière, grande et véritable ville où il se trouve pouvoirs de tous bords, et contre-pouvoirs, faisant ainsi régner une sorte de virtuel équilibre entre tous les salauds, et auprès de qui on trouvera toujours une aide, non pas pour la justice mais plutôt pour emmerder « l'autre », Toulon est un gros village où un seul maître règne, une seule mafia. Et comme dans tout village, les milieux criminels et notables sont les mêmes...

Ainsi, pour emprisonner quelqu'un ad vitam æternam, et sans compte à rendre à la justice, puisqu'alors sorti du système judiciaire pour celui du pseudo médical, les législateurs, aussi cons que tordus et malhonnêtes, ont pensé à la présenter sous un air fallacieux d'équité et de probité, en demandant une validation de l'ordre médical par un magistrat... local !

Même par un simple et quelconque maire de village, et même par un de ses sous-fifres !

D'ailleurs, lequel, préfet ou maire, puisqu'il s'agit bien d'eux, ayant tout pouvoir, irait-il à l'encontre d'un avis médical, incorporant notamment la notion de dangerosité, et même seulement de potentialité, et le tout, sans connaître ni avoir rencontré, et donc sans avoir étudié la mesure d'un tel à-propos, la personne mise à l'index ???!!!

Lequel d'entre eux oserait-il défier la sentence clinique d'un prétendu mais officialisé expert en la matière ?!

C'est même pire, puisqu'un de leurs subalternes, substitut pour le premier, adjoint pour le second, peut user du même pouvoir, décider, valider et signer une telle sentence à leur place.

En ce qui me concerne, ce fut le maire du village de La Vallette-du-Var qui m'a condamné.

Et pourquoi celui-ci ?

Parce que j'y avais résidé, ou que j'étais un de ses administrés ? Non !

Tout simplement parce que la gendarmerie où j'y étais séquestré se trouve sur cette commune !

J'ai appris ultérieurement que ce maire, Thierry ALBERTINI, était conseiller départemental du Var, Conseiller métropolitain de Toulon Provence Méditerranée...

Cela se passe-t-il réellement aussi simplement ?

Oui !

Par la suite, j'ai eu des discours, de la part du personnel hospitalier, comme quoi la loi était bien faite, et que l'internement abusif n'existait plus.

Déjà, c'est donc qu'il avait existé, et qu'il avait été reconnu comme tel...

La décision du maire est en alternative avec celle du préfet.

C'est ce qu'on m'avait alors vaguement dit. Je ne sais pas pourquoi cette décision n'a pas été prise directement par le préfet...

En fin d'après-midi de vendredi, le week-end étant déjà entamé pour certains élus, il ne suffisait qu'à ces prétendus gens d'armes (*sic*), d'avoir une écoute empressée, et ce fut celle de la municipalité en question.

Avec le recul, il est évident que tout était prévu.

« La loi étant bien faite »(...), la décision doit être entérinée par le préfet, sans trop de notion de temps.

Seule celle du maire suffit pour l'heure.

Celle du préfet arrivera ultérieurement, qu'importe, comme si elle était de toute évidence, tacite, et incontestablement non opposée...

Et puis, leur petit week-end ne vaut pas d'être importuné de quelques minutes d'études d'un dossier, au regard de l'internement d'un innocent pour plusieurs jours.

Condamné d'avance !

Sans droit à un avocat, sans aucun droit de parole, ou de réponse, ou de contre-argumentation.

Bien au contraire, c'est très mal vu d'objecter, même si cette tacite recommandation de se taire, bafoue l'essence même de la présomption d'innocence.

J'ai appris qu'il y avait derrière cela, à l'origine, le substitut du procureur, Stéphanie BATTLE.

Et comme pour l'avis médical, qui irait à l'encontre de la décision d'un maire ?

Quel préfet réprouverait la décision choisie et bien orchestré de son « frère » ??!!

D'autant quand tous ont participé à l'élaboration du traquenard ?

Et comme pour toutes les manigances orchestrées par les chefs de cette secte infiltrée, les décideurs n'apparaissent jamais, mais, en lieu et place, toujours les sous-fifres, les moins gradé(e)s, les substitut (e)s, les « sous (e) », les adjoint(e)(s).

Et en ce qui concerne la préfecture, ce fut Emmanuel CAYRON, sous-préfet et directeur de cabinet...

Les « gros bonnets », les « tireurs de ficelles », comme dans toute mafia, comme pour tout crime organisé et tout trafic de haute volée, les chefs, les « caïds », ne sont jamais dans la lumière...

Ce ne sont que les « employés », fusibles judiciaires, qui portent les officielles responsabilités en cas de problème ultérieur.

Les commanditaires ne tombent jamais, ou presque. D'autant moins quand ils occupent des postes par lesquels ils sont censés combattre ces crimes...

Les magistrats se protègent eux-mêmes, usant d'illégalités et de vices moraux, comme la gendarmerie en a fait la démonstration avec l'enquête à charge contre moi, à propos d'une plainte que j'avais adressée à leur encontre...

- **Chapitre 12 : L'incontestable connexion politique au niveau national, les ordres venant du gouvernement MACRON.**

« Pourquoi un préfet aurait-il de la rancœur contre moi, alors que je n'ai dénoncé que la gendarmerie locale ? »

Tout simplement parce que, tout d'abord, ils sont tous unis dans le « Crime ».

Ensuite, parce que j'avais déjà dénoncé, par le passé, les personnes de cette préfecture, préfet et sous-fifres, pour leur corruption vis-à-vis de leur délibérée occultation des malversations commises par Stéphane CLAIR, de la société EXCELLIS, tenancière obscure du circuit Paul RICARD, au Castellet, VAR, antre où se passe le Grand-Prix de France de Formule Un...

Et par ailleurs, et surtout, parce que j'avais dénoncé et déposé une plainte contre un de ses collègues et « frères », voisin, contre le préfet des Bouches-du-Rhône, Stéphane BOUILLON, auprès de la Cour Pénale Internationale, pour Crime contre l'Humanité, sous couvert de corruption, au titre de la pollution qu'il avait autorisée, de la mer Méditerranée, par les sales « Boues Rouges » de la société « ALTÉO », sise à Gardanne, Bouches-du-Rhône.

Informations de corruption aussi contre Manuel VALLS, alors compère d'Emmanuel MACRON, qui m'ont mené à la conclusion à l'été 2017, que derrière, il y avait eu, déjà, le futur président, qui s'était fait financer sa campagne, et son tout nouveau parti par la multinationale...

En effet, chez qui le tout nouveau, tout frais président était (déjà) parti en vacances, après seulement 3 mois d'exercice de ses fonctions ?

Non pas au Fort de Brégançon, comme tous les chefs d'état français, mais plutôt au domicile du BOUILLON, dans sa villa hollywoodienne de Marseille. Cela paye bien d'être au service de la République...

Petit mémo au sujet du BOUILLON :

Depuis 2001, il a été préfet de l'Aube, de la Sarthe, de la Loire, et de la Corse du Sud...

En 2011, il devient le directeur de cabinet du ministre de l'intérieur, Claude GUEANT.

En 2013, il redevient préfet, de l'Alsace et du Bas-Rhin.

En juillet 2015, des Bouches-du-Rhône.

En 2017, du Rhône.

Entre temps, le 15 mai 2015, Stéphane BOUILLON est condamné pour diffamation. Mais, deux mois après, il est promu officier à la Légion d'Honneur...

Puis, condamné à nouveau le 13 avril 2017 pour faute, au sujet de permis de construire illégaux, procès dû à des associations corses de protection de l'environnement...

Preuve qu'il se moque de l'écologie, d'autant si elle lui permet d'en retirer des bénéfices personnels...

Malgré ses condamnations, il reste en poste à de hautes fonctions de la République de France, la représentant même officiellement, et est même renommé, tout en conservant ses décorations d'Officier de la Légion d'Honneur, et d'Officier de l'Ordre National du Mérite !...

Et vive la République, la Démocratie, la France !

« Alors pourquoi, son préfet voisin aurait-il tenté de me faire taire ? »

Et, davantage, quel lien déterminant pourrait-il y avoir entre lui et le gouvernement actuel, pour que les volontés politiques au plus haut niveau soient de vouloir tout entreprendre, même de sales besognes fallacieusement légales et officielles, pour me faire taire sur mes sensibles connaissances à leurs endroits ? »

J'oubliais seulement de vous citer un point au sujet du BOUILLON.

Le 16 octobre 2018, soit juste un mois auparavant le traquenard qu'ils m'ont tendu, il était nommé Directeur de Cabinet du nouveau Ministre de l'Intérieur, Christophe CASTANER !

Et la boucle est bouclée...

En clair, déjà, une personne doublement condamnée est incorporée dans le gouvernement MACRON !

Bien loin de ses résolutions de constituer des ministères « propres », uniquement avec des personnes irréprochables, dont une méticuleuse attention pour chacun d'eux, est entreprise au prix d'une enquête préliminaire minutieuse avant toute nomination.

Il y a bien une distinction, une discrimination positive ou négative, selon les individus potentiels, ceux ayant des passes-droits, et ceux qu'il veut écarter au nom d'un fallacieux prétexte hypocrite, comme il l'a fait pour François BAYROU après avoir profité des voix de ce dernier pour être élu.

Et dire qu'il y a des cons pour prétendre que celui-ci n'est pas un homme politique.

Un Homme ? Certainement pas.

Un politique ? Certainement.

En bref, et sans conteste, un fourbe, un menteur, une petite pute, le MACRON !

Et vu son orientation sexuelle, j'oserais même dire, une « tapute » !

Si vous pensez que cette estimation est exagérée, laissez moi y ajouter des points.

Au sujet de la « révolution » des « Gilets Jaunes ».

Sans parler de son mépris envers eux, en les ignorants ostensiblement d'abord, puis en les narguant en allant faire des discours ciblés aux maires, il a entrepris une stratégie psychologique propre aux politiques et aux français-macons.

Pour nier, étouffer une contestation, une colère, une revendication, une amertume qui se niche dans un esprit, spécialement quand elle est légitime et que l'on n'a pas les moyens intellectuels et moraux de la contre-argumenter, il y a des paliers, dont le premier est la plupart du temps suffisant à faire dégonfler l'« enthousiasme ».

Tout d'abord, on ignore, on ne répond pas, pour éviter tout envenimement, et par la même occasion, on laisse du temps passer afin que le « sujet » s'apaise de lui-même, pour que son tempérament faiblisse.

Ensuite, quand cela n'a pas opéré, c'est assez rare, mais nous le voyons avec le mouvement opiniâtre des « Gilets Jaunes », il faut passer à la phase deux. Elle consiste à extirper de l'esprit cette obsession. Pour ce faire, rien de plus facile que de demander au même « sujet » de les noter. Psychologiquement, écrire permet d'expurger ce qui « tourne en rond » dans l'esprit, le libérant, ce qui fait que la colère et l'amertume en sont atténuées, si ce n'est, effacées.

Autre point entrepris pour contrecarrer indirectement les « Gilets Jaunes ».

Le MACRON s'adresse aux jeunes, d'un ton obséquieux, leur faisant miroiter la prétendue considération qu'il a pour eux, de leur donner l'opportunité de parler à un « Président de la République ». Cette technique ne marche qu'avec les « bleus », les novices de la vie. C'est pour cela qu'il n'emploie pas cette stratégie de séduction envers les « Gilets Jaunes », car il a compris qu'on (et il) ne peut plus la leur faire.

Il s'adresse aux jeunes pour leur faire croire qu'ils ont de l'importance.

Alors que l'important est pour lui-même.

Non pas pour leur bien, mais parce qu'ils constituent un futur électorat proche temporellement, et qui est vierge de la connaissance du monde politique, et de ses arcanes.

Cette tranche naissante d'électeurs constitue une garantie pour son avenir politique, alors que celle du troisième âge, et celle approchante, bien présentes au sein des « Gilets Jaunes », sont évidemment vouées à une proche disparition.

Malin le MACRON.

Alors qu'aux adultes, il sait qu'il ne peut plus la leur raconter, la leur conter, la leur compter, et il le sait pertinemment parce qu'il a été élu sur cette image fallacieuse et mentie de « Hors Système », il se tourne vers les adolescents, naïfs, qui se laisseront embobiner, berner par ses propos enjôleurs qui ne prennent plus sur leurs aïeuls....

Ce n'est pas de l'intelligence d'agir de la sorte, mais seulement et uniquement de la malignité.

S'il était véritablement intelligent, ce serait vraiment inquiétant.

En effet, il paraît qu'il dort très peu. Ce qui veut dire qu'il « travaille » bien plus de temps quotidien et hebdomadaire que le quidam. Et s'il est intelligent, il serait aussi bien plus supérieur en efficacité, par ces deux facteurs concomitants, étant alors capable de faire beaucoup plus de choses, et de meilleure qualité, que ses prédécesseurs, que ses pairs, ou subalternes.

Or, force est de constater, et les légitimes revendications des « Gilets Jaunes » sont bien présentes pour le prouver, que ledit MACRON est un piètre gouvernant au regard de ses décisions, de ses actions, et de son incapacité à voir ce qu'il se passe réellement dans la vraie vie des gens, et qu'il est encore plus médiocre dans le délicat exercice d'anticiper, par une évidente défaillance d'analyse en toutes circonstances.

« Gouverner, c'est prévoir ! ».

Non, MACRON n'est pas intelligent, il est seulement malin.

Ceux qui le trouvent brillant, n'en constatent le trait que par leur aveuglement, ou/et leur exceptionnelle mais humainement commune bêtise.

Il se vante d'une rare intelligence alors qu'il n'étale qu'une certaine érudition littéraire et linguistique. C'est dire qu'il n'en connaît même pas la définition, et surtout, qu'il n'y a jamais été exposé, de par son entourage.
Il fait l'être supérieur, mais humilie, sur son propre terrain de prétendue valeur, et d'une manière fallacieuse et insultante, surtout nourrie de sales préjugés racistes, le noble boxeur, pour avoir tenu des propos sur internet, en les pré-supposant dictés par son avocat.
Ce, alors que ses discours, son fameux prétendu slogan volé à TRUMP, et fait plus consternant encore, son abjecte stratégie psychologique pour embobiner les gens par une certaine sémantique spécifiquement à leur attention, ne viennent même pas de lui, de sa prétendue intelligence.
Ils ont été édités par d'autres, et cette vicieuse manière de manipulation des foules, lui a été enseignée, et pire, sans cesse, dictée en temps réel, par une autre pédale maghrébine de son entourage, un certain Ismaël...
A ce titre, vous remarquerez la constance de ce « modèle » qui constitue son entourage...
Ils se font appeler les « Mormons », mais, c'est un terme déguisé pour vouloir dire « Français-Macons », gangue homosexuelle marocaine (pléonasme). Ce n'est pas pour rien que le Maroc est le seul pays musulman où est acceptée et reconnue cette secte...
Non, MACRON n'est pas intelligent, c'est simplement un laborieux.
C'est pour cela qu'il ne peut, voire, ne doit, pas trop dormir.
Pas de « temps à perdre ». Ce qui est stupide.

Pour revenir brièvement sur son faible « besoin » de sommeil, cela relève de la sécurité de notre pays, car, tout véritable médecin, et particulièrement les spécialistes en ce domaine, vous confirmeront, et c'est scientifique, qu'un manque de repos suffisant cause des dégradations cognitives et des troubles du jugement.

Qu'en serait-il alors, s'il avait à prendre d'importantes et dangereuses décision ?!

Il est étonnant que la législation prête attention à l'état physique du chef de l'État, mais ne relève pas des symptômes, et leurs graves conséquences possibles, de l'ordre de l'entretien dans sa bonne et équilibrée forme, de son état mental, et ce, seulement au niveau basique.

Malheureusement pour lui, il a un « train de retard » !

Les gens deviennent de plus en plus intelligents dans la mesure où ils sont de plus en plus lucides, et de plus en plus éduqués, de plus en plus informés, de plus en plus formés, par leur expérience sans cesse, en la matière des discours politiques.

Et cette propension à analyser, à déceler la fourberie, à ne plus se laisser berner, se répand dans le monde.

Et c'est une bonne chose. La Lumière !

De surcroît, ces même gens trouvent désormais le courage de manifester, et même mieux, de conserver leur force de conviction en étant opiniâtre physiquement, étant toujours présents d'une manière constante dans les rendez-vous « populaires » protestataires, et ce, tous bords politiques confondus !

Les salopards qui les critiquent, par leurs actions, par leurs violences, énonçant la sacro-sainte « démocratie » et qui défilent et saluent le drapeau les 14 juillet, sont des minables, de mauvaise foi, de conscience merdique, car ce qu'ils honorent, ce qu'ils clament pour le respect de cette prétendue « République », est ou a été la suite d'une révolution, bien plus cruelle et violente que celle, encore plus légitime peut-être, des « Gilets Jaunes » !

Par ailleurs, d'autres, plus éclairés, ou plus religieux, remarqueront l'apparenté de sa subite émergence et de son facile accès au pouvoir, de manière fulgurante, avec celle qu'est citée dans la bible annonçant l'arrivée de l'Antéchrist.

Je vous laisse le soin de lire les chapitres (bibliques) à ce sujet.

Ceux qui croient en cette divine prédiction, verront aussi l'analogie avec le « montant » (*sic*) des votes obtenus par ce quasi inconnu « gus », 66,6 %...

Ceux-là auront cependant fait une erreur de croire que ce prodigue messie maléfique n'était qu'une seule personne.

Or, par l'exemple du TRUDEAU, tout aussi enjôleur, que médiocre moralement qu'il est autant « sexuellement perverti » que le MACRON, comme pour d'autres d'apparence « jeunes » élus, de son entourage « proche », il apparaît que si messie satanique devait arriver, il serait sous plusieurs personnes...

Mais, avec la même conviction ambitieuse, et les mêmes travers moraux et idéologiques.

Et c'est bien normal, puisqu'il n'y a pas de gouvernement mondial, du moins, officiellement.

Donc, impossible pour une motivation à vocation totale, de s'incarner dans un seul corps, pour répandre un même « état » d'esprit...

Cet anecdotique aparté métaphysique passé, retournons à l'objet principal de ce propos, l'aspect politique de la cause de ma situation.

L'environnement de la Nature, et celui de MACRON et de sa clique.

D'environnement, le seul qui l'intéresse, c'est le sien.

Et après tout cela, il y a des naïfs qui s'étonnent du manque d'action dudit président de la République de France, en matière d'écologie et de protection de l'environnement, jouant sans cesse la montre, le flou, et se défaussant toujours.

C'est tout simplement qu'il est leur ennemi, avec l'alibi médiatique de la « COP21 de Paris », au sujet de laquelle ils, lui et ses acolytes, pointent du doigt le nécessairement salaud TRUMP, qui la dénonce sans hypocrisie, lui.

Ce n'est pas pour rien que le MACRON avait pris le HULOT, pour seulement servir de caution morale politique, et l'a ensuite muselé par chantage interposé, avec de fausses accusations de viol, suspensives comme l'épée du sieur Damoclès, dès lors que ce dernier avait voulu aller à son encontre, en tentant d'instaurer de véritables, mais dérangeantes, mesures environnementales...

Ce n'est pas pour rien qu'il l'a laissé partir.

Ce n'est pas pour rien qu'il l'a remplacé ipso facto par une « tapette » morale, servile et veule.

MACRON se moque royalement (*sic*) de l'environnement.

Et bien au contraire.

Il en retire des bénéfices personnels juteux, en allant à l'encontre du bon sens, du devoir, et de ses promesses électorales. L'alcool n'a jamais été aussi bien vendu et à de tels prix conséquents, que pendant la prohibition. Une interdiction crée une hausse du marché et des tarifs.

Toute grande entreprise est désormais sous le chantage de l'environnement, un motif, un alibi écologique bien utile pour favoriser la campagne et le parti des responsables corrompus...

Les préfets comme les procureurs, jouent aux jeu des « chaises musicales », mais à celui de particulier où il y autant de sièges que de séants. Ils restent en poste quelques années, puis, changent de juridiction. Mais pas de fonction. C'est un entre-soi, un turn-over professionnel consanguin, faisant de leurs liens à tous, un agglomérat protectionnel et dogmatique, nécessairement vicié. Le milieu idéal pour faire fleurir, éclore et semer à nouveau, la perversion morale.

Il est dit que ce récurrent changement géographique a pour but d'éviter un phénomène de copinage, de corruption amicale... La raison est toute autre. C'est uniquement pour exercer leur corruption dans une autre contrée, où, vierge, le nouvel arrivant pourra établir de nouvelles donnes, instaurer de nouvelles exigences, faisant table rase de celles de son prédécesseur qui avait épuisé ses ressources, ne pouvant plus requérir de nouvelles rétributions pour un service déjà donné, et ce, sans compter le fait que la mutation efface tacitement toute ardoise, tels que de possibles services encore en compte, à rendre.

Et puis, cette rotation permanente leur permet d'échapper aux poursuites ultérieures...

Le BOUILLON était préfet en Corse auparavant, distillant alors des permis de construire arrangeants...

Quant à la taxe carbone censée protéger l'environnement, elle est, pour les états, un moyen officiel, moralement acceptable par les citoyens au nom de la sacro-sainte Écologie, de faire payer un impôt supplémentaire qu'il serait mal vu de dénigrer, et ainsi, de récolter de très importantes sommes d'argent pour rien, sans, presque, aucune contrepartie.

En effet, vous pouvez mettre un million, dix millions d'euros en espèces sur une palette, l'air environnant n'en sera pas plus pur...

Je veux dire, que tout l'argent du monde taxé aux entreprises comme une punition, au nom de ce fallacieux prétexte, prétendument pour la « bonne cause », n'a aucune utilité directe et réelle sur le problème concret, et ne fonde aucune solution constructible et viable à la hauteur équivalente aux sommes rançonnées.

Seuls les moyens et les actions bâtis avec ces montants financiers peuvent avoir un impact et un résultant probant sur l'environnement.

Les responsables politiques de tous poils le savent pertinemment, mais l'utilisent pour d'autres opérations, plus personnelles.

Et les « états » par leurs gouvernements successifs, ne se servent que de ce pseudo alibi de cas de conscience et de responsabilité, en les infligeant, non pas à eux, responsables décideurs, mais aux citoyens qui les ont mis en place. Ce, avec la précieuse et incontournable aide des diverses « vertes » associations, fondations et ONG, naïves complices involontaires et à leur insu, en fait stupides au point d'avoir fourni à leurs ennemis les moyens et les justifications légales de ponctionner davantage fiscalement, tout en leur donnant l'occasion d'élaborer le subterfuge, prétendument légitimement moral et « technique » comme seule solution aux problèmes de pollution, la taxation. Et par conséquent, d'en retirer des bénéfices, via la sanction financière à l'encontre des usines polluantes, ces dernières préférant payer une « pénalité » que de se donner les moyens technologiques de rendre plus propre leurs outils de production.

Tous deux, états et compagnies privées, sont gagnants.

La pollution industrielle ?

Une aubaine pour les états !

Et toutes ces sommes d'argent partent dans les méandres des services redistributeurs fiscaux, sans circonscrire leur utilisation à l'objet pour lequel elles ont été imposées !

« *Make Our Planet Great Again* » ne fut qu'un slogan publicitaire opportuniste pour s'offrir une facile image de bonne personne par rapport au facile salaud de TRUMP.

Il est même médiocre dans cet exercice d'étalage de fausse intelligence, et d'apparente brillance. Telle l'Arielle avec ses quelques neurones, pensant éperdument que son Bernard-H, est intelligent, et même pire, philosophe, le quidam journaliste prenait sa phrase empruntée comme un coup de génie, juste par le petit détournement, le clin d'œil, alors que la véritable brillance linguistique à connotation internationale, s'il en était pourvu, aurait été de déclarer : « *Make Our Planet Green Again* »...

Cette confidence quant à la corruption de la clique à MACRON, et surtout du montage financier, occulte, illégal et abject de son parti et de sa campagne présidentielle, je l'avais donnée à une prétendue étudiante en journalisme au printemps 2018, qui m'avait contacté par courriel, et ensuite par téléphone. Bizarrement, à une date proche du début de l'enquête de la gendarmerderie varoise... Cette petite pute avait un ton autoritaire, péremptoire, comme si tout lui était dû, comme si j'étais nécessairement à son service, sous ses ordres. Comme si elle avait été une conne de militaire. Désolé pour le pléonasme.

Et cette information sensible allait être divulguée prochainement, alors, avec d'autres toutes autant, au Sénat, en vue de l'obliger à entreprendre une procédure de destitution du président actuel.

Tout comme je me devais aussi de les transmettre à divers partis politiques tels que celui de « La France Insoumise », que j'avais précédemment contacté par son haut représentant, Jean-Luc MÉLENCHON, suite aux crapuleuses illégales perquisitions qu'il a subies.

Il est étonnant, voire bizarre, que l'intervention musclée de la gendarmerie, prenant tous les soins de me circonscrire exclusivement dans le VAR, bien loin de Paris, ait été ordonnée juste avant mes révélations...

Pour complément d'information, les « oubliés », ceux qui se terrent, comme déjà, l'éternel absent préfet du VAR, Jean-Luc VIDELAINE, qui se doit de déléguer en permanence ses pouvoirs...

Celui-ci est en contact direct avec le gouvernement, via le « SERVICE DE LA COMMUNICATION INTERMINISTÉRIELLE DE L'ÉTAT EN DÉPARTEMENT », en la personne de Vincent BARASTIER, qui a été honoré d'une médaille de la sécurité intérieure en 2018, « *distinction honorant des personnes ayant fait preuve d'un engagement exceptionnel dans le cadre de leur mission* »...

Et l'Emmanuel CAYRON, est en lien direct avec le « BUREAU DE LA REPRÉSENTATION DE L'ÉTAT » en la personne de Dominique CORNU.

Il y a aussi le véritable procureur au tribunal de Toulon, Bernard MARCHAL, tout autant éternel absent que son « frère » de la préfecture...

Nous y trouvons aussi dans cet antre, Anne LEZER, et une certaine DALLEST...

Maintenant, que l'on me prouve que l'affaire que je subis n'est pas un coup monté à but politique, au niveau national.

Parce que moi, j'ai les preuves du contraire, par la démonstration du faisceau de circonstances avérées et de la connexion entre tous les protagonistes, de leurs mobiles, pour leurs bénéfices mutuels...

- **Chapitre 13 : Note d'information CINQ : La prévue notification d'informations à l'endroit du Sénat, visant à l'inciter et à le contraindre à instruire une demande de destitution de MACRON en tant que président de la République de France.**

Le 14 novembre 2018

SENAT
Palais du Luxembourg 15, rue de Vaugirard 75291 PARIS Cedex 06

A L'ATTENTION DU SÉNAT ET DE TOUS LES SÉNATEURS

Objets:

- *RAPPELS A LA LOI ET AUX DEVOIRS ET OBLIGATIONS DES SÉNATEURS*

- *REQUÊTE FORMELLE DE PROCÉDURE DE DESTITUTION DE LA PRÉSIDENCE DE LA RÉPUBLIQUE DE FRANCE À L'ENCONTRE D'EMMANUEL MACRON POUR CRIMES D'ÉTAT ET HAUTE TRAHISON AU REGARD DE L'ARTICLE 68 DE LA CONSTITUTION DE LA RÉPUBLIQUE DE FRANCE*

Rappel :
L'article 68 de la Constitution française définit les conditions de destitution du président de la République et les modalités de la procédure devant la Haute Cour.
Origine :
« Le Président de la République n'est responsable des actes accomplis dans l'exercice de ses fonctions qu'en cas de haute trahison. Il ne peut être mis en accusation que par les deux assemblées statuant par un vote identique en scrutin public et à la majorité absolue des membres les composant; il est jugé par la Haute Cour de justice.
Les membres du gouvernement sont pénalement responsables des actes accomplis dans l'exercice de leurs fonctions et qualifiés crimes ou délits au moment où ils ont été commis. La procédure définie ci-dessus leur est applicable ainsi qu'à leurs complices dans le cas de complot contre la

sûreté de l'État. Dans les cas prévus au présent alinéa, la Haute Cour est liée par la définition des crimes et délits ainsi que par la détermination des peines telles qu'elles résultent des lois pénales en vigueur au moment où les faits ont été commis. »

Révision constitutionnelle du 23 février 2007, discutée au Parlement à partir de 2010 et promulguée le 24 novembre 2014.

« Le Président de la République ne peut être destitué qu'en cas de manquement à ses devoirs manifestement incompatible avec l'exercice de son mandat. La destitution est prononcée par le Parlement constitué en Haute Cour.

La proposition de réunion de la Haute Cour adoptée par une des assemblées du Parlement est aussitôt transmise à l'autre qui se prononce dans les quinze jours.

La Haute Cour est présidée par le président de l'Assemblée Nationale. Elle statue dans un délai d'un mois, à bulletins secrets, sur la destitution. Sa décision est d'effet immédiat.

Les décisions prises en application du présent article le sont à la majorité des deux tiers des membres composant l'assemblée concernée ou la Haute Cour. Toute délégation de vote est interdite. Seuls sont recensés les votes favorables à la proposition de réunion de la Haute Cour ou à la destitution ».

En bref, il peut s'agir d'un blocage du « fonctionnement régulier des pouvoirs publics » (refus de signer des lois votées par le Parlement, blocage de la Constitution, etc.) ou bien d'un «comportement personnel incompatible avec la dignité de la fonction » (crime, propos publics inacceptables, etc.).

Mesdames, Messieurs les Députés,

que vous soyez corrompus, ignares, incultes, indécis, incompétents, inutiles, médiocres, profiteurs, fainéants, ou neutres, voire de plusieurs de ces définitions, ou même toutes à la fois, il ressort que je me vois, en tant que supérieurement intelligent (il va de soi, c'est une évidence puisque l'intelligence ne se cumule pas avec le nombre d'individus, mais plutôt le contraire par le nivellement par le bas prouvé par toute l'Histoire de l'Humanité, accentué, aggravé même par le truchement abusif de jeux de pouvoirs...), et surtout d'une moralité encore plus supérieure aux vôtres (déjà démontrées par le fait qu'elle est commune, et d'un commun (SIC) (c-à-d pour les abrutis, « quelconque »), je me vois donc dans l'obligation de faire votre travail pour lequel vous êtes grassement payé, en vous rédigeant un état des lieux de la situation présidentielle, mais aussi de vous rappeler vos devoirs, et donc, de déposer en votre autorité une sommation à entamer une procédure de destitution de l'actuel président de la République de France (pour information, le terme utilisé de « République Française », est impropre à moins qu'elle ne soit alors spécifique, particulière, distinctive...), à savoir, je le rappelle pour ceux d'entre vous, que je suppute nombreux, qui seraient toujours endormis, Emmanuel MACRON, pour les délits d'outrages moraux, d'entraves à la Justice, et de corruption généralisée, mais aussi et surtout, de connivences et de collusions avec des puissances étrangères, et donc de Haute Trahison, et de honte à la Constitution.

Pour votre gouverne, et pour votre culture, à ceux « qui ne savaient pas », voici la liste des délits qui entachent la fonction de président commis par la personne élue en 2017.

Ne vous endormez pas à sa lecture, les dernières informations et mises en exposition sont les plus intéressantes car les plus graves au regard de la Constitution,

•   ***Le Cas et l'Affaire BOUNALLA.***

Ce cas est grave. Très grave. Et il ressort une expansion d'informations au delà de cette affaire proprement dite. Je ne vais pas m'étendre sur le sujet, vous le connaissez bien, pour l'avoir instruit d'une commission. Cependant, déjà, ce qui est surprenant, c'est votre lâcheté (ou votre corruption) à ne pas entreprendre de poursuites judiciaires quant à ses propos et témoignages sous serment face à vous, et qui se sont révélés être mensongers. Un délit puni par la loi. Alors, pourquoi ne faites-vous pas votre devoir, alors que le peuple français entier, celui qui vous a élu à vos postes, et qui vous paye (vous êtes à notre service, je vous le rappelle) a été témoin, d'abord de ces propos, et ensuite, de ce qu'ils se sont révélés être faux ?!

Cette commission a eu pourtant l'important avantage de vous mettre en lumière, de montrer aux citoyens votre existence, votre fonction, votre action, vos devoirs, vos droits, et, au début, votre apparente intégrité.

Cette évidente absence de finir votre devoir face à un tel délit, rend nulle et non avenue toute la bonne considération que le peuple s'était forgée à votre endroit au regard de votre pugnacité à instruire cette commission, et renvoie encore plus profondément sa déception et sa défiance en les institutions françaises. Vous accentuez ainsi davantage, en le démontrant d'une manière éclatante, la raison du peuple que vous ne servez à rien !

Le fait le plus grave :

Emmanuel MACRON, en tant que président de la République de France, a dit et confirmé, en public, à la nation, au peuple français, et pire au Monde entier, ce qui nous fait passer au niveau international, pour des cons, et surtout, pour un pays qui octroie des passes-droits à certains, mettant en exergue un niveau de corruption au plus haut de l'État,

1.   qu'il était l'auteur et le commanditaire de l'enfouissement judiciaire de plusieurs graves délits pénaux, OBSTRUCTION à la JUSTICE ;

2.   qu'il n'avait pas porté sa connaissance de ces crimes à l'autorité judiciaire, à la Justice (pourtant déclamée fallacieusement comme indépendante au nom de la prétendue séparation des pouvoirs, - alors qu'il y a bien un ministère et un ministre de la Justice -cherchez l'erreur morale...), ENTRAVE à la MANIFESTATION DE LA VERITÉ ;

3.   Qu'il en assumait les actes, ordres et décisions, CE qui veut dire en langage d'Homme, ce qu'il n'est pas et n'en peut connaître la signification, EN Payer les frais et les conséquences,

Déjà, à ce stade, tout est réuni pour entamer une procédure de Destitution !

Mais, il faut en savoir davantage du pourquoi et du comment.

Connaissant votre préférence pour la sieste, je vais être bref, narrant, informant et expliquant l'essentiel. Le reste est destiné à un livre qui sera publié prochainement.

Le prétendu mystère « A. BOUNOULLA ».

Il faut connaître la véritable Histoire, par ses tenants et aboutissants.

1.   Tout d'abord, les Mafias liées avec les partis politiques.

Pour être bref, les communistes, certes en voie de disparition (et c'est bien une des rares bonnes nouvelles quant à la modernisation du monde politique), sont ligués avec les gros bras de syndicats, notamment la CGT (Voir GARDANNE-13). Il est utile de rappeler que les syndicats sont des systèmes mafieux, et pour certains d'entre eux, sont des organismes créés et gérés par des mafias criminelles.

Les socialistes, eux, sont « aidés » par les mafias bougnoules, bien implantées dans certaines villes, comme par exemple, parce que je connais bien cette région, Marseille et Toulon, où les organisations criminelles vendent des armes, de la drogue, exercent des rackets sur des commerçants, répandent même la crainte sur les flics locaux (voir LA CIOTAT-13), et même sur des politiques et des magistrats (voir OPHAC de Marseille).

Cette mafia exotique sert les politiques socialistes pour leurs élections en glanant des voix dans les quartiers dits populaires, et en leur fournissant *des facilitateurs, des « gros bras ». Et bien entendu, E. MACRON, qui, je vous le rappelle, gravitait chez les socialistes, a utilisé pour la création de son parti, sa campagne électorale et actuellement au sein du pouvoir, les mêmes rouages, les mêmes intervenants. Et A. BOUNOULLA est un de ces facteurs mafieux, mais un infiltré, car il « roule » pour E. MACRON uniquement parce que ce dernier est « en place », attendant et gérant d'autres affaires occultes...*

2.   Ensuite, le rappel des historiques accointances financières et économiques entre la FRANCE et le MAROC.
Origine ? Marocain.
Je me vois dans l'obligation de parler des liens étrangement étroits de ce pays avec certains notables français.
Il faut savoir que le roi actuel de Maroc est homosexuel (bon ami de feu Elie KAKOU à qui il offrit un cheval blanc...), et que les ressources de ce pays, je veux dire les vraies, celles qui rapportent des sommes colossales, une véritable économie, sont la drogue et la pédophilie.
En ce qui concerne la première, pourquoi croyez-vous que les Douanes Françaises ne stoppent pas, et ne saisissent que très peu de drogues en provenance de ce pays producteur, en lequel une région entière est vouée à sa culture ???!!! Pourquoi la « FRANCE » laisse-t-elle faire le « MAROC » ?!
Et pourquoi le « MAROC » a-t-il les mains libres ?!
La FRANCE a même offert un TGV...
Et en ce qui concerne la seconde, pourquoi croyez-vous que tant de personnes fortunées ont des résidences secondaires dans un pays arriéré ?! Et qu'ils y séjournent régulièrement ?!
La réponse est la prostitution, avec une spécialité, celle homosexuelle (approuvée par le roi actuel, appartenant à la secte maconnique...), et surtout, infantile, autant féminine que masculine !
Les liens sont si étroits entre ceux qui maîtrisent et manipulent la France et ceux du Maroc, que ces derniers peuvent influencer la « Justice » française, où se trouvent des pédophiles, des pervers sexuels, des corrompus, des satanistes, comme, par exemple, l'affaire O. RADDAD. Ce dernier est bien coupable, mais pas du meurtre, mais d'avoir participé activement à une entreprise de réseau pédophile avec les notables du cru PACA...
Et donc, ces dirigeants français, occultes ou non, sont à la merci d'un chantage de la part des « Marocains »...
Quant au mystère sur sa véritable identité, demandez au « bureau des Légendes », français, et marocain...

• ***Le Cas et l'Affaire François BAYROU.***

Le coup de pute magistral du débutant.

Fort d'une présentation de moralité sans tache, étendard qui l'a fait élire, proclamant que l'ancien monde politique était obsolète, et qu'il devait être remplacé par un nouveau, dont la qualité première serait l'intégrité, l'absence de corruption et de passe-droit, Emmanuel MACRON a nommé, puis contraint à la démission, BAYROU de son tout frais poste de ministre.

En « petite pute », Emmanuel MACRON a nommé François BAYROU comme ministre de l'intérieur, parce qu'il lui avait promis en cas de victoire. Car, si le premier a été élu, de peu, c'est bien grâce à l'électorat du second. Il se devait de se montrer comme « Homme de Parole », pour garder une certaine aura. Cependant, E. MACRON ne voulait pas de lui en son gouvernement, et encore moins en tant que Garde des Sceaux. Trop dangereux. D'une part, gaffeur, F. BAYROU aurait pu révéler que la séparation des pouvoirs n'étaient qu'une vue de l'esprit, et d'autre part, intègre et naïf, il aurait pu défaire, et couper les liens occultes des deux prétendus indépendants « Pouvoirs ».

E. MACRON l'a nommé, mais avait déjà, sans doute même avant l'accord pré-électoral, un « dossier » pour le contraindre à démissionner quasi immédiatement.

Et le tour fut joué, le peuple, et les auto-proclamés pertinents et intelligents, les journalistes, n'ont vu que du feu !

Ce cas est intéressant, car cette charge pseudo chevaleresque de ne vouloir que des personnes irréprochables auprès de lui, E. MACRON va l'utiliser avec parcimonie, et selon l'intéressé(e)...

• ***Le Cas et l'Affaire Gérald DARMANIN.***

L'individu ne laisse aucun doute. Même si « l'habit ne fait pas le moine », et « il ne faut pas se fier à la tête des gens » (dans le sens positif comme négatif), il ressort cependant que certains portent sur le visage, sur leur face, ce qu'ils sont, « La gueule de l'emploi ». Et G. DARMANIN est bien celui que l'on prendrait, si on était producteur ou réalisateur, comme le pervers sexuel dans un film. Celui-ci est accusé, entre autres, de corruption, d'abus de pouvoir et de chantage, sous le caractère aggravant du « sexuel ». La perversion aboutie, mêlant pouvoir, autorité et sexe ! Mais là, E. MACRON, s'étant offusqué d'un prétendu quelconque petit doute fiscal à l'encontre de son non-ami F. BAYROU, ne soulève pas, n'est pas gêné, et enfoui, avec l'aide de ses amis de la magistrature (qui sont bien séparés officiellement du pouvoir législatif...) l'affaire extrêmement plus sale et détestable que la précédente (encore un délit par ledit président d'entrave à la manifestation de la vérité). E. MACRON va même jusqu'à confirmer publiquement son soutien à G. DARMANIN (délit encore commis par ledit président car immiscions dans une affaire pénale en cours d'instruction...), en clamant même qu'il a toute sa confiance...

• **Le Cas et l'Affaire NISSEN.**

Même style de cas et d'affaire que le précédent, et même si le délit est bien plus faible, sans commune mesure avec un crime d'ordre sexuel, il reflète surtout la mentalité sélective d'E. MACRON, pensant sans aucun doute que nous, le peuple, nous sommes très cons, trop cons pour ne pas nous apercevoir de telles manigances, supercheries, subterfuges moraux.

Ces cas démontrent aussi une absence, ou du moins une incompétence à étudier chaque cas de candidature à ces postes au regard prétendument exhaustif de contrôle d'intégrité, ou plutôt d'absence de casseroles déclarées, ou connues.

Cela peut aussi laisser suggérer que ces cas lui étaient connus, mais qu'il pensait, d'une part, qu'ils pourraient lui servir personnellement de moyen de pression, de chantage au cas où le nommé ne serait pas assez servile, et d'autre part, que personne ne les débusquerait. Il est étrange que ces affaires ne sortent que parce que certains médias orientés en ont eu vent (toujours au bon moment...), et qu'elles n'aient, en définitive, causé aucune ombre au tableau de leurs auteurs respectifs, et occasionné aucune déception, ni choc de la mauvaise surprise sur cet auto-proclamé fervent défenseur de la probité, président d'une république, toujours auto-proclamée fer de lance de la moralité des Droits de l'Homme (en occultant bien ses devoirs...)...

Sans parler des absences de poursuites judiciaires de la part du gouvernement à leurs endroits, pour fausse déclaration...

Ni même de sanctions administratives pour leur supprimer leurs émoluments à vie, pour avoir été un ministre, si ouvertement véreux soit-il (elle) !

• **Le Cas et l'Affaire Nicolas HULOT.**

Ce cas ressemble à celui de François BAYROU, si ce n'est que l'Emmanuel MACRON le voulait absolument dans son gouvernement, non pas pour ses idées, mais seulement et uniquement comme caution morale, vis-à-vis de l'Environnement, dont il se fout royalement en fait (Voir le paragraphe sur le financement occulte de son parti et de sa campagne...). E. MACRON voulait le conserver, mais face au turbulent ministre, même s'il n'a pratiquement rien fait, s'étant volontairement isolé (ne répondant à aucune sollicitation de la part des associations à son ministère, laissant la besogne stratégique de répondre et surtout de les recevoir déjà pour en avoir connaissance -le classique barrage des standardistes/secrétaires- ne recherchant aucun partenaire, ni allié), il a été obligé d'agiter le drapeau de l'intimidation, par la menace et le chantage, avec l'aide « providentielle » des « séparatistes » et « indépendants » du pouvoir judiciaire... Encore une preuve de la collusion de personnes infiltrées dans les deux camps.

La séparation des Pouvoirs existe sur le papier, mais elle omet, ou fait fi, du fait de l'existence de personnes qui les constituent !

Et comme tout abruti qui se respecte, et les journalistes se respectent bien entre eux, corrompus par leurs appartenances à une religion, un parti politique, une secte, ou un syndicat, ils répètent comme des perroquets, sans en comprendre le sens, ni vérifier l'authenticité de déclarations (pourtant le B.A.BA de la profession de contrôler et certifier les informations), ce que leurs officieux fournisseurs d'informations officielles leur procurent (qui les vendent ou les échangent contre des avantages comme l'omerta sur certains sujets... Voir DAVET et LHOMME...), au nom de l'Indépendance de la Justice.

Or, ces abrutis ne savent même pas qu'« __INDÉPEDANCE__ » n'est pas synonyme d'« __INTÉGRITÉ__ ». __Bien au contraire. Une indépendance garantit toute latitude à la corruption !__

Il est à ajouter que, même si Nicolas HULOT est un homme intègre, malgré son incompétence à fédérer et à utiliser à bon escient un poste politique, il n'est pas de même pour ce ministère, vérolé au plus haut point, et même à sa base. J'en veux pour deux exemples de plaintes déposées à ce ministère.

Tout d'abord, Djeneba KAMARA, la secrétaire chargée de la réglementation extrêmement draconienne (en apparence...) des fluides de climatisation, qui a enseveli une plainte contre « LEROY-MERLIN » et ses responsables, qui fraudaient, faisant des faux ou occultant des faits gênants de non respect de la législation.

Ensuite, Daniel KOPACZEWSKI, ingénieur général des Mines, qui a étouffé une très grave affaire de corruption menant à une tricherie à l'homologation commise par les responsables de « YAMAHA Motor France » (en ce qui concerne sa compétence territoriale) et de « YAMAHA Europe ». Bizarrement, après ma plainte, le PDG de « YAMAHA Motor Europe » a été changé, un japonais pour un français, celui de « YAMAHA Motor France », une promotion sans (aucun) doute due à une contrepartie locale, celle d'avoir le pouvoir d'étouffer un scandale plus grave, plus important et, sans doute, plus coûteux que la fraude de « Volkswagen » et de son « Dieselgate »...

•   **Le Cas Gérard COLLOMB.**

Le seul du gouvernement qui était honnête (nous ne pouvons pas considérer Nicolas HULOT comme une personne du gouvernement, mais seulement un ministre parachuté, et il n'est pas un politique).

Il y a quelques mois, je lui faisais part de la corruption généralisée de la Gendarmerie (avant le cas BOUNOULLA, ce dernier faisant parti de corps d'armée...), et spécialement en PACA, et plus particulièrement dans le VAR.

Il m'a répondu, et c'est bien le seul à avoir fait cela ! Ni E. MACRON, ni son clone moral, Edouard PHILIPPE (qui a pourtant reçu le même courrier en recommandé avec A.R.) n'a été interpellé par les graves informations que je leur révélais. Mais, sans (aucun) doute, ils connaissaient bien la situation, pour être à l'origine de l'entretien de cette corruption, faisant parti de la même gangrène morale diffusée par la secte satanique « française maconnique ».

G. COLLOMB m'informait qu'il transmettait mon courrier à sa « collègue », Nicole BELLOUBET, Garde des Sceaux. Elle n'a rien fait. Elle ne m'a jamais contacté. Voir le paragraphe qui la concerne.

•   **Le Cas Nicole BELLOUBET.**

A l'instar de G. DARMANIN, elle porte sur sa face, sa malhonnêteté, le Mal.

Son ministère s'occupe aussi des officiers ministériels, notaires et huissiers, en le bureau dénommé « DACS » (Division des Affaires Civiles et du Sceau). Ce service corrompu dans un ministère tout aussi corrompu laisse faire les nombreux délits pénaux commis par ses officiers ministériels. Pour quelques exemples, les crapules usant de leur fonction officielle d'huissiers -

et celle de notaires -

Avec tous ces délits commis par des officiers ministériels, couverts par le ministère de la Justice, quel est le con qui oserait croire, quel est le con qui oserait déclarer et affirmer l'existence de la séparation des pouvoirs, tant ressassée, sans aucune preuve si ce n'est le texte de la Constitution ??!!

•   **Le Cas et l'Affaire Alexis KOHLER.**

Le membre de la famille, ou l'inverse. Le secrétaire général de l'Elysée est de nouveau mis en cause pour ses liens avec l'armateur MSC, dirigé par des membres de sa famille,...

•   *Il a approuvé en 2010 et 2011 des contrats entre l'armateur MSC, fondé et dirigé par des cousins de sa mère, et le port du Havre, cité* du PHILIPPE, dont il était alors membre du conseil de surveillance. Conflits d'intérêts, etc.

• Membre actif de la campagne présidentielle du MACRON, et de son financement...

Ce paragraphe nous conduit à un enchaînement éditorial fluide vers le Financement occulte du parti politique LREM, et de la campagne électorale présidentielle, de l'auto-proclamé vertueux Emmanuel MACRON...

Nous avons encore et surtout un nouveau cas de la sélective notion d'intégrité du sieur.

Nous en venons à des cas spécifiques de corruption, des prises de participations, des arrangements collusifs.

• **Le financement occulte et crapuleux du parti LREM et de la campagne électorale présidentielle.**

Pour être bref, nous allons parler que de trois d'entre eux.

1. « PARTENARIAT CONTRAINT » « HSBC » et SERVICES FISCAUX.

Pour être bref, la DNEF, les services secrets fiscaux français, s'occupant aussi et surtout des grands comptes et de la cuisine interne « Bœuf-Carottes » (équivalent de la Police des Police), avait formé un litige fiscal et pénal contre HSBC. C'était en 2014-2015, et un arrangement à l'amiable était convenu. Une pénalité, une sanction financière à payer au FISC français, et toute poursuite était annulée, effacée, oubliée. Évidemment, comme celui aux USA, les pénalités sont extrêmement plus faibles que la somme d'une condamnation. Une aubaine pour HSBC. Autant aux USA, qu'en FRANCE.

Et pourquoi donc les responsables des services fiscaux osent-ils décider, proposer et accepter une somme si faible, avec de telles belles cartes en main, qui feraient encaisser à l'état plusieurs centaines de millions supplémentaires ?

La réponse est simple : Comme aux USA, les responsables français « mangent »... Et ils ne risquent pas de contrôle fiscal (...), ni de redressement, ni de sanction, ni de poursuites judiciaires. Au surplus, « ils » connaissent bien les rouages pour blanchir l'argent mal acquis...

Ils font déjà cela, en regardant ailleurs, ou en occultant les procédés trop ostentatoires de fraudes administratives, comptables, sociales, fiscales commis par leurs amis de la « FRANÇAISE MACONNERIE »... Voir les banques « SOCIÉTÉ GÉNÉRALE », « LCL -CRÉDIT LYONNAIS », « CRÉDIT MUTUEL » (qui est une véritable usine à blanchir les fraudes

*administratives, comptables et fiscales) ; voir les sociétés « AREVA »,
« VINCI » ; voir les compagnies d'assurances « AXA », « GAN », etc.
Mais l'affaire ne s'arrête pas là.
Entre le temps de cet accord à l'amiable bien généreux, et la clôture du
dossier, il s'est passé deux années. Deux longues années durant
lesquelles une élection présidentielle a eu lieu...
Le deal de ces responsables véreux et corrompus avec « HSBC » était
une réduction conséquente de la pénalité et un abandon de toute
poursuite judiciaire, même celle dont les délits pénaux n'incombent pas
ni ne concernent les services fiscaux, et en contre-partie, en sus de
« sonnants et trébuchants » « remerciements » personnels à chacun
d'eux, « HSBC » devant financer le parti et la campagne électorale de
leur « poulain », mais patron d'alors, E. MACRON, et la « REM »...
Bien entendu, même si un deal était convenu, même si ces responsables
des services coercitifs des services fiscaux pouvaient entreprendre toute
représaille officielle en cas de non respect de cet accord par « HSBC »,
ils ont joué la prudence, et attendu l'élection présidentielle pour solder le
compte. De toute évidence, cela aurait été trop « visible » de l'entériner
juste après, alors, ils ont fait cela en catimini, 6 mois après...
Et qui était à Bercy, à cette période ???!!!*

**2.   ALTÉO/Frédéric   RAMÉ,   Manuel   VALLS,   Stéphane
BOUILLON.**
*Avec cette affaire, le système de financement crapuleux et frauduleux est
différent.
En bref, en 2015, la société « ALTÉO » à GARDANNE, dont le directeur
général est Frédéric Ramé, devait renouveler son autorisation à polluer
en toute légalité la Méditerranée, et notamment le Parc Naturel des
Calanques à Marseille, avec ses déchets, appelés « Boues Rouges ».
Le préfet, Stéphane BOUILLON, a donné son accord, sous le
commandement de Manuel VALLS alors ministre, et bon ami du bien
introduit dans le gouvernement d'alors, E. MACRON...
Cette crapuleuse autorisation a donné lieu a un grave cas de « Crime
contre l'Humanité », pour lequel j'avais déposé en 2016, une plainte
contre ses auteurs, à la CPI. L'affaire fut étouffée, bien entendu.
Quel lien entre S. BOUILLON et E. MACRON, direz-vous ? Fadaises,
élucubrations, complotisme...
Mais, à l'été 2017, E. MACRON, élu fraîchement Président de la
République de France, prit ses vacances, non pas au Fort de Brégançon,
non pas en une propriété de l'État, mais en la villa hollywoodienne d'un
préfet... A Marseille... Chez S. BOUILLON...*

3.   80km/h...

Comme pour les fourrières, la loi de limitation à 80 km/h a pour but double, celui de « financer » les institutions de l''État, municipalités et autres administrations, et celui de donner les moyens à des sociétés privées de récolter facilement de l'argent, pour la plupart « volé » en toute impunité.

Un parti politique, et surtout une campagne électorale, d'autant plus présidentielle, coûtent très cher. Et les aides, quelles qu'elles soient, financières ou autres, demandent a posteriori, un remboursement, une sorte d'un « prêté pour un rendu » qui se formule par des lois, des décrets, des autorisations officielles compensatoires (occultes).

Une fois élu, E. MACRON a instauré cette facile manne financière (qui est somme toute illégale à plusieurs titres...), donnant les clés à ses « amis » pour créer ces sociétés privées à fort rendement lucratif de contrôles, de pénalisations et d'encaissements coercitifs (et aussi, somme toute, illégal en biens des points procéduraux, déjà, et même constitutionnellement vu que la présomption d'innocence est systématiquement bafouée pour, à la fois, faciliter leur tâche, et réduire les légitimes contestations dont les règles de procédure sont fastidieuses et iniques par le simple fait de devoir s'acquitter en avance d'une hypothétique condamnation pas encore rendue...). Il ne serait même pas étonnant, voire le contraire serait étonnant, que ce triste sire de MACRON ait des intérêts dans ces sociétés. Bien entendu, sous des prête-noms... Son acolyte, Alexis KOHLER est passé maître dans le montage occulte de ce type de malversations...

• **BILDERBERG : LE CRIME DE HAUTE TRAHISON.**

Le crime d'État Ultime, la connivence avec une ou plusieurs puissances étrangères, a été commis, avant et après son élection, et donc sous sa fonction présidentielle, et toujours d'actualité, par E. MACRON.

Quelques points en bref.

En 2015, E. MACRON a rejoint officiellement le « Groupe ».

En 2016, son acolyte, occulté alors, et futur premier ministre, et donc tout aussi coupable de crime d''État de Haute Trahison, l'Édouard PHILIPPE, rejoint officiellement, toujours par une invitation, le même groupe de trafiquants d'influences.

En 2018, E. MACRON va au DANEMARK, et encense le peuple « Nord Européen », tout autant qu'il critique, fustige et méprise le peuple français, son propre peuple pour et par lequel il a été élu.

Pour information, les seuls membres permanents de ce groupe de décideurs à proprement parler, sont ceux du comité directeur, dont le président actuel, depuis 2012, est Henri DE CASTRIES, PDG d'AXA jusqu'en août 2016, juste après ma mise en demeure à AXA comme quoi j'avais mis au jour leurs fraudes administratives, sociales, comptables, fiscales, et même boursières...

- **Chapitre 14 : Note d'information SIX : Sur les protagonistes instigateurs occultes, complices de la magistrature liée à la notable mafia politico-criminelle toulonnaise. Un exemple par la Plainte à l'encontre d'amis des procureurs et des préfets de Toulon.**

Suite à cette notification, comme pour d'autres plaintes auprès du procureur de cette ville viciée, telle que la dernière, courant octobre 2018, par laquelle je déposais contre un mandataire liquidateur douteux, Simon LAURE, RIEN ne fut fait par ce formidable homme intègre de la République ~~de la France~~ (*sic*) du VAR... Même pas une réponse épistolaire.

Aucune de la part du préfet, aucune de la part du procureur,...
Comme toujours.
Mais, une cabale contre moi, déjà victime(s)...

Une autre démonstration que le VAR n'est pas la France.

C'est un état miniature, qui a ses propres lois, spécialement iniques contre les « justes», les « honnêtes », les « innocents », « les faibles », mais favorables et protectionnistes pour les salauds de tous les genres.

Des règles non rédigées, non légiférées, non approuvées démocratiquement, sauf par les bien-nantis, bien-pensants mafieux que sont les notables et les magistrats du cru, affranchis à la cause maçonnique, par laquelle, seule méthode et seul moyen, on peut prendre connaissance de ce qui est fait, ce qui est dit, ce qu'il peut se faire, ce qu'il peut se dire,.. ou pas !

Maires, préfets, procureurs, juges, huissiers, autres magistrats et officiers ministériels, appliquent cette dictatoriale, opaque, obscurantiste et occulte Loi, sans défaillir.

Ce n'est pas pour rien que beaucoup de malfrats, basés originellement dans les Bouches-du-Rhône, comme à Marseille, s'« expatrient », que cela soit personnellement et même professionnellement, dans le VAR. Ils savent qu'ils y trouveront impunité, sauf-conduits, et blanc-seings pour entreprendre tout délit... Il leur suffit de traverser la frontière départementale pour entreprendre, ou continuer leurs méfaits dans leur contrée d'origine, sachant pertinemment que toute poursuite qu'ils pourraient craindre et subir, se ferait sur le territoire du défendeur, dans le VAR...

Le 03 décembre 2015, envoi courrier recommandé avec A.R.
Par le site de La Poste, certifiant aussi son contenu

NOTIFICATION de
MISE EN DANGER PERMANENTE de la VIE d'AUTRUI

PREFECTURE DU VAR
Boulevard du 112ÈME Régiment d'Infanterie, 83070 Toulon

A l'attention de Pierre SOUBELET, Préfet du VAR

Objet : - Notification de danger permanent, de défectuosité et de défaillance de sécurité, de risque d'accident, et d'accident sur le circuit de karting du Circuit Paul RICARD
- Communication de la Mise en Demeure à Stéphane CLAIR, Directeur et Responsable juridique et pénal du Karting Circuit Paul RICARD (CIRCUIT PAUL RICARD, 2760 Route des Hauts du Camp, 83330 Le Castellet)

Monsieur Le Préfet,

ma missive est pour vous alerter quant aux risques d'accidents de l'ordre physique sur le circuit de karting de la société CIRCUIT PAUL RICARD, et ce, parce que j'en suis une « fraîche » victime.

Il est urgent de faire fermer immédiatement l'accès à ce circuit aux utilisateurs, et ce, jusqu'il soit mis en une configuration non accidentogène.

Vous trouverez ci-joint, le courrier recommandé que j'adresse ce jour à son directeur général, Stéphane CLAIR.

Cependant, je vous rappelle son fondement, la cause des mes préjudices, matériels et surtout physiques, qui auraient pu être bien plus graves.

Il est de mon devoir et de ma responsabilité d'alerter les pouvoirs publics afin qu'ils contraignent cette société à ne pas faire des choses en dépit du bon sens, de la logique et de la sécurité.

J'agis afin de ne pas avoir de nouvelles victimes, indirectement sur ma conscience.

Les faits :

Hier après-midi, mercredi 02 décembre 2015, j'ai roulé sur le circuit « karting » avec mon kart. Pour cela j'ai payé 30 € pour la demi-journée d'accès au circuit, et 15 € de licence qui tient lieu surtout d'assurance. Le paiement a été effectué par carte bancaire.

J'ai eu un accident sur ce circuit vers les 15-16h, où j'ai percuté violemment un des pylônes d'éclairage (P5), qui, heureusement, était entouré de systèmes d'absorption des chocs en plastique, rouge et blanc.

J'ai été blessé en sus du grave endommagement de mon kart (aux premières constatations : train de roue avant gauche cassé, pare-choc avant, pare-choc arrière et pot encastré, pare-disque explosé et sans doute, disque, dessous du châssis).

J'ai eu cependant de la chance vu que cela aurait pu être pire au sujet de mes souffrances physiques, que j'ai toujours, à savoir des douleurs du côté gauche dans le dos, au niveau des lombaires. Après le choc, sonné, je suis resté plusieurs minutes dans le kart afin de prendre les mesures d'auto examen, et s'il m'était possible de m'extraire sans trop de mal du baquet. Cela a été pénible physiquement. Le responsable du circuit est venu en voiturette quelques minutes après, et m'a conduit au parking afin que je prenne ma voiture et ma remorque.

Je suis allé sur le circuit avec mon auto et me suis arrêté à l'endroit où se trouvait mon kart. Il m'a été impossible physiquement, de charger le kart sur ma remorque. Je suis retourné au bureau, en marchant péniblement. J'ai demandé à ce que l'on appelle les secours, vu que je m'inquiétais de la gravité de mon cas. Les pompiers ont été appelés.

La personne qui l'a aidé est celle qui tient le magasin de pièces de kart, m'a dit qu'il avait entendu le choc depuis son magasin (celui sous le restaurant à une centaine de mètre)...

J'ai compris le « problème », la faute et la responsabilité de ma sortie de route, et ce, déjà pendant que cela m'arrivait. En effet, en sortie de courbe très rapide, en pleine accélération, il y a la présence, non pas d'un, mais de 3 « sauts », un système utilisé sur route ouverte comme « ralentisseur » pour des automobiles, qui sont « hautes » et munies de suspensions !

Ils ont été placés en sortie de courbe, à l'extérieur, et sur ce que l'on nomme « vibreur » ! Bref, impossible de passer dessus sans subir, au moins, des dommages.

Un kart n'ayant pas de suspension, mais aussi, ayant une garde au sol très faible, passer dessus a causé l'envol du kart, réitéré successivement par les 3 sauts, rendant ledit kart hors de contrôle, en l'air, et sa réception délicate, puisqu'en virage je vous rappelle, ce qui a fini sa déstabilisation, en travers, sur une roue (marque au sol en forme de virgule et en direction du pylône). En fait, j'ai été propulsé, sans pouvoir rien faire, directement contre ledit pylône, que j'ai percuté de l'avant, principalement gauche, et j'ai fini en sens contraire à plusieurs mètres.

J'ai pris les photos du lieu final, de l'impact et des dommages des amortisseurs plastique du pylône, des « ralentisseurs », de la marque en virgule du pneu intérieur droit à ce niveau.

Durant le contact avec ces « ralentisseurs » qui n'en sont pas, mais bien des obstacles, mon frein a été endommagé, puisque, déjà, le protège disque a été éjecté et pulvérisé !!!

Avoir posé de tels systèmes est une hérésie en terme de sécurité, étant le contraire du but recherché puisqu'ils causent des dégâts et des accidents, puisqu'il causent de graves dommages mécaniques, et même physiques, sans compter ceux engendrés par le risque d'accident accru. C'est une partie de virage que l'on pourrait aborder en travers, et le schéma de confrontation serait encore plus grave puisqu'il favoriserait un retournement dudit kart (une glisse latérale confronté à un obstacle latéral!!!). Heureusement, j'ai pu aborder ces « saloperies » de face.

Comme cet accident n'aurait pas eu lieu si ces stupides choses n'avaient pas été présentes, et qu'elles constituent une danger permanent, et comme une des personnes présentes m'a dit que c'était la FIA (Fédération) qui les aurait obligé à les poser (à vérifier), et ce, en défi des règles élémentaires de sécurité et de logiques, il est nécessaire de poursuivre la, ou les personnes qui ont agi ainsi, qui les ont contraints à poser des choses aberrantes, tant en terme de sécurité que de logique.

Il est important qu'une décision préfectorale soit établie au plus tôt afin de fermer ce circuit au public jusqu'à ce que ces aberrations soient ôtées.

Veuillez recevoir, Monsieur Le Préfet, mes sincères salutations.
Laurent GRANIER

- **Chapitre 15 : Note d'information SEPT : Sur les corrompus protagonistes instigateurs occultes, restés installés au sein du ministère de la « Justice » tout au long des successifs gouvernements, liés à la notable mafia politico-criminelle française. La dernière notification, toujours laissée lettre morte, à la DACS, concernant des malversations et des délits pénaux commis par des notaires, des huissiers.**

Pour les nombreux d'entre vous qui ne le savent pas, la DACS, « Direction de l'Affaire Civile et du Sceau », est le département du ministère de la « Justice » en charge des officiers ministériels, que sont les notaires et les huissiers.

Il est très important car ces derniers représentent l'autorité de l'État.

Le personnel de ce service ministériel s'occupe de la nomination, mais aussi du contrôle quant à leur rigoureuse et scrupuleuse fonction, et par conséquent, des éventuelles poursuites et sanctions en cas de latitudes peu légales de leur part.

J'ai informé plusieurs fois ces éminences de délits pénaux commis par des notaires, et des huissiers. Preuves à l'appui.

Aucune réponse, aucune sanction.

Et en tant que victime, je suis resté floué de plusieurs dizaines de milliers d'euros, montant cumulé par toutes les magouilles confondues, par ces notaires et ces huissiers.

C'est pour cela que vous trouverez en cette dernière plainte que je leur avais adressée, un ton, quelque peu cavalier à leur encontre, ne méritant guère mieux, si ce n'est aucune considération pour ces sales corrompus individus, toujours en poste.

144

Direction des Affaires Civiles et du Sceau
Ministère de la Justice
13, place Vendôme, 75042 Paris cedex 01

A l'Attention de Laurent VALLEE et de tous ses obscurs et médiocres sous-fifres responsables de ce corrompu service ministériel

Objets:
**NOTIFICATION de DELITS PENAUX ET CRIMINELS COMMIS DELEREMENT PAR DES NOTAIRES des BOUCHES-DU-RHÔNE
DEPOT DE PLAINTES
MISE EN DEMEURE avant Poursuites Pénales Nationales (Cour de Justice de la République) et Internationales**

Salut les "Enculés", ou bande d' "Enculés",

comme il est évident que des personnes qui se font représenter, qui représentent ou sont partenaires d'"enculés" ne peuvent être que du même acabit, il aurait été inconvenant de ma part de vous adresser, de vous apostropher différemment, sans être menteur, obséquieux, lâche, complaisant, et même juste.

Etant un vrai Homme, bien l'opposé de vous tous, je ne peux utiliser des salamalecs, même en une missive officielle, sans en ressentir une émotion contre-nature, et contre ma nature vouée à la vérité et à sa révélation.

Il y a déjà plus d'une dizaine d'années, j'avais alerté votre espèce de « Direction » sur les agissements crapuleux de certains notaires et de certains huissiers, et même de leur chambre départementale respective qui les protégeaient, en la personne de leur président respectif, tout autant que de leurs tout aussi sales subordonnés.

Ensuite, plus récemment, jusqu'en 2013, je vous ai alerté quant à de nouveaux délits pénaux de vos officiers ministériels encore plus graves, criminels, et associés à des organisations criminelles, en les fonctions d'huissier et de notaire.

Comme pour les fois précédentes, vous n'avez rien fait.

Toutes les personnes que j'ai dénoncées, pourtant preuves à l'appui, étant de gros "enculés", de sales individus que vous avez protégés d'une manière étanche, ainsi donc, mon introduction est donc appropriée et justifiée.

Vous m'épargnerez vos remarques sur ce point de forme, que je suppute déjà en votre future réponse, déviant pour éluder vos responsabilités et problèmes réels.

Donc, en la présente, je dépose une plainte pénale contre tous les responsables de la Chambre Départementale des Notaires des Bouches-du-Rhône, des années 2013 et 2016.

En effet, il y a 3 ans, j'ai été spolié de la somme de 16.000 € (dépôt de garantie), et escroqué de 500 € (avance sur frais), le tout par la notaire Pascale BRANCHE, sise à Marseille, aidée par des malfrats, de vrais criminels. L'affaire est criminelle. J'étais acheteur, et à la signature du compromis en question, la raison du versement de ces sommes à cette raclure de notaire. En effet, cette salope était la notaire des vendeurs, liés à la mafia toulonnaise, et mon notaire était Me jean-Jacques EYROLLES à Aix-en-Provence.

Lorsque j'ai découvert, à temps certes, à la fois l'escroquerie, les malversations, les truanderies, les faux, et surtout la nature des vendeurs et de leur entourage (« apporteurs » d'affaires...), de cette affaire (qui est à l'origine de sa propriété, une affaire passée frauduleuse et crapuleuse dans laquelle il y avait la signature d'un mort...) et de deux autres qui m'avaient été présentées, j'ai déposé une plainte pénale contre toutes cette racaille, incluant cette vermine de notaire, Pascale BRANCHE qui était de mèche, et qui avait accepté un faux document soit-disant de ma part.

Par la même occasion, j'ai informé la Chambre Départementale des Notaires de ces crapuleries et de ces fraudes commises par cette notaire, mais aussi et surtout de sa participation active à des malversations autant financières qu'immobilières liées au grand banditisme, comme le blanchiment de fonds et autres menues manières sonnantes et trébuchantes.

Et qu'ont fait les responsables de cette Chambre Départementale des Notaires des Bouches-Du-Rhône ?

Une inspection ?

Une déclaration aux autorités, au procureur ?

Oui, tout à fait.

Mais à l'encontre de mon notaire, Me EYROLLES, et ce, pour me faire taire indirectement, car, ayant le sens de l'honneur, moi, c'est-à-dire, de lui éviter des déboires infondés.

Par la même occasion, j'ai été agressé à mon domicile le 27 mars 2013.

Je n'ai eu aucune nouvelle de ma plainte, ni de cette Chambre, ni de personne, et Pascale BRANCHE n'a subi aucun contrôle !

Vous trouverez ci-joint la plainte, ma déposition suite à mon agression où j'explique l'affaire dans son entièreté, mais succincte, et la mise en cause de cette salope de Pascale BRANCHE.

Vous aurez même droit à une inventaire plus exhaustif avec la lettre ouverte que vous connaissez bien, que j'ai adressée alors en septembre 2013 à votre président, et à de nombreuses autres personnes du milieu politique et judiciaire.

De retour en France, j'ai demandé dernièrement à mon notaire de réclamer à son espèce de consœur, les sommes que je lui avais versées, n'ayant eu aucune nouvelle de la part de cette pute de notaire qui a engouffré mon argent, les 16.500 € depuis 2013.

Le résultat ?

Ces enculés d'ordures de la Chambre Départementale des Notaires harcèlent mon notaire, sous de fallacieux prétextes, usent de chantage en fait, afin qu'il renonce à m'aider à récupérer mon argent volé par la pute Pascale BRANCHE, protégée par les mêmes sbires qui polluent mon notaire.

Ce qu'il se passe en province, et notamment dans les régions lyonnaises et PACA, sortent du giron de la justice française.

Donc, en la présente, pour les derniers délits criminels, pénaux, commis à mon encontre via mon notaire, dans le but de me dissuader à récupérer mes fonds, mais aussi à persister dans mes plaintes pénales au sujets d'actes criminels impliquant tout autant les responsables de la Chambre Départementales des Notaires des Bouches-du-Rhône en 2013, que la notaire Pascale BRANCHE, tous liés à une organisation criminelle mafieuse,
Je, soussigné Laurent GRANIER, né le XX (F),
et tout autant en tant que fondateur de l'ONG internationale "ANOTOW" (Another Tomorrow) basée à Londres, qui a pour but de dénoncer et de combattre la corruption, notamment dans la magistrature et les postes officiels,
dépose une plainte pénale auprès de votre direction contre les personnes suivantes qui sont sous votre responsabilité judiciaire, pour les avoir adoubés et déclarés être les représentants du ministère et de l'état:

- **Jean COULOMB, Président;**
- **Eric BARRANDE, Vice Président;**

- *Nathalie FIORA, Premier Syndic;*
- *Capucine FERAUD, Syndic;*
- *Sophie GUAZZELLI-REVERCHON, Syndic;*
- *Jean-Sébastien DURACHER, Syndic;*
- *Gisèle LAVEISSIERE, Rapporteur;*
- *et autres à définir.*

Pour les délits d'intimidation, de harcèlement, de chantage, d'extorsion, de dissimulation de délits criminels, de détournement de fonds de dépôt de garantie, de détournement de fonds d'avance sur frais, d'usage de faux, de non dénonciation de crimes, de subornation de témoins, de complicité et de participation active avec une organisation mafieuse criminelle, et autres menus délits...

Petit aparté général de mise au point adressé aux "enculés" de tous poils qui se croient dotés d'une forme d'intelligence :
Je suis, entre autres et parmi mes diverses activités et qualités (auteur, théoricien, inventeur, maître philosophe, fondateur de l'ONG « ANOTOW » dénonçant et combattant la corruption notamment au sein de la magistrature), je suis "négociant" en informations, notamment, évidemment, en informations « sensibles ». Ainsi, je récolte et détiens des informations confidentielles, que même les juges d'instruction des affaires relatives ne connaissent pas, ou ne veulent pas connaître, et ce, sur des affaires autant nationales (françaises) qu'internationales (à l'étranger sans pour autant être relatives avec la France, comme les USA).
En ce qui concerne la France, par exemple, j'ai des informations "spéciales" sur les affaires de secret d'état des « Frégates » de Taïwan, et de Karachi par correspondance (concernant des ventes occultes d'armes, des failles dans les systèmes de sécurité, et un attentat), sur l'affaire "Omar RADDAD" (criminelle, en laquelle il est partie prenante), sur des blanchiments, fraudes et malversations d'organismes bancaires (HSBC France, HSBC UK, Crédit Mutuel, CIC, -Citibank USA-, par exemple), sur des compagnies d'assurances commettant des détournements de fonds, du blanchiment, des fraudes fiscales, de faux vrais contrats (en France : GAN, AXA, ALLIANZ, par exemple), sur des dissimulations de crimes par de hautes autorités gouvernementales (ancien Ministre de la Culture français, par

exemple), *sur des accointances et des associations collusives d'organisations criminelles, voire terroristes avec des officiels, élus et/ou "placés", postes fictifs ou « stratégiques », usant de chantage, d'extorsion, de menaces, de mesures de représailles (préfet du Var, par exemple), sur des centre fiscaux corrompus exerçant chantage, menace, extorsion, représailles, ou couverture de fraudes fiscales et/ou détournement de fonds pour les activités de leurs amis (Toulon, par exemple), sur des flics corrompus et lâches (gendarmerie du Var, police de La Ciotat, par exemple), sur des huissiers véreux usant de leurs pouvoirs pour extorquer et détourner des fonds, grâce à de faux documents ou de complaisance délivrés par d'autres officiels-greffiers (trop nombreux pour les citer, Marseille, Toulon, Aix-en-Provence, Paris, …), sur des avocats corrompus (G. COLLARD, par exemple) et/ou corrompant les juges (trop nombreux pour les citer, Marseille, Toulon, Aix-en-Provence, Paris), sur des procureurs utilisant les plaintes en les « enterrant » contre un renvoi d'ascenseur (financier, ou carriériste), sur des juges corrompus délivrant des ordonnances de complaisance basées sur des faux par exemple (trop nombreux pour les citer, Marseille, Toulon, Aix-en-Provence, Paris, …), sur des notaires véreux détournant des fonds et acceptant des faux documents (P. BRANCHE, par exemple), sur des ministres véreux de tous bords couvrant malversations, crimes et délits pour leur compte en vus d'échange de bons procédés et/ou chantage de « dossiers » (M. VALLS, R. DATI, C. TAUBIRA, et autres), etc.*

J'ai aussi des « dossiers » sur des juges, des greffiers, des avocats corrompus en Californie, même sur des agents du FBI, et des greffiers et juges fédéraux aux USA.

Malheureusement pour ces vermines, celles que je dénonce aujourd'hui, j'ai de la connaissance à la fois, au niveau international et local, ce dernier en la région PACA et spécialement le Var et les Bouches-du-Rhône...).

Tout ceci en postface pour vous démontrer que ce qui est narré en la présente est approprié, avéré et réel, et que j'ai la capacité intellectuelle et littéraire de vous être supérieur, donc, épargnez moi votre future remontrance quant à mon langage, qui est cependant, n'en vous déplaise, bien choisi.

En l'attente, vous me devez au moins 50 millions d'euros pour vos saloperies passées, que j'ai subies.

Vous avez 48 heures après réception de la présente pour faire le nécessaire auprès des "enculés" de cette chambre départementale et contre la salope de notaire Pascale BRANCHE.

Passé ce confortable délai sans action contre ces « enculés », et sans confirmation de versement de dédommagement à mon endroit <u>autant qu'en celui de mon honnête notaire</u> qui a subi et subit de nombreux et graves préjudices depuis des années pour rien si ce n'est pour son honnêteté, je déposerais une plainte pénale contre vous personnellement, sachant que cela ne sera pas la seule action à vos endroits...

Par ailleurs, sachez que j'ai pris mes dispositions physiques s'il était tenté quoi que ce soit sur mon intégrité matérielle et physique en représailles de mon refus de garder le silence. Des personnes d'autres pays sauront trouver certains d'entre vous pour leur apporter une « signification » définitive. Le 27 mars m'a pris au dépourvu... Cela ne se renouvellera pas.

Veuillez recevoir, Messieurs les "Enculés" (en l'attente de preuve du contraire qui ne le sera que par votre action contre ces vermines), aucune de mes salutations.

Laurent GRANIER
75018 PARIS

- **Chapitre 16 : Note d'information HUIT : Informations annexes sur les corrompus protagonistes instigateurs occultes, liés à la notable mafia du système judiciaire, comme le Parquet National Financier, couvrant malversations et délits.**

Une autre affaire, parmi tant d'autres, que le système judiciaire français, et spécialement le parquet de Paris et le fameux Parquet National Financier (PNF), protègent en détournant les yeux des délits commis, et laissant les graves malversations portant à l'international, et même au niveau boursier, continuer à se perpétrer.

Comme évoqué précédemment au sujet des organisations de surveillance des institutions, pompeusement établies comme des pourfendeurs de malfaisants, ce qui suit concerne l'« *AUTORITÉ DE CONTRÔLE PRUDENTIEL ET DE RÉSOLUTION »,* un organisme censé « réguler », contrôler » et « sanctionner » les contrevenants à la Loi.

Une sauce interne qui aide à cacher au grand public les magouilles, comme pour les polices, la gendarmerie, l'armée, la magistrature, les postes d'officiers ministériels, mais aussi, à museler les victimes.

Pour rappel, Henri DE CASTRIES a été PDG d'« AXA » jusqu'en août 2016, juste après ma mise en demeure à son attention comme quoi j'avais mis au jour leurs fraudes administratives, sociales, comptables, fiscales, et même boursières. Il est aussi le président du Groupe BILDERBERG, auquel MACRON et PHILIPPE appartiennent...

Remarquez la date... Une quinzaine de jours avant le traquenard...

Et, à ce jour, aucune réponse de cet éminent organisme de « régulation »...

Le 26 Octobre 2018
Envoi par courrier recommandé avec A.R. via le site internet de La Poste

MISE EN DEMEURE
NOTIFICATIONS DE DELITS ET PREAVIS DE DEPOT DE PLAINTES PENALES

AUTORITÉ DE CONTRÔLE PRUDENTIEL ET DE RÉSOLUTION
4 place de Budapest – 75 436 Paris Cedex 09

A L'ATTENTION DE LA DIRECTION GÉNÉRALE
A L'ATTENTION DE LA COMMISSION DES SANCTIONS
Concernant de Graves Délits Pénaux
et A L'ATTENTION DE DIRECTION DU CONTRÔLE DES PRATIQUES COMMERCIALES

Objets :
1. Notifications, en ce qui vous concerne, de délits pénaux avec la circonstance aggravante de bande organisée de :
   - Émission frauduleuse d'informations frauduleuses, fallacieuses et diffamantes ;
   - Émission de faux vrais contrats ;
   - Exercice illégal de la fonction de compagnie d'assurance ;
   - Exercice détourné de la fonction de compagnie d'assurance ;
   - Collusion pour propagation et amplification de fausses informations, aggravée de participation active à une entreprise commune de représailles et de harcèlement passif en vue d'intimidation, menace et chantage ;
   - Colportage de fallacieuses, préjudiciables et diffamantes informations ;
   - Complicité de faux et d'usage de faux ;
   - Complicité de fraudes à l'assurance ;
   - Non délivrance de carte verte ;
   - Non délivrance de factures payées ;
   - Fraudes fiscales, comptables, financières, administratives et boursières ;
   - Non respect de contrat.

et par ailleurs, hors de votre compétence juridictionnelle, mais objet aussi de plainte pénale avec constitution de partie civile de :

- Entrave à la manifestation de la vérité par propagation de fausses et diffamantes informations ;
- Entrave à la manifestation de la vérité par non propagation/prise en compte de faits réels ;
- Collusion pour propagation et amplification de fausses informations, aggravée de participation active à une subornation de témoins et à une cabale par une entreprise commune de représailles et de harcèlement passif dont l'objet est une entreprise d'intimidation, de menace et de chantage ;
- Complicité de menaces, chantage, intimidations et de mesures coercitives dans le but d'obstruction à la justice;
- Complicité et participation passive à détournement de fonds sociaux et à blanchiment ;

2. Notifications de plaintes pénales.
3. Mise en Demeure

Sociétés de courtages d'assurances incriminées (liste non exhaustives):
- **Hervé CLAVEL Assurances :** Siège Social au 7 bis, quai des Etroits, 69321 Lyon cedex 05
  SARL au capital de 5.127.500€ !!! - RCS Lyon 789 253 978 - ORIAS 13 003 341
- **AMV :** Siège Social au 2 Rue Miguel de Cervantès, 33700 Mérignac
  SAS au capital de 159 000 € - RCS BORDEAUX B 330 540 907 - ORIAS N° 07 000 513
- **SM3A « Assurances JACQUOT » :** Siège Social au 3 rue Saint Exupéry, 69002 LYON **SARL au capital de 7500 Euros - RCS de LYON 4803440423000 11 - ORIAS 07004764**

Compagnies d'assurances incriminées (liste non exhaustive) :
- **AXA S.A. :** Siège Social au 313 TERRASSES DE L'ARCHE, 92727 NANTERRE CEDEX

- **AXA France IARD -** *S.A. au capital de 214 799 030 €- RCS Nanterre 722 057 460 -* **ORIAS 13 004 246 et 13005764**
- **GENERALI BELGIUM,** *dissimulée en France...* **Voir et Demander à AMV...**

Personnes incriminées (liste loin d'être exhaustive) :
- **Hervé CLAVEL, Alexandre DANJEAN et** Maryvonne DEVILLE **de la société « Hervé CLAVEL Assurances » ;**
- **Henri de CASTRIES, Christelle LEMAIRE, et leurs proches collaborateurs, d'AXA S.A. ;**
- **Franck ALLARD d'AMV.**
- **Jean-Robert JACQUOT** *de* **SM3A « Assurances JACQUOT »**

Mesdames et Messieurs Les Responsables,

je vais tenter d'être bref.

J'étais client de la compagnie d'assurance AXA S.A. dont le représentant et responsable légal est **Henri de CASTRIES,** *via le prétendu « courtier »,* **Hervé CLAVEL,** *pour un contrat d'assurance « flotte » de véhicules, tant autos que motos.*

Cet intermédiaire, se présentant comme courtier (au singulier...), si tant est que cette forme soit légale à divers points, est passé rapidement d'une EURL « Hervé CLAVEL ASSURANCES », à une SAS au capital grassement augmenté en seulement quelques années, grâce aux fraudes à multiples étages et à très haut régime, à plus de 5 millions d'euros...

Courtier à « usage unique », adossé exclusivement à cette seule compagnie, un partenariat mutuellement juteux.

D'un côté, un moyen pour CLAVEL de jouer le rôle de compagnie d'assurances dissimulée, sous le déguisement du candide et officiel courtier, avec les avantages de celle-ci des maîtrises tant décisionnelles que gestionnaires (émettrices de documents officiels et de contrats, encaissements, et gestions des sinistres, bref, tout d'une compagnie, et sans compte à rendre précisément...), mais sans les inconvénients, ni administratifs, ni juridiques, ni financiers (concernant uniquement les sorties d'argent, pas les entrées qui sont toujours les bienvenues....).

D'un autre, un moyen pour certaines personnes bien placées au sein de la véritable déclarée très grande compagnie multinationale, de détourner des fonds à grande échelle, incognito, anonymement, d'une manière officielle, pas tout à fait illégale sur certains côtés d'interprétations, mais frauduleuses à tiroirs...

J'ai découvert en 2016, quand j'étais encore leur client, que le triste sire Hervé CLAVEL faisait d'autres fraudes que la complicité de détournements de fonds sociaux et boursiers d'AXA et pour certains responsables d'AXA, et par conséquent, et pour ce faire, de faux vrais contrats. En effet, Hervé CLAVEL faisait et fait toujours des fraudes comptables, fiscales et financières en ne délivrant, ni facture, ni quittance, ni reçu comptable des sommes encaissées ! Et ce, malgré mes multiples relances pour demander des comptes sur les sommes réclamées (et encaissées) annuellement, qui étaient toujours, toutes supérieures bien évidemment, sans explication ni justification, de quelques euros et quelques centimes. Il y avait et il y a toujours donc 2 fraudes, celle de ne pas délivrer de facture, et celle d'escroquer les clients, avec le facteur aggravant de publicité mensongère (non respect des primes comme réelles annoncées).

Devant mon insistance légitime et légale d'obtenir gain de cause en une simple délivrance, et surtout des questions qui les embarrassaient, la réponse, d'un seul ton, d'Hervé CLAVEL, de Mme DEVILLE, puis de M. DENJEAN, fut de me punir, de me sanctionner, et ainsi donc, de me résilier sans aucune raison, à la prochaine échéance, celle de Mai 2017. Cette résiliation ne fut ni régulière ni légale car elle avait été envoyée par le « Hervé CLAVEL », en mentionnant que la résiliation provenait de la compagnie elle-même. Ce qui n'est pas le cas ! Ou alors, la collusion et la complicité des fraudes entre CLAVEL et AXA est avérée et irréfutable ! De surcroît, je n'ai jamais reçu, eu en main, cette résiliation abusive, fallacieuse et illégale, et par conséquent, irrecevable et nulle.

Ainsi donc, tacitement le contrat continuant à sa date d'échéance, et pour éviter la résiliation à mes torts qui serait officielle pour non paiement, j'ai fait un virement de la somme due pour l'année suivante Mai 2017-Mai 2018, à savoir 845 €. Je n'ai jamais reçu de cartes vertes.

Pire, les employés, complices du fraudeur Hervé CLAVEL, tout autant malhonnêtes que leur patron, ont menti pour s'épargner des mises à l'index, et émis de fallacieuses et fausses informations à mon endroit, afin qu'aucune compagnie d'assurances, et surtout qu'aucun courtier usant des mêmes pratiques frauduleuses et crapuleuses, ne m'assurent.

Et j'en ai eu confirmation il y a quelques mois avec certains employés, et dernièrement avec son directeur général, Franck ALLARD, du fameux courtier « AMV », qui ont pris fait et cause pour le « Hervé CLAVEL » en usant, utilisant et colportant de fallacieuses allégations à mon encontre, préjudiciables à souhait, et tentant de résilier, en déclarant comme tel, par les mêmes sales et illégaux procédés de décision péremptoires, le contrat en cours d'une moto moderne et de 15 véhicules de collection (primes payées) !

Et auparavant, la même rengaine de refus, sans raison, par un autre courtier tout aussi lyonnais que CLAVEL, tout aussi spécialisé en véhicules de collection, Jean-Robert JACQUOT, au travers de sa société « SM3A »...

Pour faire, simple, voici une petite liste des délits commis (en sus de ceux listés dans l'objet de la présente) :

- *Faux vrais contrats,*
- *Incitation à la fraude de loi et à la fausse déclaration,*
- *Non établissement de facture,*
- *Requête de paiement et encaissement surévalué et non justifié,*
- *Publicité mensongère,*
- *Tromperie,*
- *Refus d'établissement de facture,*
- *Refus de délivrance de carte verte pour un contrat payé,*
- *Refus de délivrance d'attestation d'assistance payée,*
- *Blanchiment d'argent,*
- *Fraude fiscale,*
- *Fraude à la TVA,*
- *Détournement de fonds,*
- *Abus et détournements de fonds sociaux,*
- *Discrimination,*
- *Chantage,*
- *Menace,*
- *Représailles morales et physiques,*
- *etc.*

Aussi, en sus de la plainte que je dépose auprès de votre Autorité, même si je peux aisément en supposer son vain destin à l'estime probable que cette dernière est déjà vérolée par la corruption, omniprésente en France à cause de la gangrène morale infiltrée subrepticement dans cette société décadente par la secte satanique « français-maconnique » (SIC), un réseau multiple de collusions démontré par le simple fait que ces manœuvres délictueuses sont, je ne l'ai découvert et compris que dernièrement, monnaie (terme bien approprié....) courante, et occasionnent même de nouveaux venus, en curée, voulant profiter aussi de l'aubaine, ayant personnellement observé, durant ma quête pour trouver un nouvel assureur, qu'un très grand nombre de courtiers fleurissant et florissant jouit d'une pérenne impunité de la part de votre « autorité », je vous informe de mon dépôt de plainte pénale avec constitution de partie civile contre, personnellement, Hervé CLAVEL, Alexandre DANJEAN et Maryvonne DEVILLE, ses proches collaborateurs qui ont commis personnellement tous ces délits à mon endroit, mais aussi et surtout, l'origine qui a permis l'entreprise criminelle et avec qui j'avais réellement un contrat, AXA S.A., et donc, particulièrement son représentant et responsable légal, Henri de CASTRIES, qui connaît très bien la situation, la mienne comme celle de ses malversations avec CLAVEL, pour en avoir été informé personnellement par deux fois, à un an d'intervalle, et qui n'a daigné répondre, ni faire une enquête interne...

Par transitivité, toute autorité s'y référant, et ne faisant pas son devoir, ni d'en porter l'information aux procureurs respectifs, ni de sanctionner à hauteur de ses moyens et de ses obligations pour lesquels elle a sa raison d'existence, sera considérée comme complice, au nom propre des personnes qui en sont responsables.

Aussi, je vous recommande et vous demande de déposer une plainte pénale contre ces personnes, et contre leurs sociétés respectives, et de prendre les mesures nécessaires pour radier leur faculté d'exercer dans cette profession réglementée.

En revanche, je ne vous recommande pas d'utiliser mon dossier pour en retirer un quelconque bénéfice personnel de la part de ces criminels, en échange d'un « enfouissement » soigné de mon dossier et de ma plainte...

Il est à préciser que tous ces tracas me pénalisent fortement depuis 2 années. En effet, étant auteur, inventeur, théoricien et Maître Philosophe, mes préjudices, tant privés que professionnels sont conséquents, pouvant se porter à plusieurs millions d'euros.

Mes préjudices moraux sont amplifiés, travaillant actuellement sur des projets complexes et sensibles (d'une valeur économique de plusieurs dizaines de millions, voire davantage), comme des systèmes communément nommés « anti-gravitation », et sur de nouvelles armes épouvantables (le mot étant bien choisi) de dissuasion (sic) massive, projets qui souffrent aisément de perturbations et de préoccupations cérébrales externes causées par ces petitesses.

Le minimum est d'au moins 1 million d'euros de préjudices.

Pour finir, le petit monsieur d'AXA, Henri de CASTRIES, malgré mon double rappel à ses devoirs dus à son rang et à celui de la société qui l'emploie, n'a pas cru bon d'informer, au moins ses actionnaires, et encore moins les marchés boursiers où sa multinationales est cotée, et ce, à l'encontre de ses obligations légales et juridiques lors de l'existence de tels événements de l'ordre du pénal, et d'en transmettre aux instances de régulations boursières les éléments y étant relatifs, pouvant porter conséquences sur la valeur de ses actions, et même aggravée dans le futur, par les nouvelles peines d'autres poursuites pénales à l'échelon international pour ce manquement qui lui incombe entièrement.

Dans dix jours à réception de la présente, plusieurs plaintes pénales seront déposées auprès des diverses autorités judiciaires, tant françaises qu'européennes, et même américaines, y compris les Autorités des Marchés Financiers des places boursières où AXA est cotée.

Merci de me répondre rapidement afin que la rédaction de ma plainte pénale auprès des différentes autres autorités concernées, tant françaises qu'étrangères, soient les plus précises possibles, surtout quant aux responsabilités pénales vous concernant.

Aussi, je ne saurais trop vous conseiller d'être prompt à la réponse.

Nota Bene : Comme votre « Autorité » concerne aussi les banques, je vous informe que j'ai des dossiers de ce niveau de fraudes sur HSBC et le Crédit Mutuel, plaintes que je déposerai prochainement à votre attention.

Veuillez recevoir, Mesdames et Messieurs, mes salutations.

Laurent GRANIER

- **Chapitre 17 : La suite du pratique internement abusif par la Française-Maconnerie, avec la complicité de prétendus docteurs en la matière, face à des ennemis d'opinion, de religion et de dogme, contre qui elle ne peut rien juridiquement ou judiciairement.**

Il était près de 18 heures déjà, un vendredi qui plus est, et les charmants gendarmes, surtout ceux de l'enquête, les OPJ en civil, pensaient, soucieux, à leur week-end.

Ils m'ont signifié que j'allais être interné sans mon consentement, feignant la surprise.

L'Aurélie THOULOUZE a même joué à l'actrice, prenant le rôle du « Good Cop », ouvrant ma geôle, et d'un air à la fois ébaubie et ennuyée, me demandant ce que j'avais bien pu dire à la psychiatre pour qu'elle me condamne ipso facto à l'internement. J'apprendrais bien plus tard, qu'elle n'était pas étrangère à la motivation de cette sentence...

Je peux supposer que c'est elle qui avait joué à l'étudiante en journalisme, qui m'avait contacté six mois plus tôt pour m'interviewer sur l'affaire de corruption liant Emmanuel MACRON, Manuel VALLS, et Stéphane BOUILLON, le préfet des Bouches-du-Rhône, à la société « ALTÉO » à Gardanne, en la personne de son directeur Frédéric RAME, afin d'obtenir un sauf-conduit officiel pour polluer en toute impunité la mer Méditerranée, et notamment le Parc Naturel des Calanques, avec les déchets toxiques dénommés « Boues Rouges ».

Et ainsi donc, nous nous retrouvons bien, ou plutôt je me trouve, dans le cercle vicieux d'une entreprise de procès politique dissimulé, dont l'affaire UBS a été le catalyseur final, et ce, par crainte que tout soit mis au jour, par ce biais.

Et je ne l'ai découvert et compris qu'après coup.

Au préalable, j'avais été transporté, menotté, humilié en public dans une des rues principales de Toulon, pour aller au commissariat principal où se trouvait la prétendue et autoproclamée experte en la matière, psychiatre agréée du tribunal local, et ayant comme lieu de fonction, principal ou secondaire, les locaux de la police.

Je suis exhibé, promené dans les couloirs, comme un malpropre, un délinquant, un salaud, un criminel.

Cette dégradante situation, je n'en veux pas aux gendarmes présents alors, qui ont fait leur job, devant suivre les procédures idoines. Je voyais même chez certains, au cours de ces multiples pérégrinations subies, au commissariat, puis à l'hôpital, puis au tribunal, qu'ils devaient s'y conformer à contre cœur. Il y a aussi des gens biens dans la gendarmerie. Mais ils sont rares, et ils n'ont pas de grades élevés, sans doute freinés par leur hiérarchie...

En revanche, j'en veux, et je ne leur pardonnerai jamais, à ceux qui, dans l'ombre sont bien restés pour éviter les éclats de boue au cas où, ont bien tout orchestré, ont bien tout planifié, ont participé activement, et ont bien joui de ma mise en situation de détenu, pendant qu'eux, ils profitaient de leurs week-ends, et du bon temps de la liberté, pensant alors, satisfait et repu momentanément d'inique et inappropriée vengeance, que leur ennemi de moralité était enfin sous leur joug pervers.

On n'est pas un « enculé » de français-macon pour rien.

Je parle des chefs, de ceux qui sont déjà à un niveau suffisamment élevé dans la pyramide, pour savoir alors, de pleine conscience et de plein gré, que le dessein de cette secte est d'humeur maléfique. Quant à ceux de la base, tant fiers d'eux-mêmes, qui se croient si importants d'être en contact avec ces éminences qu'ils se persuadent servir une noble cause, et d'être utiles au point d'en devenir irremplaçables, je les méprise d'une manière idoine à ce qu'ils sont, quelconque.

L'Orgueil, la Vanité !

A leur paroxysme avec la faveur de l'égocentrisme, si naturellement bassement humain.

Donc, nous attendions que la maîtresse de céans daignent être libre pour m'entendre, m'évaluer, me juger, me condamner. Du moins, officiellement. Les dés, pipés, étant déjà joués.

Les trois gendarmes s'impatientaient, ayant d'autres besognes à faire, plus importantes, comme celles de faire des rondes de surveillance et d'appréhender les véritables criminels.

Et ils avaient bien raison.

La pimbêche arriva une heure après, riante, enjouée, comme si le monde lui appartenait.

En fait, son petit monde crasseux d'un commissariat vétuste, dans un gros village « cloaqueux ».

Sa gaîté, apparente, fit place quelques instants à son véritable visage de mégère, de sorcière, en reprenant le gendarme qui l'abordait en la nommant de « Psy », avec un ton aussi pédant que péremptoire et méprisant, qu'elle n'était pas « psy », soutenant que ce terme réducteur était pour les sous-fifres de sa catégorie, les psychologues et les psychanalystes, et qu'elle, elle était, bien supérieure, la madame, « Psychiatre » !

Quand on constate tant de susceptibilité, si mal placée d'ailleurs, tant d'égocentrisme, tant d'orgueil, tant de prétention, mais aussi, si peu d'humilité basique, et un absolu mépris pour les « autres » de la profession, on sait, car on peut évaluer sans risque d'erreur, que l'on a à faire à une personne déséquilibrée et incompétente, mais surtout, malhonnête, pervertie et immorale. Déjà, des tares pour une personne « normale », mais sans conséquence, ou presque, mais alors, un comble au niveau mental et intellectuel, une aberration juridique, une ignominie en matière de justice et de morale, lorsque ces « qualités » sont rattachées à un pouvoir, et de surcroît, à celui absolu, de vie ou de mort (c'est tout comme, avec un internement sans fin, la vraie perpétuité, celle qui n'existe même pas en terme d'incarcération pénale !), et ce, sans compte à rendre, ni justification à éclairer, si ce n'est la mise en apposition de son statut divin de docteur en la matière !

Je ne me suis pas trompé, je savais ce qu'elle était.

La mauvaise personne dans toute sa splendeur,,, maconnique.

Pour m'évaluer, la tâche lui fut simple, prémâchée par les enquêteurs de la gendarmerie, avec la petite confidence des personnes du parquet...

Il lui suffisait de prendre en compte les textes qui m'étaient reprochés, me les attribuant ipso facto, qu'importe si je n'en avais pas eu connaissance, qu'importe qu'ils ne m'aient pas été lus, qu'importe que je les eusse reconnus, ou non, qu'importe qu'ils provenaient de pages publiées sur internet par un autre que moi comme une ONG, qu'importe qu'ils ait été vrais ou faux, qu'importe qu'ils dataient de plus de six mois, voire d'une année, qu'importe la présomption d'innocence, qu'importe...

Elle m'évaluait uniquement sur ces quelques lignes de textes, sortis systématiquement de leur contexte, qu'importe mes objections et mes remarques, comme les essentielles, mes avis de précautions morales, juridiques, professionnelles, épistolaires et de logique, à la fois, matérielles et médicales, comme la douteuse qualité et l'incohérent à-propos de circonstance de l'évaluation d'une personne à un instant « T » actuel, par rapport à des supposés propos, non authentifiés de surcroît, qu'il aurait tenus, sans témoin ni réelle preuve, plus de six mois auparavant !

Le tout, sans prendre en compte le champ du double contexte, celui de la situation réelle ayant motivée l'écriture (nous ne parlons pourtant pas de publication, et encore moins d'envoi postal puisque nous n'en étions qu'au stade de l'enquête, objet de l'interpellation et de la garde à vue relatives strictement à une publication sur un site internet d'une fondation, de surcroît, non pas d'un article -dont l'objet de rédaction est pour ledit média un moyen d'édition-, mais de missives officielles qui ont été adressées, constituant alors une simple information...), et celui de l'objectif sémantique et stratégique dudit courrier !

Sans compter qu'un seul des deux courriers reprochés est relevé pour m'« expertiser », chacun d'eux bien distinct l'un de l'autre, par sa teneur, son objet, ses destinataires, et pourtant associés d'une manière illégale, illégitime et aberrante juridiquement, dans une seule et même procédure...

Mais, pour parvenir à un moindre niveau de compétence analytique, il faudrait de la culture, des connaissances linguistiques et sémantiques, mais aussi et surtout, des capacités d'intelligence, d'ouverture d'esprit, de remise en cause de soi-même, d'humilité universelle, d'intégrité, et d'honnêteté morale !

Quoi qu'il en soit, toute remarque, toute précision, toute argumentation, toute explication, toute justification de ma part, était considérée de sa part, comme une contestation, et donc, une attitude louche, bizarre, non adéquate en quelque circonstance qu'elle fut, et donc, dangereuse, et par conséquent, répréhensible au niveau psychiatrique.

Il fallait donc m'interner, sous le doux euphémisme de justification hospitalière, utile fourre-tout médical et juridique par lequel ils évitent toute future poursuite (comme quoi ils ont bien tout étudié pour se protéger, pour prendre soins d'eux-mêmes avant toute chose...), sans besoin d'explication, ni de justification, ni d'argumentation médicale que celle du « soupçon », du « doute », sous la facile notion d'incertitude de la « *Mise en Observation* ».

Fatigué, las, et en colère contenue, sachant que le cap était passé, que tout était perdu, sachant que l'inscription dans un cercle d'internement sans consentement était vicieux, d'où il était très difficile d'en sortir, je lui ai alors demandé de quelle « école » elle était, celle de Freud ?, Young ? Elle me répondit qu'il y en avait pléthore, et non uniquement que ces deux.

Perdu pour perdu, je lui ai demandé si elle était franc-maçonne. Elle fut gênée. Elle répondit par la négative d'une manière fuyante.

Alors, je lui rétorquais : « *Donc, vous ne travaillez pas tard le soir* ?! » (phrase de reconnaissance des FM, au regard de leur libidineuses nocturnes dépravations mentales et/ou charnelles...).

Là, elle fut encore plus embarrassée, répondant : « *Non !, Enfin, je travaille le soir, tard, mais avec mes patients que je vois à mon cabinet...* ».

Elle niait, mais elle avait cependant bien compris l'allusion, et elle avouait tacitement son appartenance, sa complicité, par la phrase « magique » qu'elle ne relevât pas en question de ce qu'elle voulait dire. Interrogation que tout quidam aurait formulée...

Elle en fut agacée, et cela aggrava ma peine, par les consignes données à celui ou à celle, confrère ou consœur, qui allait prendre en charge la suite, celle de mon internement.

Je disais alors que ma vie était foutue, me tournant vers « Georges » qui était présent, semblant consterné de la méthode d'évaluation à la volée et à l'emporte pièce, en quelques minutes de temps.

J'exprimais alors mon désarroi et mon dégoût, quant au fait, que de victime d'une escroquerie de quinze mille euros, et déjà n'ayant aucune aide des autorités et des services judiciaires, j'étais désormais condamné à l'internement, sans motif valable, sans raison réelle que celle d'en avoir voulu le remboursement légitime et légal, somme acquise frauduleusement, et détournée comptablement et fiscalement par ceux qui m'y avaient indirectement envoyé.

Ma vie avait donc été soldée au prix de quinze mille euros !

Et d'une somme provenant de ma propre bourse !

Cela faisait la seconde fois que j'évoquais le mot « franc-maçon », en dénonçant leur manière délictuelle d'intimidation et de corruption, au moins morale.

Je devais alors en payer le prix, et très cher, sans ristourne, les « frères » et « sœurs » de l'hôpital ayant à cœur de mener à bien ce redressement psychologique, moral, religieux, dogmatique.

Je ne faisais pas parti de leur secte satanique, mais je me devais, comme tout un quelconque chacun n'y appartenant pas, d'y cependant obéir, de suivre leurs règles, leurs lois, leurs ordres. Et ne mot dire.

Ce n'est pas seulement un procès politique qui se profile, mais aussi bien un, en filigrane, à caractère religieux, philosophique et dogmatique.

Pour la petite anecdote, cette pimbêche malhonnête a demandé à me revoir, 12 jours après, à la sortie de mon internement, alors que j'étais à nouveau en garde à vue par la gendarmerderie, toujours au commissariat...

Ce fut juste après avoir « conversé » sous contrainte, en visioconférence, avec l'adjoint au procureur, Ahmed CHAFFAI, qui m'avait signifié, illégalement par l'absence d'avocat pourtant demandé au préalable, le prolongement de ma garde à vue à 48 heures, alors que je n'avais passé qu'un peu plus de 9 heures, 12 jours auparavant, et qu'il en restait 14 pour faire l'audition. Là aussi, mes droits furent bafoués, traînés dans la boue.

J'y reviendrai, notamment au sujet du racisme de cet individu, détesté par « toute » la profession, ayant exercé auparavant à Marseille...

D'ailleurs, je ne comprends pas pourquoi cet entretien n'a pas été fait à la gendarmerie.

Je doute même de sa légalité... Mais, ce ne fut pas le seul point d'entrave à mes droits...

Et donc, j'avais été libéré par un juge le matin, de mon internement coercitif, pudiquement appelé « sans consentement », et j'avais à repasser devant la malhonnête psychiatre policière, et ce, en toute illégitimité et illégalité !

Une requête abusive, « inappropriée » juridiquement dans le cadre officiel du moment, et qui ne peut entrer dans une quelconque procédure, mais cette grâce lui a été cependant accordée... Bafouant toujours mes droits !

Juste pour me montrer son pouvoir, celui d'être au dessus des lois, mais aussi pour essayer de (se) « justifier » sa décision douze jours plus tôt, parce qu'elle savait que j'évoquais déjà l'internement abusif, et la négation de ma présomption d'innocence, par le fait doublement répréhensible, tant médical que juridique, qu'elle m'avait « évalué » à un temps présent uniquement sur des textes de plus de six mois d'ancienneté, et au titre desquels je n'avais pu les reconnaître car ils ne m'avaient été ni lus, ni présentés...

D'autant que ces écrits ont été fallacieusement, pour des raisons pratiques au bénéfice des protagonistes de ce traquenard, « appréciés » au premier degré comme des menaces à caractère potentiel, et donc d'une certaine urgence psychiatrique au titre de dangerosité imminente, alors qu'ils dataient d'un an, en réalité, et que si celles-ci avaient été authentiques selon leur qualification pénale, déjà, je serais passé à l'acte depuis longtemps, et ensuite, pourquoi il leur a fallu attendre 6 mois, une longue enquête, une arrestation à caractère judiciaire, et un « blocage » d'audition, pour me considérer subitement avec un tel grave problème mental de cet ordre ?

Et par conséquent, pourquoi, une telle mesure d'évaluation n'a pas été requise au préalable, et immédiatement après les supposés faits, ou risques potentiels ??!!!

Parfaitement conforme à ce qu'elle est véritablement, cette « psy » mentait. Elle détournait les faits et mes propos pour se les approprier dans le sens qui l'intéressait, qu'importe qu'ils deviennent anachroniques et factuellement incohérents.

Aussi, elle commença par me demander, insistant même sur un seul fait, si je me rappelais ce que je lui avais alors dit. Sachant pertinemment que si je lui disais que je me souvenais d'avoir évoqué son appartenance à la française-maconnerie, elle pourrait trouver je ne sais quel moyen pour me faire interner à nouveau, ou pour exercer toute autre mesure de rétorsion comme la détention provisoire, même si c'était déjà illégal de sa part d'en être là, je répondis que je ne me rappelais pas.

Elle insista avec la phrase que j'avais prononcée « Ma vie était foutue, etc. ».

Je lui ai répondu que mes propos d'alors étaient ceux d'une personne épuisée d'une longue journée, sans manger, sans boire, et blessée, dans une situation ubuesque, incompréhensible et exagérée judiciairement, mais aussi aberrante juridiquement, sans avoir eu connaissance, ni des tenants, ni des aboutissants. Et ne les ayant toujours pas à cet instant précis...

En me quittant, elle me dit que j'avais besoin d'une écoute de la part d'une personne de confiance... Je comprenais qu'elle voulait bien l'être, cette « oreille » bienveillante, et, en contre-partie, que je devienne son esclave, sans doute sexuel. Je plaisante. Mais, l'allusion y ressemblait bien !

Elle justifiait à présent, 12 jours après, sa décision de m'avoir « Mis en Observation », par ces phrases que j'avais prononcée à son attention, comme « ma vie était foutue, etc. », en omettant scrupuleusement de relever celle par laquelle je lui avais demandé si elle appartenait à la secte. Mais, aussi et surtout, elle oubliait les faits chronologiques qui démontent son nouveau subterfuge de dédouanement de sa responsabilité médicale et juridique, par lesquels tous ces propos, et cette question que j'avais mis en exergue, je ne les avais formulés qu'après, et non avant, sa décision de m'interner. Ils en avaient même été sa conséquence...

Bref, elle préparait déjà sa couverture médico-juridique, et celle des gendarmes mis en cause dans cette opération d'internement abusif, contre toute poursuite judiciaire ultérieure, toujours avec les mêmes sales moyens et les mêmes sales méthodes, le mensonge, la mauvaise foi, les fausses déclarations, le travestissement de la vérité. Les primordiaux moteurs et principes des français-macons !

Mais, les faits sont, et resteront toujours là, et démontreront encore davantage leurs manigances crapuleuses, car leurs semblants de se départir de toute responsabilité, les enfoncent encore plus profondément dans leurs séants.

Et l'un des principaux faits, c'est bien que l'orgueilleuse psychiatre a commis un délit pénal, au titre de corruption morale aggravée, par le double fait d'avoir, et protégé, et servi (amusant, l'adage qui devrait être celui des forces de l'Ordre à l'endroit des civils...) les intérêts des gendarmes locaux, et ceux qui m'ont escroqué, en abusant de son extraordinaire position dominante.

Je n'ai appris son nom qu'à l'écriture du présent ouvrage, nullement par un document qui m'aurait été remis au cours de toutes ces manigances, mais par ceux que j'ai eu cette fin janvier 2019. Auparavant, je n'avais même pas eu connaissance du contenu de son évaluation de cinq minutes, une pseudo-expertise basée essentiellement sur des supposés textes que j'aurais écrits, dont je n'avais toujours eu pas la teneur, et surtout orientée par les consignes des gendarmes en civil, restés dans leur bureau...

Elle s'appelle Bénédicte BASTIEN-FLAMAIN, et « pratique » au commissariat crasseux de Toulon, ce lieu lui sied bien, et à La Seyne-sur-Mer.

Si le monde de la justice française était un tant soit peu intègre, et donc dénué de toute influence personnelle, et notamment satanique française-maconne, cette personne devrait être radiée, et poursuivie pénalement.

Ce qui suit est son double « rapport » subjectif, à charge, arrangé et orienté, avec ses fautes intentionnelles, ses interprétations primaires, ses méprises, ses confusions, ses raccourcis, ses détournements, ses falsifications :

Celui adressé à l'OPJ et celui sous la dénomination « *CERTIFICAT MEDICAL D'ADMISSION EN SOINS PSYCHIATRIQUES PAR MESURES PROVISOIRES ORDONNEES PAR UN MAIRE (art. L 3213-2)* ».

La différence de rédaction étant en parenthèse.
Avec ses fautes, et ses particularités. Comme le « Nous », qui n'est pas une erreur de retranscription de ma part...

« Le 16/11/2018
Nous soussignée, certifions avoir examiné ce jour en garde-à-vue à la demande de l'OPJ de Gendarmerie de La Valette pour une affaire de menaces de crime envers les personnes avec ordre de remplir une condition, diffamation sur PDAP, outrages ur PDAP, diffamations envers des particuliers, dénonciation calomnieuse Monsieur GRANIER Laurent né le XX à XX.
Il nie les faits (« banalise » dans la version du certificat médical) qui lui sont reprochés en estimant justifiée les nombreuses plaintes contenues dans son site, dont par ailleurs il rejette toute responsabilité sur les écrits qu'il contient, argumentant que le site a peut-être été piraté : « J'ai créé une fondation ANOTOW basée à Londres et à Paris. On m'accuse sur six pages internet, cinq ou six liens de mon site internet. Le site, c'est dénoncer et combattre la corruption. C'est la fondation qui est responsable, pas moi, je ne suis pas responsable de publication. J'ai plus de 40 brevets. Je suis maître philosophe. J'ai développé la possibilité de l'existence de dieu à partir d'une partir d'une théorie mathématique et une nouvelle théorie sur l'extinction des dinosaures basée sur l'accroissement de la gravité ».
Lorsqu'on lui demande de s'expliquer sur les sanctions suivantes : un doigt coupé, le deuxième écart, ce sera une main,

tranchée, le troisième la langue, le quatrième les yeux etc. ..Il se pourrait que les salopards soient inscrits sur la « liste », il me répond : « Je me demande si quelqu'un n'a pas piraté mon site internet pour y mettre des choses que je n'approuve pas. Je craignais qu'on m'interne. Je savais bien qu'un jour on m'internerait, qu'un jour on m'éliminerait, on m'empêche d'être entendu. Ce que vous faites, c'est illégal, vous êtes corrompue...C'est une procédure d'intimidation pour me faire taire ».

Lui renvoyant qu'il tient des propos à thèmes de persécution renvoyant à une pathologie paranoïaque ou paranoïde, le sujet s'énerve en expliquant qu'il avait raison de ne pas répondre aux convocations du Beausset depuis 6 mois, avec la police ça aurait été pareil ».

La suspicion d'un processus délirant nécessite une mesure d'internement pour observation avec réévaluation de la responsabilité à l'issue des soins. »

Version de la conclusion du certificat médical :

« J'atteste que son comportement relève de troubles mentaux manifestes qui constituent un danger imminent pour la sûreté des personnes et nécessite son admission en soins psychiatriques sur demande du maire en application de l'article L.3213-2.

Fait à Toulon pour la commune de La Valette, le 16/11/2018 ».

Docteur Bénédicte BASTIEN-FLAMAIN.

Pour information, cette notion de « persécution » qui m'était, et m'est toujours, attribuée, est basée sur le fait que j'ai déposé plus d'une plainte dans ma vie.

Cet attachement psychiatrique fallacieux à ma personnalité sera repris systématiquement par les psychiatres suivants, lors de mon internement. Et pour cause, ils et elles suivaient toujours les mêmes consignes à mon égard.

Ayant été victime plusieurs fois au cours de toute mon existence, dans des circonstances différentes, et par des auteurs distincts, je n'avais cependant droit, selon eux, psychiatres et français-macons, qu'à une seule plainte choisie.

Au delà, je devenais un persécuté pathologique.

Et pire, si l'une était portée à l'encontre d'un de leurs « proches amis », « frères » ou « sœurs »... En réalité, seul ce dernier type les chiffonnait...

- **Chapitre 18 : La poursuite déterminée du pratique internement abusif, avec toujours la complicité française-maconne de prétendus docteurs en la matière.**

Il était aux environs de 18 heures déjà, un vendredi, et les charmants « OPJ » en civil mettaient fin à ma garde à vue, qui leur avait été (apparemment) inutile, et me signifiaient ma mise en internement sans mon consentement.

Avant de me « libérer », c'est-à-dire de quitter l'enceinte militaire, pendant que j'étais escorté vers l'extérieur du bâtiment par les gendarmes en charge des transferts, ladite Aurélie THOULOUZE m'a demandé de lui faire la promesse de revenir la voir à ma sortie de l'hôpital, pour enfin faire l'audition, et donc, en tant qu'homme libre.

Je lui répondais que certainement, mais précisant malheureusement, toujours naïf, que je pourrai alors apporter des preuves, sous-entendant, pour mettre à mal les fameuses charges qui me restaient obscures et inconnues. Mais, ce n'était pas de leur avantage...

Et, parole de gendarme, n'est pas parole d'Homme.

D'autant moins provenant d'une femme...

A la sortie de mon internement, 11 jours plus tard, deux de ses collègues en civil, et trois en uniformes, venaient me chercher à l'hôpital, non pas à l'extérieur, non pas dans le hall, mais bien dans l'enceinte du service psychiatrique lui-même. Un point dont je doute encore de la légalité...

D'ailleurs, j'ai eu la preuve, à la lecture de mon dossier, fin janvier 2019, du manque absolu de parole et d'honneur de ces officiers gendarmes, Aurélie THOULOUZE et Franck LA IACONA.

J'y ai découvert leur mensonge, leur faux-semblant putassier, dans un autre procès-verbal de réquisition rédigé et « bidonné » par l'Aurélie THOULOUZE, omettant volontairement d'y mentionner l'heure. Il était à l'attention du directeur de l'hôpital, qui se trouve être Michel PERROT, afin de m'interner au nom et par la volonté de Stéphanie BATTLE, substitut du procureur, de Thierry

ALBERTINI, éditeur de l'arrêté, maire de La Valette-du-Var, et du certificat médical de la prétendue docteur psychiatre Bénédicte BASTIEN-FLAMAIN.

Il y était bien précisé, en caractères gras, que le personnel de l'hôpital, et donc lui en tant que directeur, étaient tenus de les « aviser des éventuelles mesures prises » à mon endroit (et pan, un coup de pied dans mon droit au secret médical !...) et de les « informer en amont si une décision de sortie était effectuée », en les appelant aux 06 10 52 94 20 ou 04 94 46 73 55...

Je suis emmené, menotté, à un hôpital de l'autre côté de Toulon, celui de La Seyne-sur-Mer. La circulation dense des heures de pointe dans cette satanée ville, plutôt gros village, nous fait arriver tardivement. J'attends dans la « prison mobile » une vingtaine de minutes, situation qui me sera gratifiée dans leur méticuleux procès-verbal, comme « *d'un repos dans notre véhicule de dotation* »...

Un des gendarmes revient, disant qu'il n'y a plus de place, et qu'il faut m'emmener à l'hôpital principal, de l'autre autre côté de Toulon (*sic*). Nous avons à revenir quasiment au point de départ.

Re-traversée de Toulon...

Nous arrivons enfin à l'hôpital Sainte Musse.

Je suis emmené aux Urgences, toujours menotté, étant à la vue de toutes les personnes y attendant leur tour.

Mais, je suis en vaine, je passe devant tout le monde !

Je suis libéré des menottes, mais pour être mis sur un brancard, attaché par des sangles d'aliéné.

Je suis à nouveau baladé devant tout le parterre de futurs patients des Urgences, mais cette fois, dans une posture encore plus humiliante, celle d'être allongé et d'être exposé tel un acharné harnaché.

J'ai même découvert par la suite, que j'avais été filmé par la vidéosurveillance de l'hôpital, comme dans le lieu sécurisé d'internement, comme même dans ma chambre, même s'ils disent le contraire concernant cette dernière puisque cela serait illégal... En effet, il semblerait qu'il y avait un microphone et une caméra dissimulés, un fait typique confirmé par un de mes amis, ancien infirmier, qui connaît bien le milieu hospitalier. Fait confirmé aussi par le piège-test que je leur ai tendu, en faisant semblant d'utiliser le couteau en plastique du repas, pour tenter d'ouvrir le loquet de la fenêtre condamnée. Et c'est bien la seule fois où l'infirmière est venue et a contrôlé mon plateau à la fin du repas, et m'a demandé si je n'avais rien gardé...

Et en ce qui concerne le micro, j'avais dit des choses confidentielles à mes rares visiteurs sur les problèmes de cet hôpital et des vices de procédures, confiant que c'était un véritable internement abusif. Et suite à cela, les propos et les attitudes du personnel médical étaient axés pour les nier sans que j'en évoque la souffrance...

Toujours ligoté sur le lit mobile, un psychiatre arrive pour officialiser la procédure d'internement.

Il ne comprend pas ce qu'il m'est reproché, la gendarmerie ne lui ayant fourni que les liens internet en question, mais aussi les documents s'y reportant, et dont je n'avais toujours pas la connaissance. Sa première rapide analyse lui faisait dire que ce n'était qu'un cas bénin d'internement à but d'observation, et que je sortirai à la fin du week-end.

Et là, j'ai commis une très grosse erreur.

J'avais cru en la dinde actrice, l'ayant déjà prévenue de sa gaffe précédente, la raison pour laquelle la « psychiatre policière » m'avait « pendu haut et court ». Je pensais donc, toujours naïf, et croyant toujours un peu en la possible honnêteté morale de certains gendarmes, et d'une, qu'elle avait été sincère, et de deux, qu'elle ne réitérerait pas sa bourde.

Aussi, ai-je donc demandé au psychiatre de l'appeler, pour qu'elle lui explique la réelle situation, c'est-à-dire, que les textes qui m'étaient supposément attribués, n'avaient pas été portés à ma connaissance, et que donc, je n'avais pu les reconnaître, et par conséquent, qu'il n'en tienne pas compte, ne s'y fie pas, ne les prenne pas en référence pour m'évaluer et me catégoriser, et ce, déjà, au regard de la présomption d'innocence, et de la logique.

Bien au contraire, elle m'a enfoncé dans la fange.

Elle lui répondit que les faits reprochés étaient caractérisés, de tenir compte totalement de ces écrits pour me définir au niveau psychiatrique, omettant soigneusement d'évoquer tout élément perturbateur pouvant induire un doute sur ma personne par ce prisme, comme les faits qu'ils n'avaient pas été authentifiés, et qu'ils dataient de six mois, voire d'une année !

Sa consigne était basée sur le fait que la demande d'expertise psychiatrique originelle provenait du fait que j'avais écrit des horreurs, comme « doigts coupés, langue je ne sais quoi », etc. Cette version officielle des gendarmes changea ultérieurement...

Par des bribes, je découvrais alors, ainsi, enfin, un petit peu plus de ce qu'il m'était reproché, non pas par les personnes en charge de l'enquête, de l'instruction, de l'audition, mais par un individu civil totalement extérieur, les gendarmes bafouant encore davantage les règles de confidentialité de toute affaire en cours, le fameux secret de l'instruction !

Mais, ces gendarmes ne sont pas à un délit supplémentaire près, de leur part.

De plus, des propos m'ayant été attribués d'office, sans aucune forme de vérification quant à leur authenticité, c'est-à-dire, qu'ils n'aient pas été falsifiés par les protagonistes « plaignants », qui sont, je le rappelle, sans scrupules, la preuve par ma présence en ce traquenard officiel, mais aussi et surtout, liés au banditisme régional !

Il est clair que, en me jugeant sur ce point, j'apparaissais comme, au moins, un Hannibal LECTER...

Bien évidemment, la version définitive, à posteriori l'« officielle », devint toute autre, communément reprise par tous les protagonistes de ce coup monté, des gendarmes aux préfets, en passant par les procureurs, et le maire local.

Qu'importe si elle ne concordait pas avec les éléments de preuves mettant en lumière leurs mensonges, constitués par leur propre déclaration originelle, et retenue systématiquement et exclusivement par les successifs psychiatres, démontrant, chacun d'eux, leur stricte obéissance à ces occultes entendues sales consignes à mon encontre.

Cette urgente nouvelle fantaisiste et ridicule justification leur était nécessaire, notamment à la suite de mes évocations, déjà à l'hôpital, du délit d'internement abusif, au titre du manquement flagrant à la présomption d'innocence, par ce fait que j'avais été qualifié par la psychiatre policière, uniquement au regard de propos supposément écrits, sans avoir été auditionné, sans en avoir eu connaissance, et sans avoir pu les attester, ou non, ni même les expliquer.

Les « employés » de la gendarmerderie, les magistrats, le procureur et ses sous-fifres, le maire et ses sous-fifres, le préfet et ses sous-fifres, et même la pseudo psychiatre « policière » et ses acolytes consœurs et confrères qui (l')ont suivi(e), le personnel de l'hôpital, tous, sans exception, étaient coupables du délit d'avoir bafoué ce droit élémentaire de la présomption d'innocence !

Et sachant que je le savais, et le mettais déjà à l'index, leur seule option pour éviter des poursuites judiciaires, était de faire perdurer cette coalition, faisant front commun contre moi.

Cette raison officielle de ces personnes de cette gendarmerderie, pour justifier la demande d'une expertise psychiatrique au préalable de mon audition, fut citée à posteriori, 12 jours après (!), lors de mon passage impératif devant le « Juge des Libertés et de la Détention » (JLD) afin de faire lever la mesure d'internement sans consentement, audience durant laquelle, tous, des prétendus docteurs en la matière aux préfets et procureurs, s'étaient ligués pour faire continuer l'incarcération...

Ces Officiers de Police Judiciaire, gendarmes quoi qu'il en soit(...), déclaraient avoir estimé que « *mon comportement, ou plutôt mes propos lors de ma garde à vue, les faisaient penser (!) à du délire, et ce, parce que je me présentais en tant que « Philosophe »* » !

D'ailleurs, le préfet reprendra cette gamme de notes faussées, dans sa requête adressée au « Juge des Libertés et de la Détention », « *Demande d'audience à N+12 jours* », n°2018-83-FOV-810, arrêté du 22 novembre 2018 qui a été fait six jours après la décision originelle de me faire évaluer au niveau psychiatrique !

Ainsi donc, pour eux tous, « être philosophe » n'est pas concevable, à moins d'être mentalement dérangé, ou médiatiquement connu !

Preuve en est de leur fausseté, de leur lâcheté de ne pas assumer leurs fautes, leurs actes criminels, parce qu'ils savent pertinemment qu'elles et ils sont délibérés, c'est que face à ce présupposé doute à ce titre, portant à une grave considération sur mon état mental, pourquoi ne m'ont-ils pas posé la question sur le sujet ?

Pourquoi, eux, gendarmes ne m'ont pas interrogé sur ce point ??

Pourquoi, non plus, les psychiatres ???

Ou, tout simplement, pourquoi n'ont-ils fait aucune recherche sur internet, pourtant le « lieu » des actes que l'on me reprochait, et ce, sans bouger leur gros cul de leur petit bureau ????

De toute évidence, parce qu'ils en connaissaient déjà la dérangeante réponse. Mais aussi et surtout, parce qu'elle était matériellement impossible au niveau temporel, puisque cette fallacieuse justification était ultérieure aux moments où ils auraient pu, auraient dû entreprendre cette interrogation, autant directement à moi lors de la pré-audition, qu'en temps réel, sur internet, outil qu'ils connaissent que trop bien pour y circonscrire leurs lamentables et minables prétendues enquêtes.

Ils savaient tous que cette « estimation » était bidon, échafaudée ultérieurement, pour justifier d'un internement qui se qualifiait manifestement et ostensiblement comme abusif...

En ces termes fallacieux sur le motif, mais surtout nouvellement travestis depuis leur crainte quant à ma mise à l'index de la présomption d'innocence bafouée, il faut y ajouter ceux concrètement délictueux par le fait que ce préfet y invente même les chefs d'accusation en ne les circonscrivant plus seulement à la publication de « mes propos » sur internet, mais aussi « *par envoie en recommandé* » !

Le préfet en savait donc plus que la version officielle des autorités compétentes en charge de l'instruction de cette affaire judiciaire, davantage que les gendarmes et les procureurs !!!

La complicité et la collusion sont incontestablement établies par ce point frauduleux d'ajouter de faux faits d'accusations, tout comme le constat que la véritable motivation de cette cabale n'est pas cette apparente petite affaire, mais plutôt celle d'un niveau bien plus élevé, celui national, sachant que lesdits préfets, sont des représentants du gouvernement de Paris...

« *Il développait un discours délirant affirmant avoir créé une fondation à Londres et à Paris pour combattre la corruption et se déclarant maître philosophe. Ces propos à thème de persécution renvoient à une pathologie paranoïaque...*

...Aucun élément indicateur d'un état de décompensation d'un trouble psychiatrique n'est décelable. La mesure doit toutefois être maintenue afin de prolonger l'observation. »

Et voilà, le tour est joué !

Et après, on me reproche de critiquer sans fondement, la gendarmerderie française !

A ce sujet, je tiens à préciser que, tout d'abord, je mets en exergue les travers des sales individus qui occupent ces fonctions, généralement pour en tirer des bénéfices, et non ceux de l'institution, du moins, à son origine.

Les bonnes personnes qui y sont présentes ne doivent pas servir de caution morale, d'« agents de lessive » pour les salauds qui se servent abusivement et crapuleusement de leur position.

Ce n'est point ma faute si cette police militaire est corrompue, qu'elle est indigne par les faits de lâcheté qu'elle dissimule, et des fautes qu'elle efface, en commettant toujours plus de graves délits pour y parvenir, et qu'elle est insuffisamment pourvue d'une quelconque forme d'intelligence, d'honnêteté intellectuelle et morale, des sens de l'Honneur et du Devoir.

D'ailleurs, on ne me reproche pas de le penser, ni de l'avoir constaté.

On me reproche de le dire, de l'écrire et de le publier.

Le délit d'opinion surgit !

Il est là, après ceux des intentions politiques et « religieuses » démontrées précédemment.

La « rigueur » militaire de « laver son linge sale en famille », et surtout en catimini, qu'importe si cela bafoue les authentiques notions des véritables valeurs des sens de l'Honneur et des Devoirs, reste bien présente et persistante, démontrant son mépris pour les lois de la République, et de son caractère intrusif dans et depuis le monde civil.

Ils se permettent d'avoir une autorité sur le quidam, mais refusent catégoriquement d'être sur le banc des accusés d'un tribunal « régalien », à la vue et à l'ouïe de tous.

Comme le clergé vis-à-vis des ecclésiastiques pédophiles...

Pas de vagues.

Comme dans la magistrature.

Avez-vous déjà entendu parler qu'un juge, un greffier, un huissier ait été radié ?! Ou pire, jugé, et condamné ? !?

Avec ce fallacieux trompe-l'œil moral et juridique, tout le monde était blanchit.

Du moins, le croyaient-ils, pensant à la fois, à leur superbe stratagème, et à mon évidente stupidité.

Mais, quand j'objectais que, s'ils avaient bien fait leur travail, ils n'auraient pas pu utiliser ce fallacieux argument et prétexte de me faire passer pour un illuminé en proie à des humeurs délirantes, parce qu'ils auraient nécessairement vu auparavant, pendant leur enquête « approfondie » et professionnelle, objective de 6 mois, les livres que j'avais publiés, et notamment parmi eux, celui de philosophie, « *La Possibilité de l'Existence de dieu par le raisonnement mathématique* », et un autre, de théorie scientifique expliquant l'extinction, ou plutôt l'absence de réapparition, des dinosaures par une hausse de la gravité terrestre, et qu'eux, nobles gendarmes, apparaissaient alors, quoi qu'il en soit, quelles que puissent être leurs réparties, si ce n'est de malhonnêtes salauds, du moins des incompétents de la plus sale espèce, ils furent plutôt « servis » intellectuellement, et enclins à taire toute tentative de nouvelle justification...

C'est ce point d'« explication » qui fut évoqué, et que je dus justifier devant le « Juge des Libertés et de la Détention » pour que j'obtienne un bon de sortie de l'« internement sans mon consentement », au regard de la motivation médico-juridique, soudainement déclarée par les officiers de cette gendarmerderie, pour avoir pris une telle mesure arbitraire...

Ce point fut retenu par la magistrate, et non, les nombreux manquements procéduraux de ces mêmes gendarmes, de la « psy policière », des procureurs, des préfets, du maire et du personnel hospitalier...

Même en étant innocent, et accusé par de fallacieuses argumentations, de frauduleuses preuves, de fausses déclarations et de grossières interprétations, il faut se justifier !

Comment aurais-je fait, m'interrogeai-je, si je n'avais publié aucun livre ?!

J'aurais été jeté dans un cul-de-basse-fosse !

Et vive la justice française !

Et vive les acteurs qui la rendent encore plus que « vivante » !

Pour en revenir à la procédure hospitalière de l'admission en internement, et à la discussion du docteur Gilles REINE avec la gendarmette qui ne l'était plus depuis une heure, son service fini oblige, cette dernière lui demandait, agacée, comment il avait eu son numéro personnel, dérangée alors après son service, lors de son week-end qui avait commencé un vendredi en fin d'après-midi ! Sans doute une histoire de shabbat !

Qu'importe alors que l'on interne un innocent !

On est gendarme, mais on n'en est pas moins femme quelconque...

La responsabilité des engagements moraux, des serments, des ordres militaires, a ses horaires !

Bref, l'Aurélie THOULOUZE m'a encore cloué au pilori, ayant fait la grande erreur de lui avoir fait confiance, d'avoir cru en son intégrité, et d'avoir encore eu, cependant, un sursaut défavorable de croire en la nature intègre de la gendarmerie française !

La gendarmerderie dans toute sa splendeur !

Une police militaire, point !

Je découvrais alors que j'avais de plus en plus raison sur sa véritable nature, quant au fait que cette armée, qui tient sous son joug le peuple français dont elle dépend, est vérolée.

Je comprends aussi la gravité de la situation de la population, car, en cas de prise de pouvoir par un ou plusieurs de leurs amis, la gendarmerderie maintiendrait à distance le peuple de toute rébellion, quitte à exercer une répression sans merci.

La dictature est déjà en place en France.

Il ne reste plus que la mise en action des derniers ressorts qui la qualifieront officiellement, en réalité, de leurs mises en lumière, car ils sont déjà opérants en filigrane, en catimini.

Nous étions le 16 novembre 2018, la veille du premier jour des manifestations des « Gilets Jaunes ».

La suite de ces événements a donné raison à mes craintes, la gendarmerie étant le seul corps d'autorité avec les CRS, de surcroît militaire, pour combattre (*sic*) les civils dans la Capitale, et ailleurs...

Avec les illégales et abusives mesures d'attitudes coercitives entreprises par le gouvernement (arrestations et gardes à vue arbitraires, à foison), les attaques avec armes (« LBD 40 », du nouveau type « FlashBall », fallacieusement déclarée comme non létale !), tout comme la présence d'un fusil d'assaut qui a été dérobé dans une auto de police (que faisait-il là, pour quelle intention???), les actes de répression « républicaine » qui ont causé des blessés graves au point que, pour beaucoup d'entre eux, leurs séquelles sont à vie, les mesures répressives que l'on connaît maintenant, les lois bafouant la Constitution et les Droits de l'Homme, etc., il est difficile de dire que mes craintes n'étaient pas fondées...

- **Chapitre 19 : L'internement abusif par de « compréhensifs » apprentis pseudo « médecins », fiers de la Loi qui protège les Droits des « hospitalisés ». mais pas des innocents.**

Vendredi 16 novembre, il était bien plus de 18 h, et j'allais donc être interné pour la première fois de ma vie, et contre mon gré.

Après avoir été livré et délivré par les gendarmes, je fus transporté sur le lit mobile, ligoté, depuis ce sas médical des Urgences vers celui de pré-admission psychiatrique, en passant à nouveau dans la salle d'attente, à la vue de tous, encore plus humilié, encore plus exhibé, encore plus filmé !

Le règlement de l'hôpital, consciencieusement (*sic*) édité, obligeait le personnel médical à me faire, dès la procédure d'admission, les analyses de routine, et celles obligées par la loi suite à une interpellation, la recherche de drogues et d'alcool via les urines.

En ce qui concerne celles sanguines, elles étaient sous les ordres du psychiatre qui rédigeait l'acte d'admission en internement, au préalable de ma mise en « environnement sécurisé ».

Il choisissait les options, et ce, en se moquant totalement de mes souhaits relatifs à mes importantes informations sur mon état de santé, que je lui donnais en sus, comme celles de propensions exagérées par rapport à la normale, au cholestérol, aux triglycérides, et au fer.

Je réclamais donc, aussi, ces analyses spécifiques.

Ledit prétendu docteur Gilles REINE fit fi de ma légitime requête.

Je n'étais, après tout, qu'une merde, puisque, à la fois, interpellé par les saintes autorités, et déclaré « internable », qui plus est « sans son consentement », par un de ses charmants et éminents pairs.

Bien entendu, il n'entendit pas mes remarques désobligeantes à ladite procédure comme le fait qu'il m'évaluait sur des textes qui m'étaient reprochés et qui n'avaient toujours pas été portés à ma connaissance.

Idem pour le fait qu'il devait m'évaluer à cet instant « T », et non au regard de propos écrits au moins six mois plus tôt, voire un an, et qui n'étaient toujours pas authentifiés comme les miens.

La présomption d'innocence, il s'en moquait.

Il n'avait qu'à suivre scrupuleusement les instructions de ces personnes de la gendarmerderie, et accessoirement des procureurs, des préfets, du maire, pour savoir quoi faire, et sans erreur !

Il prit aussi bien soin (*sic*) de ne pas m'écouter au regard de mon adresse, mais plutôt de suivre toujours scrupuleusement les ordres et les consignes de ladite gendarmette, pour persister à inscrire l'adresse, cependant non valide, du Beausset, qui avait la particularité intéressante de se trouver dans le département du Var... Justifiant à la fois les pratiques fallacieuses déclarations des gendarmes quant à la prétendue légitimité de leur juridiction, et des suites administratives, juridiques et judiciaires qui en découlent, comme cet internement dans la région toulonnaise, et non dans un hôpital de Paris, puisque la sainte loi française bien faite, mais aussi bien détournée en cette circonstance, oblige de requérir une hospitalisation dans la localité du domicile...

Son insistance pour nier la vérité avait pour but de préserver la gendarmerderie de toute irrégularité quant à son « opération » machiavélique, mais aussi de justifier ma présence au sein dudit « centre de soins » (qui devait être, en réalité, plutôt celui de La Seyne-sur-Mer)...

L'espèce de docteur m'expliquât brièvement que j'allais rester, non pas le week-end, comme il l'évoqua avant son appel téléphonique à la militaire, mais, au moins 72 heures, voire, peut-être, davantage, avec un maximum de 12 jours.

Il omit aussi avec soin (*sic bis*) de m'informer que j'avais cependant des droits, comme toute personne hospitalisée normale.

Il omit toujours avec soin (*sic ter*) de m'informer que j'avais le droit de converser avec mon avocat, et de formuler des requêtes de « libération » anticipée.

Pensant n'y rester que 72 heures, au vu du stratagème évident des gendarmes pour passer un week-end serein, tout en me gardant à disposition pour la suite de la garde à vue, je me suis alors dit que ce n'était qu'un mauvais week-end, que cela allait vite passer, et qu'entreprendre n'importe quelle démarche serait vaine, puisqu'elle ne pourrait se faire qu'à partir du lundi.

Je ne pouvais rien faire, et ceux qui m'avaient expédié là, le savaient pertinemment !

Ce n'est pas pour rien, et je leur avais bien signifié que je connaissais leur manège, leur pathétique classique tactique, que ces honnêtes gendarmes m'avaient interpellé un vendredi, pour me bloquer, au moins, et inutilement, tout un week-end...

De la perversion de bas étage, à leur mesure morale et intellectuelle.

Je fus à nouveau transporté, toujours sur le lit mobile, toujours ligoté, vers un environnement sécurisé, encore plus filmé, vers ce qui allât devenir ma cellule pendant onze jours !

Le lendemain matin, j'étais « entendu » par une espèce de psychiatre, un nouveau, qui ne pouvait que reprendre les notes de celui de la veille ! Ses notes, et ses consignes confidentielles, celles de m'enfoncer...

Je ne le savais pas encore, et je pensais sortir avant les 72 heures prévues par la loi.

Et personne ne m'avait expliqué, toujours pas, ni quels étaient mes droits, ni quels étaient mes recours, ni même quelles étaient les procédures en cours.

En fait, des 72 heures, c'est un seuil.

Soit, vous sortez dans ce délai, et vous n'avez besoin que d'un avis favorable de la part d'un psychiatre, en ce sens, qui sera validé par le préfet, ou son représentant (bonjour, les magouilles et abus de pouvoir de la part des lampistes...).

Procédure simple, pour les gentilles affaires et pour les personnes normales, équilibrées, sensées, comme celles qui tabassent leur femme (vu sur place...!)...

Il est à noter que pour cette période clé des 72 heures, nommée ainsi pour sa prétendue durée, c'est le délai officiel. Car, le temps réel, subi, est tout autre. Il faut que la procédure parte à la préfecture, qu'elle soit validée, qu'elle revienne, puis qu'elle reparte au tribunal, et qu'enfin elle revienne à l'hôpital pour l'ordre de libération. Et donc, dixit une des infirmières, cela met environ 4 journées supplémentaires ! Bref, vous restez plus longtemps à attendre votre libération que le délai officiellement subi et légalement imparti !

Soit, vous dépassez ces 3 jours, et vous entrez dans le monde merveilleux de l'internement abusif à volonté. Et vous passez alors un maximum de 12 jours. Maximum est une façon de parler.

En effet, 12 journées et 12 nuitées, ce n'est que la fin du début.

Dans ce temps imparti par « la loi qui est bien faite », dixit la responsable des infirmières, vous êtes évalué chaque jour, par un différent psychiatre.

Mais, pour être libéré, il faut passer au tribunal, devant le « Juge des Libertés et de la Détention » (communément appelé « JLD »), comme un détenu, comme un vaurien, comme un délinquant, comme un criminel !

Et là, vous avez droit un avocat.

Et vous avez intérêt d'en avoir un, car personne ne vous explique ce qu'il se passe, ce qu'il peut se passer.

Votre sort se joue là !

Et votre parole de défense ne vaut pas grand chose, vu d'où vous essayez de sortir, votre état cérébral et mental préjugé tacitement douteux.

Les avocats ont coutume de dire qu'ils craignent cette situation, qu'ils conseillent toujours à leurs clients, la prison au « jeu du fou », car, pour sortir de ce cercle infernal, le Droit a peu d'importance.

Tout se joue au regard du rapport du dernier psychiatre.

Et aucun magistrat, ou presque, aucune personne officielle, ou presque, n'oserait aller à l'encontre d'un avis médical, d'autant plus au niveau mental.

Les bases étant posées, j'allais devoir faire face à toutes ces personnes liguées pour me faire du mal, pour me faire taire, pour m'incarcérer sans procès.

- **Chapitre 20 : L'internement abusif déguisé par la Loi, qui n'est ni appliquée, ni suivie, mais destinée aux « gêneurs » innocents.**

Rien que l'internement, rien que ce qu'il s'est passé dans cet hôpital Sainte Musse, mériterait un livre entier.

Il est vrai, après tout, que, de tout ce coup monté, c'est bien le lieu où j'ai dépensé le plus de mon temps.

Mais, ce n'est point la raison essentielle.

C'est bien par la mentalité pernicieuse, vicieuse, sale qu'il faut la considérer à bon escient.

Par certains de ses obscurs protagonistes.

Du directeur, invisible, à certaines personnes du service médical, par l'entremise des dieux du secteur, les docteurs, avec, au dessus du lot, ces messieurs-dames les psychiatres, qui détiennent un pouvoir absolu, dictatorial, puisqu'aucun de la profession n'oserait remettre en question leur « expertise ».

Et encore moins le « sujet » lui-même, ce qui lui vaudrait des représailles sans mesure, que celle du bon vouloir de l'éminence, et même du personnel hospitalier...

Pour bien aborder les « problèmes », et c'est bien un doux euphémisme, nous allons séparer le côté hôpital, modalités et soins médicaux, et le côté internement, à « raison » psychiatrique, puisque, de soins en le domaine, il n'en existent pas.

Tout un livre devrait être consacré à cette sale expérience doublement médicale, mais, je vais cependant, en extraire l'essentiel.

Le « traitement » médical hospitalier en internement.

En ce qui concerne celui-ci, toute requête de soins médicaux basiques, c'est-à-dire, d'ordre biologique, doit être demandé et avalisé par le psychiatre.

Et si vous avez déjà passé sa visite quotidienne, vous devez attendre le lendemain !

Mais, ils ne sont, ni incompétents, ni cruels, les (ir)responsables de ce staff médical, car, si vous avez mal, que vous ayez une douleur à la gorge, pour laquelle vous espériez une pastille pour la toux, ou à la jambe, ou au pied, ou n'importe où ailleurs, privilégié, cet hôpital bénéficie d'une médication à la pointe de la recherche. Ils ont une solution miracle, omnisciente et omnipotente : le « DOLIPRANE ». Je dis bien, « DOLIPRANE », la marque, et non un quelconque médicament au paracétamol.

Et si vous avez le malheur de demander de l'aspirine, il vous est refusé !

Migraineux, le paracétamol ne me fait rien...

Depuis le premier jour, ils insistaient tous pour que je prenne des cachets dont je ne connaissais ni le nom, ni la composition, n'ayant même pas la possibilité d'en voir l'emballage.

Et ce fut ainsi pendant les 12 jours que j'y suis resté.

Le premier jour, je les ai pris, contraint, me trouvant dans une situation de coercition, à la fois, mentale (internement sans mon consentement) et médicale, ne sachant même pas que j'avais cependant des droits, et notamment, celui de refuser. Je ne l'ai appris que le lundi...

Comme celui de pouvoir contacter mon avocat...

Leur argumentation prétendument médicale était le fait de la découverte d'une hypertension, de l'ordre de 18, et d'un excès de glucide dans le sang.

Leur base de réflexion était de me faire réduire ces taux par des médicaments.

Ils voulaient mon bien, ces braves gens.

Qu'importe que ces analyses provenaient d'un prélèvement sanguin effectué la veille au soir, et non au matin, à jeun... Analyse qu'ils considérèrent comme étalon pendant une dizaine de jours, ces professionnels.

Qu'importe aussi de ne pas prendre en compte les facteurs externes pouvant provoquer une surélévation des données perçues par la prise d'une tension quotidienne, au réveil, dans le stress extraordinaire d'un homme interné contre sa volonté, et surtout innocent et sans compréhension légitime et légale de sa présence forcée dans un environnement dangereux à bien des égards.

Qu'importe donc de ne pas mettre en balance le B.A-BA en la matière, l'effet communément appelé « Blouse Blanche », qui peut faire augmenter énormément la mesure, de 13, ce qui est considéré comme « normal », jusqu'à même 18 ou 19. C'est un fait acquis, avéré, considéré par la médecine, puisque, depuis sa validation, il est effectué des mesures avec du matériel autonome, sur des sujets qu'on relâche à leurs occupations habituelles pendant quelques jours...

Qu'importe aussi le fait que tout traitement commencé doit être subi à vie, et que je n'en fus pas informé.

Qu'importe aussi le fait que tout traitement ne s'établit, dans la vraie vie par de vrais médecins, qu'après de multiples analyses et études.

Mais, je ne l'ai compris que bien après, il leur fallait des cobayes.

Et j'en étais bien un, de choix.

Bien portant, biologiquement et cérébralement !

Ce qui leur permettait d'établir des tests utiles et probants pour des proto-médicaments fournis par des laboratoires partenaires, sans doute, déjà celui qui fabrique le « DOLIPRANE », et d'obtenir des retours verbaux intelligibles, sur leurs effets désirés, et indésirables, et insoupçonnés...

De Droits, tout hospitalisé, en a.

Suffit-il encore qu'il en ait connaissance, et déjà, qu'il sache qu'ils existent.

Et le problème de l'occultation de ceux-ci est bien plus « arrangé » en les services psychiatriques.

Et il y a une immorale raison à cela, puisque, par définition, ceux qui y sont, ne sont nécessairement pas à même de les assimiler.

Mais, il y a la Loi (française), et comme ailleurs, elle est bafouée.

Ces fameux Droits, ils ne m'ont été divulgués qu'après plusieurs jours.

Trop tardivement, puisque j'avais déjà passé le seuil dangereux des 72 heures.

Divulgués à compte goutte, et uniquement parce que je m'étais aperçu que j'en avais, sans même avoir conscience de leurs étendues, et après que j'en avais posé les questions à leurs sujets en premier, en « lançant le bouchon » au hasard...

Même la charte du Ministère de la Santé, énumérant la liste déontologique des droits des hospitalisés, pourtant affichée dans chacune des chambres, était absente de la mienne jusqu'au vendredi suivant, quand tout le personnel contrôlait tout pour corriger ses possibles « erreurs », s'inquiétant de poursuites de ma part au fur et à mesure que je leur relevais des « problématiques » juridiques à leur encontre, comme déjà, l'internement abusif, ou la médication « insistante », pour ne pas dire coercitive à chantage, cette dernière étant bien stipulée dans ladite charte...

Le personnel médical comme le service juridique s'activaient alors, tous deux, à vérifier toute erreur de procédure, et à maquiller toute « bévue ».

Même de la part du fameux Sous-Préfet et Directeur de Cabinet Emmanuel CAYRON, qui a rédigé, émis et signé un arrêté du 21 novembre, exprimant qu'il avait commis une grave faute procédurale, mais qu'il la déclarait comme nulle et non avenue (son erreur, son « omission », pas la procédure, ni les documents de références utiles et nécessaires à l'internement !...), et qu'il s'auto-amnistiait ! Vous trouverez cet arrêté dans un autre chapitre.

Quant à la charte, la voici.

Je me dois de vous la présenter, tant elle est, sur certains points, antagoniste avec ce qu'il se pratique, ce que j'ai subi.

Et on comprend pourquoi elle avait été absente de ma vue pendant une semaine...

Annexée à la circulaire ministérielle n° 2006-90 du 2 mars 2006 de celle n°95-22 du 6 mai 1995 relative aux droits des personnes hospitalisées.

Les 11 principes généraux

1 - *Toute personne est libre de choisir l'établissement de santé qui la prendra en charge, dans la limite des disponibilités de chaque établissement. Le service public hospitalier est accessible à tous, en particulier aux personnes démunies et, en cas d'urgence, aux personnes sans couverture sociale. Il est adapté aux personnes handicapées.*

2 - *Les établissements de santé garantissent la qualité de l'accueil, des traitements et des soins.* **Ils sont attentifs au soulagement de la douleur et mettront tout en œuvre pour assurer à chacun une vie dign***e, avec une attention particulière à la fin de vie.*

3 - **L'information donnée au patient doit être accessible et loyale. La personne hospitalisée participe aux choix thérapeutiques qui la concernent. Elle peut se faire assister par une personne de confiance qu'elle choisit librement.**

4 - **Un acte médical ne peut être pratiqué qu'avec le consentement libre et éclairé du patient. Celui-ci a le droit de refuser tout traitement. Toute personne majeure peut exprimer ses souhaits quant à sa fin de vie dans des directives anticipées.**

5 - **Un consentement spécifique est prévu, notamment, pour les personnes participant à une recherche biomédicale, pour le don et l'utilisation des éléments et produits du corps humain et pour les actes de dépistage.**

6 - **Une personne à qui il est proposé de participer à une recherche biomédicale est informée, notamment, sur les bénéfices attendus et les risques prévisibles. Son accord est donné par écrit. Son refus n'aura pas de conséquence sur la qualité des soins qu'elle recevra.**

7 - *La personne hospitalisée peut, sauf exceptions prévues par la loi, quitter à tout moment l'établissement après avoir été informée des risques éventuels auxquels elle s'expose.*

8 - La personne hospitalisée est traitée avec égards. Ses croyances sont respectées. Son intimité est préservée ainsi que sa tranquillité.

9 - Le respect de la vie privée est garantit à toute personne ainsi que la confidentialité des informations personnelles, administratives, médicales et sociales qui la concernent.

10 - La personne hospitalisée (ou ses représentants légaux) bénéficie d'un accès direct aux informations de santé la concernant. Sous certaines conditions, ses ayant droits en cas de décès bénéficient de ce même droit.

11 - La personne hospitalisée peut exprimer des observations sur les soins et sur l'accueil qu'elle à reçus. Dans chaque établissement, une commission des relations avec les usagers et de la qualité de la prise en charge veille, notamment, au respect des droits des usagers. Toute personne dispose du droit d'être entendue par un responsable de l'établissement pour exprimer ses griefs et de demander réparation des préjudices qu'elle estimerait avoir subis, dans le cadre d'une procédure de règlement amiable des litiges et/ou devant les tribunaux.

Durant mon internement contraint, je n'avais strictement rien à faire.

24 heures sur 24, enfermé dans une pièce, avec le même air vicié, sans possibilité de voir la lumière du jour, de marcher (sauf dans le couloir), aucun droit à un ordinateur.

A rien.

Pas de bibliothèque.

Pas de salle d'exercice.

Pas de lieu externe, même sécurisé, pour pouvoir sortir. Même les sales prisons ont plus de facilités d'occupations intellectuelles et physiques.

Et nous ne parlons pas d'un ancien établissement, vétuste, mais bien d'un pôle immense, tout beau, tout nouveau, tout neuf.

Le fleuron de Toulon, du VAR : « Sainte Musse » !

C'est dire le peu d'intérêt porté à cette charte, notamment dans le domaine psychiatrique, par les donneurs d'ordre, les décideurs qui ont fait bâtir ce complexe hospitalier.

Je n'avais juste que quelques feuilles de papier, et un stylo, prêté par un infirmier.

On m'a cependant laissé mon téléphone portable, mais la connexion téléphonique n'était possible qu'avec la tête contre la vitre opaque de la fenêtre...

J'ai compris bien plus tard que cette munificence, cette apparente liberté de m'avoir laissé mon mobile, n'avait pour seul but que de découvrir quels étaient mes contacts. Je ne parle pas du personnel hospitalier, mais des prétendus « enquêteurs »...

Il survient alors un très gros problème multi-domaine de légalité, de compromission, vu que j'étais sous observation mentale, donc médicale, et que ces Officiers continuaient pourtant en temps réel à m'espionner, et se servaient de ma situation comme prétexte.

L'internement était donc aussi un moyen pour récolter des informations sur mes relations...

L'aspect médical a servi le travail judiciaire !

Ce n'est pas une hypothèse, mais bien un fait réel, car ces gendarmes ont fait une nouvelle réquisition ultime à mon opérateur, à la fin de toute cette affaire...

Je n'avais rien à faire 24 heures sur 24.

J'ai donc eu tout le loisir de noter bon nombre de problèmes, tant au niveau soins, médicaux et mentaux, que de celui de la sécurité.

En voici quelques uns, en vrac :

Problèmes de confidentialité, du respect de la dignité, avec l'humiliation par la violation du droit à l'image, déjà par le transport à la vue de tout le monde, de l'accueil ou du centre des urgences, lieux filmés, mais aussi en permanence, au moins dans les couloirs...

Problèmes de manque d'information sur les mesures de sécurité, comme aucune sur le plan d'évacuation en cas d'incendie, ou autre, ni dans les chambres, ni dans les couloirs, ni par le personnel lors de la prise en charge (admission).

Problèmes de non vérification de l'identité de l'interné, de non respect de ses déclarations civiles (comme le fait de persister à inscrire une fausse adresse au Beausset, et non celle que je déclarais, à Paris, ou même celle de ma carte d'identité mentionnant une dans les Bouches-du-Rhône, et ce, uniquement pour se conformer aux directives des gendarmes et légitimer une admission locale...), de non prise en compte de ses informations médicales, comme les excès de cholestérol, de triglycérides et de fer, ou le régime alimentaire végétarien...

Et d'autres plus précis, comme l'incompétence portant à la faute professionnelle, sauf si elle était délibérée, ce qui n'est pas une option à rejeter.

En effet, une autre analyse, en bonne et due forme, ne leur aurait peut-être pas donné les preuves et la légitimité nécessaires pour me contraindre à accepter de prendre un traitement, dont les teneurs m'étaient gardées occultes, et pour lequel il me fallait insister pour obtenir, du bout de leurs lèvres, le nom, mais aussi les contre-indications, et surtout les effets indésirables. Des informations cruciales qui m'étaient enfin avouées, à demi-mots et minimisées, comme celui du risque, prétendument infime, de diarrhée, alors que je devais passer au tribunal 4 jours après... J'ai toujours dû mal à conclure que cet aspect particulièrement « indésirable » n'était pas prémédité, du moins, espéré, par ces personnes attentives à ma santé, pour l'audience devant le juge...

Qu'importe que leur estimation médicamenteuse se basait sur une analyse de sang prise 6 jours auparavant, lors de mon admission, et le soir, non à jeun...

Qu'importe que les petits tests médicaux quotidiens, prise de tension et de glycémie, soient effectués sur un « sujet » n'ayant absolument plus d'exercice, plus d'activité, ni physique ni cérébrale.

Qu'importe que j'avais à supporter un air vicié 24 heures sur 24.

Qu'importe que j'avais à manger des choses douteuses sur le plan « diététique ».

Qu'importe que, en tant que personne utilisant à fort rendement son cerveau, je devais avoir un besoin en sucre équivalent à celui d'un athlète, et donc, bien supérieur à celui d'un quidam.

Qu'importe que je sois sujet à migraines quand son taux est bas, et que je doive en prendre pour les supprimer.

Autant de points qui faussent les analyses, les résultats, les conclusions médicales, les « solutions » médicamenteuses à prescrire...

Il est à noter que ces fameux résultats ne m'ont été donnés que plusieurs jours après, et uniquement suite à ma requête, au vu de leur insistance à me faire prendre un traitement contre l'hyperglycémie et l'hypertension.

Et en ce qui concerne mes constants taux élevés de cholestérol, de triglycérides et de fer, ils n'apparaissaient pas dans l'analyse, puisque non demandés par l'éminent docteur REINE, et ce, malgré ma déclaration d'y être sujet, et ma demande à son attention d'y inclure leur recherche.

C'est, sans aucun doute maintenant, que leur laboratoire/industrie pharmaceutique partenaire, celui du « DOLIPRANE », n'avait pas de médicament commercialisé dans ces domaines, ni aucune recherche, aucun test de « substance » à effectuer pour ces pathologies...

En revanche, le personnel médical, depuis l'infirmière jusqu'au psychiatre, était particulièrement, spécifiquement et exclusivement attentifs à mon hypertension et à mon hyperglycémie. Aucun d'eux n'oubliait de me harceler, jour après jour, en invoquant cette précieuse analyse étalon, pour que je prenne des médicaments dont je n'avais aucune information, si ce n'est leur prétendu effet espéré, ceux indésirables m'étant cachés pour certains, et pour d'autres, sans doute leur étant encore inconnus, puisque l'objet des tests est bien pour les rechercher, les déceler, les découvrir, les évaluer au niveau de leurs risques, de leur probabilité, et au regard de statistiques, ce, au préalable de toute demande d'autorisation de leur mise sur le marché...

Les emballages, même les encapsulages, m'étaient celés.

Les rares fois que j'ai pris de leurs médicaments, au début, ne sachant pas que j'avais des droits, notamment celui de les refuser, ils m'ont été donnés de la main à la main, gardant pour eux les plaquettes, bafouant les élémentaires règles d'hygiène ! Les infirmières n'en étaient pas à ça près, vu qu'elles m'ont fait 3 fois par jour, des mini prélèvements sanguins pour la glycémie, certes avec des outils jetables, mais sans désinfecter au préalable l'endroit de mon doigt qui allait en subir les outrages.

Cette manière de ne pas donner les médicaments dans leur emballage, était aussi opérée pour les « DOLIPRANES »... En étaient-ils des normaux ? De ceux que l'on trouve dans le commerce ??

Pour tout, pour toute demande, je devais passer par le psychiatre.

Je voulais de l'aspirine ? Le personnel médical n'en avait pas, et il me fallait demander au psychiatre l'autorisation.

Je voulais des vitamines ? Le personnel médical n'en avait pas, et il me fallait demander au psychiatre l'autorisation.

Je voulais des gélules à base de plantes ? Pour notamment la vue, de simples apports naturels en vitamines que je prends quotidiennement et qui se trouvent en supermarché, et donc bien loin d'une nécessité de validation médicale médicamenteuse, il me fallait demander au psychiatre l'autorisation.

Et quand je mentionne « autorisation », c'était plutôt dans le sens qu'il « fallait lui en parler », comme si toute demande était secondaire, mais servait d'évaluation mentale...

Je questionnais, vers la fin de mon séjour, au sujet de mes droits universels, comme celui fondamental et inaliénable (le mot est bien approprié dans ce contexte...) à l'image, ce, par l'omniprésence de caméras, sans parler de celles cachées dans les chambres...

Une question purement juridique et légale, pour laquelle je voulais m'entretenir avec les services compétents, comme celui de la direction générale ou celui du juridique. C'est un droit strictement légiféré. Il m'a été répondu qu'il me fallait demander au psychiatre...

Pour toute requête, toute interrogation, même relative à mes droits civils stricts, et d'un niveau spécifiquement juridique, il me fallait demander au psychiatre.

Et bien entendu, chaque demande devant lui être destinée, n'était point seulement pour ne pas pouvoir y accéder, par un systématique tacite refus, mais plutôt pour être traitée sous l'aspect psychiatrique, c'est-à-dire, que toute formulation n'était pas considérée à son premier degré, mais pour la « mentalité » qui l'a induite. Et toutes rejetées par fin de non recevoir...

Même pour demander un médecin « normal », impossible sans passer par le psychiatre quotidien.

Donc, une fois passé du jour, il faut attendre le suivant du lendemain pour quémander le passage d'un docteur.

Et ça, c'est la version officielle, car si monsieur le psychiatre ne veut pas...

Par ailleurs, il n'y avait aucun respect diététique quant à l'alimentation.

Je parle au niveau de la gestion médicale administrative, de la direction du service à celle générale de l'hôpital, car les personnes en charge des repas en chambre faisaient toujours de leur mieux pour me créer un repas végétarien avec ce qu'ils avaient à disposition.

Certains responsables, malhonnêtes, vous répondront que c'est normal vu que les demandes particulières au fournisseur se font pour le lundi, de semaine en semaine. Mais, je suis resté 11 jours, étalés sur 3 semaines. Et même après le premier lundi, jour du début selon lequel les commandes hebdomadaires avaient dû être préalablement effectuées, pour être fourni de plats appropriés aux desiderata, philosophiques ou religieux, ou aux contraintes médicales (allergie, glycémie, cholestérol, etc.), je n'ai pas eu droit à un repas idoine à mes souhaits.

Il y avait même des aberrations alimentaires, comme le fait de donner des agrumes chargés en vitamine C, uniquement aux repas du soir... Et encore, quand il y avait des fruits comme dessert. Bien loin des recommandations ministérielles de cinq par jour, légumes inclus, les ayant eus au total en 11 jours ...

Pour faire la transition du « service » médical vers celui « mental », il est utile de rappeler le lien interne, typiquement tristement « humain ».

Il concerne le commun travers psychologique, voire « psychiatrique », de hiérarchie, présent dans tous les milieux, tant professionnels qu'administratifs, tant civils que militaires, celui de l'« idolâtrie », du fantasme même. Depuis celui de la « secrétaire amoureuse de son patron », qui est une sorte de syndrome de Stockholm (soumission pour obtenir des faveurs ou des non « flagellations »), à celui du « patron qui baise sa secrétaire », qui est une sorte de droit de cuissage par lequel le subalterne est considéré comme un objet appartenant à l'entreprise, il y a encore davantage un lien étroit entre le corps médical et le pouvoir du docteur.

Entre le dieu sur place, le psychiatre, et le personnel infirmier.

Le « traitement » psychiatrique en internement.

Comme pour le traitement médical, il est faussé, et vicié.
Et il y a bien une raison à cela.
Leur cause commune : les bénéfices de l'hôpital, et les leurs (personnels et docteurs de tous poils).
Ils ont des lits.
L'hôpital, tout neuf et grandiose, est avant toute chose, une entreprise.
Et elle doit faire des bénéfices, du moins, ne pas perdre d'argent.
Un mot : Rentabiliser.

Si le milieu carcéral psychiatrique de La Seyne-sur-Mer, le destiné lieu primaire de ma villégiature forcée, était complet, celui de Toulon Sainte-Musse avait des lits libres, et donc, non amortis, financièrement...
Il leur, psychiatres, infirmières chef et directeur, fallait garder par tous les moyens, tous les clients possibles.
Qui plus est, avec l'avantage non négligeable de pouvoir conserver quelqu'un de sain sur une longue période, leur permettant d'entreprendre des tests médicaux probants, avec des résultats utiles, à la fois, pour eux, pour leurs bourses et leurs réputations, et pour ceux avec qui ils « collaborent », c'est-à-dire, les industries pharmaceutiques avec lesquelles ils ont des partenariats, et qui leur fournissent, en contrepartie, des oboles, comme le fameux « DOLIPRANE »...

Je tiens aussi à préciser que le travail réel de ces prétendus docteurs, est uniquement de visiter pendant quelques minutes les « patients », pour parler, et surtout les écouter.
Rien, absolument rien en matière de traitement, dans le but de guérir, ou simplement d'améliorer l'état, n'est entrepris.
Et pour cause, cette « discipline » pseudo médicale est une fumisterie, tant ils ne savent rien, qu'une prétendue expérience d'observation et de constat de « troubles », dont ils ne connaissent ni l'origine, ni les moyens de les guérir, du moins de les atténuer, sans passer par un anesthésiant, qui n'est juste qu'un produit masquant, inhibant. C'est de la pure triche.
A ne pas confondre avec celui de la psychanalyse et celui de la

psychologie qui sont relatifs à la programmation, au logiciel de cet ordinateur qu'est le cerveau, le domaine de la psychiatrie est uniquement relatif à des « anomalies » comportementales issues de malformation(s) biologique(s), c'est-à-dire, des problèmes physiques, concrets, de neurones, de synapses, de structure cérébrale. Point !

Et comme, même les véritables experts en ce domaine, les neuroscientifiques, sont loin de tout connaître sur l'auto-élaboration et le fonctionnement « mécanique » de cet organe de commandement du corps, comment des sous-opérants pourraient prétendre soigner, et encore moins guérir, ses dysfonctionnements, d'autant en usant de substances chimiques ?!.

C'est comme si vous preniez un médicament pour « réparer » une jambe cassée.

Leurs seuls actes médicaux en relation avec leur domaine défini, c'est-à-dire, l'aspect « matériel », structurel, sont leurs supposées « opérations chirurgicales », et annexes. Mais, ils sont plutôt de l'ordre de l'escroquerie scientifique, en charcutant (lobotomie partielle à l'emporte-pièce, juste pour voir le résultat...), et même en torturant (électrochoc, qui est une hérésie médicale, morale et scientifique) leurs « patients ».

D'ailleurs, aucun d'eux, aucune de ces grandes éminences, depuis que ce domaine charlatanesque existe, n'est parvenu à guérir véritablement un authentique malade.

Je dis bien « guérir », et non « soigner ». Le premier concerne un résultat total définitif par un moyen qui n'est pas réducteur, sans besoin d'autres actions ultérieures, quand le second est d'ordre de maintien en un état amélioré à l'aide d'un traitement, ou pire, d'une « amputation »...

Leur seuls outils, leurs seules méthodes sont l'usage de psychotropes, ou plus radicalement, la suppression de la supposée partie cérébrale qui leur résiste, et pour ce faire, en « taillant dans le gras ».

L'esbroufe médicale totale, dont l'apparente légitimité et présupposé « sérieux » ne tiennent que par l'absence d'interrogation de la part du quidam, au vu d'un statut accordé par ces messieurs-dames de la « médecine », puis de la magistrature, et des autorités !

Vous avez un diplôme, qu'importe comment vous l'avez obtenu, vous êtes plus que quelqu'un. Et la note basse ou haute qui vous a permis d'en être gratifié, est oubliée, et vous êtes considéré l'égal du plus méritant. Cela sans parler, de l'absence absolue d'estimation de la moralité...

Maintenant, que l'on me prouve que de grands « n'importe quoi » diagnostiques, ces prétendus « docteur » ne « travaillent » que sur du « vent », leur laissant toute latitude d'aller dans le sens d'interprétation, en réalité, leur seule prétendue capacité, selon leur humeur, ou leurs « désirs ».

Parce que, moi, j'ai les preuves du contraire !

La visite quotidienne n'est là que pour évaluer le fait que l'interné sera sage pour les 24 heures suivantes, c'est-à-dire, qu'il n'importunera pas le personnel présent, et que ce dernier pourra vaquer à ses occupations élémentaires de fonctionnaire, dont le seul but est d'attendre la fin de leur service...

Rien n'est fait pour guérir, ou ne serait-ce améliorer l'état des personnes séquestrées.

Bien au contraire.

Le seul « remède » qu'ils, psychiatres et infirmiers, « pratiquent », est l'usage de produits anesthésiant l'esprit, non pas pour le confort du « patient », mais plutôt pour celui du personnel hospitalier. Ils recherchent leur tranquillité.

D'ailleurs, l'action coercitive de la crainte de cette méthode fait réfléchir à deux fois, même le « sujet » « dérangé »...

Intimidations, chantages et menaces déguisés sont leurs véritables moyens de « guérison », forcée, certes, et par le patient lui-même, en travaillant sur son auto-gestion mentale, son auto-contrôle.

Mais, encore faut-il, pour en mesurer la crainte, avoir suffisamment d'état de conscience, et donc, paradoxalement, ne pas mériter d'être là, dans un service psychiatrique...

Et au pire, pour les récalcitrants, il y a d'autres moyens de rétorsion plus expéditifs, plus radicaux, plus définitifs, comme le harnachement sur le lit, ou l'électrochoc...

Rien n'est fait pour guérir, ou ne serait-ce améliorer l'état des personnes séquestrées.

Bien au contraire, disais-je.

Et surtout pas le contexte, l'environnement.

Des chambres blanches, sans couleurs, monochromes, si ce n'est quelques touches, ça-et-là, de gris, de bleu pastel.

Tout est fait pour l'appauvrissement intellectuel, cérébral et mental.

Aucune occupation possible, si ce n'est une télé dans une sordide sale commune.

« L'oisiveté est mère de tous les vices », dit-on.

C'est surtout l'ennui qui en découle, qui fait sombrer l'esprit, tôt ou tard.

Leurs connaissances scientifiques n'étant limitées qu'à un simple constat, tel qu'un huissier le ferait, si ce n'est qu'au moins cet officier ministériel aurait l'honnêteté morale de se contenir uniquement à une observation, se gardant de toute interprétation, ceux-là se permettent des diagnostics basés sur des à-peu-près, qu'ils présentent comme des certitudes absolues, avec l'incontournable appui tacite de leur grandiose fonction diplômée.

Leur seule « thérapie », et ils n'ont aucun moyen intellectuel pour en avoir d'autres, est le placement en désœuvrement, et l'attentisme, en livrant à eux-mêmes leurs « malades », avec l'aide bénie de drogues si jamais ils ne sont pas assez convenablement tranquilles pour ne pas déranger le personnel hospitalier...

Ces personnes ne sont pas des médecins, en aucune manière, n'ayant aucune connaissance scientifique définitive, que de seules observations, souvent détournées, toujours appropriées comme parole d'évangile, et surtout n'ayant aucun remède à fournir.

Un véritable médecin offre des solutions thérapeutiques.

Si la définition n'est pas celle-ci, alors, il serait encore plus moralement abject et injuste de ne pas considérer les érudits des médecines parallèles, ou d'autres cultures, toujours méprisées et dévalorisées par le monde occidental, comme des docteurs équivalents à ceux de la conventionnelle tribu.

Et la torture, comme par exemple, l'électrochoc, n'a jamais été, et ne sera jamais un moyen de guérison !

C'est seulement une méthode de pervers qui sont de la mouvance « Josef Mengele » !

Ces personnes sont dotées d'une capacité intellectuelle et cognitive insuffisante pour devenir de véritables médecins, de véritables docteurs en médecine, des chirurgiens, des chercheurs, c'est pour cela qu'ils ont opté pour cette branche charlatanesque par laquelle ils peuvent embrouiller, enfumer leurs semblables et le quidam, en faisant croire à une telle élevée érudition que ces derniers sont dans l'impossibilité d'en appréhender leurs mots « savants », mettant leurs propos sur le compte de leur, alors, certaine intelligence et compétence sans égale.

Les escrocs, les avocats, les « trouducs » du statut social de notable sans bagage neuronal, nouvellement appelé aussi « Bobo », emploient toujours cette stratégie d'user de termes compliqués, inconnus du grand public, pour montrer une nécessaire distance que l'on doit conserver par rapport à eux. Faire ainsi entretient le mystère sur leur savoir, que l'on admet, tacitement et d'office, comme incommensurable .

Si ces éminentes personnes, imbues de leur pseudo statut social et professionnel, voulaient délibérément ne pas, ni soigner, ni guérir leurs « sujets », ils ne s'y prendraient pas autrement.

Si ces éminentes personnes n'étaient pas imbues de leur pseudo statut social et professionnel, et voulaient soigner, si ce n'est guérir, leurs patients, ils s'y prendraient bien autrement.

Déjà par le développement intellectuel, et non son étouffement, avec des accès aux livres, aux lectures, à la musique, bref par l'occupation et la recherche de l'éveil de l'esprit.

Ensuite, par le développement physique, et non sa réduction à sa plus simple expression de rester alité ou assis, avec un accès à une salle d'exercices, et le moyen élémentaire de marcher à la lumière du jour, à l'air libre. Même les détenus, les plus sales individus, les violeurs ou tueurs d'enfant, dans les prisons, ont ce droit à la lumière et à l'air non vicié, ne serait-ce qu'une heure quotidienne.

Pour l'anecdote, je n'en ai pas eu le droit, même pas une seconde, en 11 jours !

De plus, et surtout, l'activité physique toute autant que le fait de se retrouver dans un environnement sain et naturel de la lumière du jour et de l'air libre, sont nécessaires à un équilibre biologique, et sont donc de l'ordre du médical. Par conséquent, toute mesure, toute analyse effectuée sur un être vivant n'ayant pas eu accès à ces élémentaires besoins vitaux d'équilibre biologique et physiologique, notamment sur plusieurs jours, est fondamentalement viciée, faussée, et impropre à toute considération médicale.

Mais, « chez ces gens-là », on s'en fout.

Cette atmosphère étant établie, je vais aborder mes péripéties avec ces fameux docteurs « mentaux ».

Le docteur Gilles REINE, ayant eu les « bonnes » consignes de la part de la gendarmerie locale, en la personne de l'Aurélie THOULOUZE, avait transmis les mêmes à sa « consœur » du lendemain, en charge de les suivre scrupuleusement, qu'importe son évaluation à mon endroit.

Et ce fut fait.

Le « certificat médical » d'admission du « docteur LEPAGE », « *praticien compétent au titre de l'article L.3213-1* », dixit le sous-préfet Directeur de cabinet, Emmanuel CAYRON, dont ce dernier se réfère dans son arrêté pour prolonger mon internement au delà des 72 heures, dont l'origine avait été avalisée par Thierry ALBERTINI, le maire de La Valette-du-Var, est un faux, antidaté !

Mais pour ces gens-là, maires, préfets et procureurs, et tous leurs sous-fifres respectifs qui ont le même pouvoir décisionnaire que leur chef, ce qui est somme toute, déjà une aberration juridique et morale, sans aucun garde-fou (le mot est amusant dans une telle situation d'internement abusif), ni juridique, ni légalement respecté, déjà au titre de la présomption d'innocence, et des Droits de l'Homme, qu'importe qu'un document comporte de fausses informations élémentaires qui le feraient rendre caduc par et sous n'importe quelle intègre juridiction.

Qu'importe que ledit docteur LEPAGE ait mentionné que son avis médical ait été rédigé et signé par ses soins en date du 16 novembre, alors que je ne l'ai rencontré que le lendemain, et qu'il ait donc fait ledit certificat le 17, puisque la veille, pour l'admission, c'est le REINE que j'ai vu, et seulement lui...

Et qu'importe, par conséquent, que cette attestation d'expertise médicale du LEPAGE ne suivait que les consignes de son confrère, ledit docteur REINE...

Bref, la boucle du week-end était « entachée », et l'aspect du phénomène des 72 heures se précisait ombrageusement, sans que je n'en comprenne ni les conséquences, ni mes droits, toujours occultés.

Le rapport initial d'admission, falsifié, du Dr. Thomas LEPAGE.

Le rapport « médical » initial d'admission est un document « magique » du docteur LEPAGE, ce dernier ayant la fabuleuse capacité de remonter le temps, tout en ayant l'extraordinaire don d'ubiquité, puisqu'il a écrit et signé ledit certificat daté du 16, en l'hôpital où je me trouvais, alors qu'il était physiquement ailleurs...

Comme rien n'établit mieux la vérité que les faits, et surtout les écrits, d'autant lorsqu'ils sont édifiants, et parlent d'eux-mêmes à toute personne sensée et honnête, voici son rapport de professionnel, évidemment doué de probité.

Il est à savoir que je n'en ai eu connaissance, ni seulement sa lecture, et encore moins la copie, avant fin janvier, et ce, uniquement par mon véritable avocat.

Les responsables se sont bien gardés de me le fournir, même pour le passage devant le « Juge des Libertés et de la Détention », une dizaine de jours après, alors que la loi les oblige, à tous, à me délivrer tous les documents afférents à cette procédure afin que j'eusse en main, tous les éléments pour me défendre.

Un droit qui est respecté pour tout détenu, tout délinquant, tout criminel, tout coupable...

Mais, dans le milieu hospitalier, la notion de Droit est toute autre, surtout dans le milieu psychiatrique, sous le couvert moral et bien pensant, que si une personne y est placée, c'est bien pour une bonne raison !

La facilité de conscience par l'annihilation de toute réflexion.

Une pratique mentale utile qui a eu ses heures de gloire durant l'Occupation...

Les responsables, et notamment le directeur général de l'hôpital, Michel PERROT, ne me l'ont jamais remis, ni comme presqu'aucun autre document concernant « mon hospitalisation », que cela soit au sujet médical, que psychiatrique.

Nous pouvons même constater un délit de rétention de sa part, un refus illégal mais par « oubli » volontaire, puisque, avant d'être « relâché », la veille même de l'audience devant le JLD, j'avais fait transmettre un courrier de ma part à son attention, demandant qu'il m'envoie par voie postale, à moi-même à mon adresse de Paris, ainsi qu'à une de mes sociétés, « SQUARE-BIZ Ltd » basée à

Londres, mes dossiers médicaux.

C'est leur procédure. Je l'ai respectée.

C'était le 26 novembre 2018.

A ces jours de février 2019, je n'ai toujours rien reçu !

Ils savent tous, pertinemment, qu'ils ont commis de nombreux délits, avec le facteur aggravant de bande organisée.

Ils savent aussi qu'ils ont participé à un internement abusif, et en craignent les conséquences.

Leur seule option pour étouffer l'affaire, c'est bien de ne pas en délivrer les preuves...

Et Michel PERROT, le directeur fantôme, a le beau rôle. Il sait qu'il est protégé par ceux qui devraient le poursuivre, les diverses autorités, procureurs, préfets, gendarmes, magistrats, puisque ce sont bien ces derniers qui ont orchestré toute cette sale entreprise...

Donc, de ce fameux docteur LEPAGE, dont je ne savais pas si c'était un homme ou une femme, ni ne connaissais son prénom, je n'en découvrais d'abord son existence que par un arrêté préfectoral à mon encontre, et qui s'appuie pour me « condamner » à l'internement « provisoire » sans fin, qui m'a été délivré que quelques jours avant mon passage devant le JLD le 27 novembre, alors qu'il avait été rédigé, émis et signé le 21.

Quand j'ai eu le document en main, je pensais que c'était le psychiatre que j'avais rencontré le samedi matin.

Et je suis resté deux mois durant, pensant ceci.

Mais, en narrant le présent ouvrage, et n'ayant pas tous les documents de mon dossier, et même bien loin de là, n'ayant en ma possession que quelques uns d'entre eux, uniquement ceux que j'avais glanés au fur et à mesure de mes « péripéties » avec les enquêteurs, mais en aucun cas un quelconque dudit dossier qui m'a valu ces malheurs, ni même des copies de mes auditions de la part de la Gendarmerderie qui les garde précieusement, comme toute personne non franche, malhonnête et qui a des choses à se reprocher et à craindre, j'ai dû faire des recherches sur internet, pour obtenir et vous présenter les choses proprement, et éviter toute confusion avec une personne homonyme, et donc, pour apprendre le prénom dudit docteur LEPAGE.

Et je n'en ai trouvé aucun par Google, ni par les « Pages Jaunes », sauf des approximatifs, en deux mots « LE PAGE ».

202

Deux médecins « normaux », non psychiatres, à La Seyne-sur-Mer, et un psychiatre, dans le Haut Var, à plusieurs dizaines de kilomètres de l'hôpital, et aucun lien avec le centre hospitalier !

Déjà, tout document officiel, d'autant plus d'une telle importance et ayant des conséquences gravissimes tel qu'un arrêté, doit comporter, quand il s'agit d'une personne citée, notamment quand cette dernière est la référence d'une décision, son identité complète, avec son prénom, et son nom correctement orthographié, et sa fonction exacte.

Ainsi donc, ledit Sous-préfet, Directeur de Cabinet, Emmanuel CAYRON, a pris une décision, émis un arrêté au nom et sous le certificat médical d'un psychiatre qui n'existe pas.
Mais, cet Emmanuel CAYRON n'en est pas à son premier délit.
Il avait omis, volontairement ou non, il ne l'avoue pas (encore...) à cet instant chronologique, un pan important dans la procédure.
Cette éminence, responsable Monsieur, fait des fautes de procédures, puis, s'en auto-dédouane, s'en auto-amnistie en émettant un arrêté à sa propre faveur immunitaire.
C'est l'arrêté n°2018-83-FOV-808, qui ne m'a même jamais été remis officiellement, et que je détiens uniquement parce que le personnel de l'hôpital me l'a remis par inadvertance, avec d'autres documents. Un arrêté sans doute antidaté... Vous le trouverez dans un autre chapitre.
J'apprendrais finalement son prénom par la découverte de son certificat d'admission, que j'ai eu enfin en main fin janvier 2019.
Il est alors intéressant de noter que ledit docteur Thomas LEPAGE apparaît comme urgentiste au sein de l'hôpital, et non comme psychiatre !
Quelle est donc sa légitimité médicale pour faire de telles déclarations dans ce domaine ??!!
Et quelle est la légalité de son certificat, et de l'arrêté préfectoral qui en découle auquel il en est la référence et le motif ???!!!

Mais, voyons, ce rapport initial.

J'attire votre attention, pour plus tard dans cet étalage de bourdes juridiques, que c'est celui à titre d'admission...

CERTIFICAT MEDICAL
D'ADMISSION EN SOINS PSYCHIATRIQUES PAR MESURES
PROVISOIRES ORDONNEES PAR UN MAIRE
(art. L. 3213-2 CSP)

Je soussigné, Docteur Thomas LEPAGE, certifie avoir examiné ce jour

Monsieur GRANIER Laurent
Né le XXX
Demeurant 83330 LE BEAUSSET

et j'atteste avoir constaté les troubles suivants :
Patient adressé en hospitalisation d'office municipale par arrêté du maire de La Valette.
Personne vivant au Beausset, faisant l'objet d'une requête de police depuis 6 mois.
Le patient a adressé des menaces par écrit (en recommandé) et sur un site internet à deux personnes physiques. Il a effectué des dénonciations calomnieuses concernant les gendarmes de Signes, auprès du ministre de l'Intérieur. Ce matin, Monsieur a été interpellé à Signes, et a été mis en garde à vue.
Il a été examiné par Dr Bastien Flamain qui a établi un certificat de SDRE.

J'atteste que son comportement relève de troubles mentaux manifestes qui constituent un danger imminent pour la sûreté des personnes et nécessit son admission en soins psychiatriques sur décision du maire en application de l'article L.3213-2.

Fait à TOULON, le 16.11.2018   Docteur Thomas LEPAGE

L'arrêté préfectoral d'admission.

Normalement, toute intervention procédurale, tout changement de situation requiert l'aval du préfet, qui le décrète d'une manière solennelle, officielle, rigoureuse, par un « arrêté ».

Et donc, après ses premiers édits de décisions d'évaluation, puis d'envoi en internement, il devait émettre un document officiel idoine relatif à mon admission.

Pour tout dire, je ne l'ai eu en mains, non pas pour l'audience auprès du « Juge des Libertés et de la Détention », mais fin janvier 2019.

Deux mois après, j'ai découvert, et son existence, et sa teneur.

Il est édifiant !

Tout d'abord, il relate un rapport médical de A. MARCHESSAUX du 17 novembre, alors que l'arrêté porte, et ne doit porter uniquement que sur l'admission.

Oui ! Vous avez bien lu !

Et j'ai bien écrit !

Je ne me suis pas trompé sur le nom du docteur, ce n'est pas ledit LEPAGE, mais bien MARCHESSAUX.

Chronologiquement, à ce stade de lecture, vous ne pouvez pas le connaître, vu que le premier a commis un faux « rapport d'admission », rédigé le 17, et antidaté pour le 16, et que le second a émis le certificat des « 24 heures », le 17...

Docteur que vous ne pouviez connaître en ce point de ma narration, et qui se trouve être dans le chapitre suivant...

Il est à relever le fait important que l'identité incomplète de ce « docteur », dont son prénom est réduit à son initiale, autant dans son propre rapport officiel que dans ce prétendu arrêté préfectoral auquel il se rapporte et qui est l'objet de son émission, les rend caducs par ce seul point crucial !

En effet, tout document officiel mentionnant toute personne doit faire état des qualités nécessaires pour que cette dernière soit identifiable sans aucun doute de possible confusion avec un homonyme, et déjà par un prénom.

« A » pourrait être « Alain », « Arthur », « Alfonse », « Amélie », etc.

J'ai dû faire des recherches sur internet pour identifier, sans conviction absolue, que cette psychiatre se prénommait « Agnès » !

Le prétendu représentant de l'État et du préfet de Toulon, qui n'est plus pour cet arrêté, Aymeric CAYRON, mais, week-end oblige, soussigné « *Pour le préfet et par délégation, Le Sous-Préfet de DRAGUIGNAN, Eric De WISPELAERE* », a interverti les noms des docteurs et leurs attestations, puisqu'il l'a rédigé bien ultérieurement aux délais chronologiques des impératifs procéduraux et des faits qui s'y rattachent, et de ses devoirs..., envoyé par fax le 22 à son « confrère », mais daté cependant du 18 novembre...

C'est pour cela, que plusieurs jours plus tard, l'Aymeric CAYRON, prenant soin de ne pas mentionner ledit nécessairement caduc arrêté de son « frère » de Draguignan, en faisait un autre, comme si de rien n'était, une espèce d'annexe, avouant son « omission » du docteur LEPAGE, et s'auto-amnistiant par la même occasion ! Voir le chapitre consacré à cette truanderie morale et juridique...

Donc, voici l'autre « faux du sieur CAYRON », soussigné de son ami de Draguignan...

PREFET DU VAR
Agence régionale de santé Provence-Alpes-Cote d'Azur

ARRETE
PORTANT ADMISSION EN SOINS PSYCHIATRIQUES FAISANT SUITE A UNE MESURE
PROVISOIRE ORDONNEE PAR UN MAIRE
Le Préfet du Var
Officier de la Légion d'Honneur

VU le code de la santé publique, notamment les articles L. 3211-2-1, L. 3211-2-2, L. 3211-12-1 at L. 3213-1 ;
VU l'arrêté établi le 16/11/2018 par le maire de la commune de La Valette ordonnant une mesure provisoire d'hospitalisation concernant :
Monsieur GRANiER Laurent
Né le XXXX : à XXXX (FRANCE)
Résident: XXXX 83330 LE BEAUSSET

VU le certificat médicale en date du 16/11/2018 établi par le docteur BASTIEN-FLAMAIN, praticien compétent au titre de l'article L. 3213-1 ;

Vu, pour information, le certificat médical de vingt-quatre heures en date du 17/11/2018 établi par le docteur A. MARCHESSAUX psychiatre au Centre hospitalier Intercommunal de TOULON LA SEYNE ;

CONSIDERANT que l'hospitalisation de Monsieur GRANIER Laurent fait suite à des faits de « menaces de crime, diffamations, outrages, dénonciations calomnieuses » ;

CONSIDERANT qu'il résulte du contenu du certificat médical du docteur BASTIEN-FLAMAIN, joint au présent arrêté, et dont je m'approprie les termes, que les troubles mentaux présentés par Monsieur GRANIER Laurent nécessitent des soins et compromettent la sûreté des personnes ou portent atteinte , de façon grave, à l'ordre public, et rendent nécessaire son admission en soins psychiatriques,

ARRETE

Article 1 – Est ordonnée l'admission en soins psychiatriques sous la forme initiale d'une hospitalisation complète de Monsieur GRANIER Laurent au Centre Hospitalier intercommunal de TOULON-LA SEYNE-SUR-MER jusqu'au 16/12/2018 inclus, sous réserve de la décision éventuelle prise par le juge des libertés et de la détention en application de l'article L. 3211-12-1.

Article 2 – Par décision préfectorale, il peut être mis fin à tout moment aux soins psychiatriques en application des articles L. 3213-4, L.3213-8 ou L.3213-9-1.

Article 3 - Le Préfet du Var et le directeur de l'établissement de santé sont chargés, chacun en ce qui les concerne, de l'exécution du présent arrêté dont avis sera adressé au procureur de la République de TOULON, aux maires du BEAUSSET et de TOULON, à la CDSP, le cas échéant à la personne chargée de la protection juridique de l'intéressé et notification à Monsieur GRANIER Laurent.

Fait à TOULON, le 18/11/2018
Pour le préfet et par délégation, Le Sous-Préfet de DRAGUIGNAN,
Eric De WISPELAERE

En sus de la confusion grand-guignolesque prouvant que le complice d'un jour du CAYRON, à l'instar de ce dernier, a émis un arrêté ultérieurement à leur temps légal imparti, vous avez pu noter le lieu de signature trafiqué (Toulon au lieu de Draguignan...), et les divers abus et délits, comme, notamment, l'usurpation de droits qui ne concernent pas sa fonction.

En effet, il ose faire mention d'une date de fin d'internement, un mois après, le 16 décembre, alors que, tout d'abord, il n'en a pas le droit, allant au-delà des absentes « recommandations » médicales de référence à ce sujet, ayant uniquement l'obligation de s'y conformer scrupuleusement, et ensuite, déjà, nous n'étions que dans la phase de l'admission, le seuil des 72 heures n'étant pas encore d'actualité officielle, médicale et procédurale, et celle des 24 heures non plus...

Sans compter, que le maximum dans ce genre de situation est de 12 jours pour passer devant le juge...

Vous pouvez aussi y remarquer l'intention de salir ma réputation, tout en exhibant la nouvelle comme un trophée, en informant les maires de communes non concernés, celle de Toulon et celle du Beausset, alors que je n'y réside pas !

Sans compter la permanente et multiple violation de mes droits fondamentaux, comme celui de la présomption d'innocence, en m'attribuant ipso facto, sans aucune vérification, des textes dont je n'en avais toujours pas la connaissance...

Ces fléaux de la morale et de l'intelligence démontrent l'intention délibérée de ce traquenard, où tout était déjà prévu à l'avance, par toute une bande qui veut, par tous les moyens illégaux, de me réduire au silence.

Le rapport médical des 24 heures, de complaisance, du Dr. A. MARCHESSAUX.

Fautes incluses.

CERTIFICAT MEDICAL DE 24 HEURES
SRDE

Je soussigné Docteur A. MARCHESSAUX, psychiatre du CHITS certifie avoir examiné ce jour
Monsieur GRANIER Laurent
Né le XXX
Demeurant 83330 LE BEAUSSET   Admis le 16.11.2018
n° entrée : 418125580

et j'atteste avoir constaté les troubles suivants :
Monsieur Granier Laurent est hospitalisé en SRDE depuis hier pour des faits de « menaces de crime, diffamations, outrages dénonciations calomnieuses ».
En entretien ce matin, il manifeste un comportement calme, coopérant ; Il tente des explications rationnalisantes dans lesquelles il y aurait eu des erreurs de manipulations internet de sa part. Il reconnaît « être allé un peu trop loin » vouloir se consacrer dorénavant à ses inventions. Il conteste sa dangerosité, minimise la portée de ses menaces, mais a conscience « qu'il est allé un peu loin cette fois ».
Il est nécessaire de le garder en observation.
L'état mental constaté nécessite le maintien des soins psychiatriques sur décision du Représentant de l'État.
Fait à TOULON, le 17.11.18   Dr A. MARCHESSAUX

Son « rapport » est truqué.
Il n'y est pas fait mention de l'essentiel, le cœur de l'entretien.
Et pour cause.
Cette supputée psychiatre n'avait qu'une seule obsession, celle de mettre en exergue ma détermination à déposer des plaintes, qu'importe qu'elles fussent légitimes, qu'importe que je fus plusieurs fois victimes, et ce, pour circonscrire mon caractère procédurier à de la persécution.

Elle insistait grossièrement pour me faire comprendre qu'il fallait que je cesse les poursuites judiciaires à l'encontre de « supposés » coupables, et plus particulièrement contre Anne CAUSSIN et ses acolytes ! Agitant le spectre de l'inscription de ma personnalité dans un trouble psychiatrique avéré, si ce n'est inventé, et ainsi, d'être cloué au pilori médical, ultime moyen utile pour ses « amis » d'avoir la paix sur leurs délits gênants...

Mais, quand je lui objectais que le fait de m'être fait escroqué de la somme concrète, sonnante et trébuchante, de 15.000 euros, n'était pas une vue de mon esprit, elle fut contrariée.

Aussi, par ailleurs, elle me demandait sans cesse combien je gagnais, combien de livres je vendais, quelles étaient mes ressources financières, mes moyens de subsistance, etc.

Bref, uniquement des questions typiquement professionnelles au niveau psychiatrique (*sic*) !

L'arrêté préfectoral des 24 heures.

« Étrangement », le CAYRON émet une arrêté préfectoral reprenant la référence au certificat du « *Docteur LEPAGE, praticien compétent au titre de l'article* L. 3213-1 » (praticien compétent, mais pas psychiatre...), du 16 novembre 2018, et ce, en la date du 21 novembre, pour y faire état de son omission !

Vous trouverez son décret auto-amnistiant dans un des chapitres suivants, consacré spécifiquement à son pouvoir de Dieu Suprême.

Il n'est donc pas trace de celui des 24 heures, puisque, d'une « certaine logique », le rapport médical devant en être la motivation et la référence, celui de l'Agnés MARCHESSAUX, a déjà été utilisé par le pseudo préfet de Draguignan pour l'arrêté d'admission !...

Il est à ajouter que d'autres fraudes ont été commises par ce sous (doué) préfet, mais aussi par les responsables de l'hôpital.

Pour preuve supplémentaire, je n'ai jamais eu délivrance de « son » arrêté initial d'internement, « PORTANT ADMISSION EN SOINS PSYCHIATRIQUES », prenant fait et cause du « rapport médical des 24 heures » (!) de A.MARCHESSAUX.

Je n'ai eu connaissance de son existence que fin janvier 2019, comme de celle du document de ce prétendu docteur...

La loi (française) les (préfets et responsables de l'hôpital) obligeait pourtant à m'en notifier en temps et heures.

Ne trouvant trace cohérente de date sur ledit document de l'Eric De WISPELAERE, je peux aisément supputer que cet arrêté ait été antidaté, ou du moins, fait à retardement, bien après les 24 heures concernées, puisque ces dernières « tombaient » en plein week-end, un samedi...

Et que la vie d'un innocent ne vaut pas qu'elle importe la leur !

Le rapport médical des 72 heures, sous consignes, du Dr. Chrystèle SCHEIBEL.

Texte copié dans sa précision, fautes incluses.

CERTIFICAT MEDICAL DE 72 HEURES SRDE
AVEC AVIS MEDICAL MOTIVE
SUR LA FORME DE LA PRISE EN CHARGE EN SRDE

Je soussignée, Docteur Chrystèle SCHEIBEL, Psychiatre, certifie avoir examiné ce jour
Monsieur GRANIER Laurent
Né le XXX
Demeurant 83330 LE BEAUSSET   Admis le 16.11.2018
n° entrée : 418125580

et j'atteste avoir constaté les troubles suivants :

Monsieur GRANIER est hospitalisé en SRDE pour des faits de menaces de crime, diffamations, outrages et dénonciations calomnieuses.
Ce jour, le patient est calme, au comportement adapté dans l'unité. Il se montre respectueux du cadre. Le patient est vigile et bien orienté. De bonne présentation, il tient un discours posé et cohérent. Nous notons une bonne qualité du contact, le patient s'exprimant sans tension ni réticence. Nous ne trouvons pas d'élément en faveur d'une désorganisation idéo affective ou comportementale ou d'élément en faveur de problème hallucinatoire. Nous ne notons pas d'élément de la lignée thymique ou d'idéation suicidaire.
Le patient rapporte ne pas avoir d'antécédent psychiatrique, ni de soin ou d'hospitalisation. Il ne rapporte aucun antécédent dépressif ni psychotique. Il confirme ne s'être jamais soigné sur le plan tensionnel ou glycémique. Se dit migraineux de tout temps.
Il aurait de l'entourage sur Paris mais précise « Je ne veux pas les déranger », et ajoute qu'il ne veut pas entacher sa réputation.
Le patient tient un discours cohérent dans lequel il minimise la gravité des menaces qui lui sont attribuées. Il explique : « Le problème est que si je parle là et que ça ne correspond pas à ce

qu'il dit, on va me cataloguer comme paranoïaque ». « On m'a accusé de textes que j'aurais publié sur un site qui s'appelle ANATOW qui est le site de l'ONG éponyme que j'ai créé il y a plus de 10 ans et qui est basé en Angleterre;je n'ai pas été auditionné, je n'ai pas eu accès ni lecture de ces fameux textes horribles qu'on me reproche, je n'ai donc pas pu les infirmer ni les confirmer, et surtout, s'agissant des textes publiés sur internet, je ne suis pas légalement responsable mais je suis très curieux de savoir ce qu'il m'est reproché puisque ces textes odieux auraient été publiés il y a 1 an ou 6 mois, je ne sais toujours pas. Mon envoi en observation psychiatrique n'est basé que sur ces textes qui auraient été publiés il y a 6 mois ou 1 an, c'est pourquoi je demande à être auditionné pour savoir de quoi il retourne ». « C'est sur que s'il y a des choses horribles de publiées, telles que ce que j'ai appris par des bribes de la part de vos consœurs comme « doigts coupés », ou « œil » je ne sais pas quoi, je ne œil pas en être l'auteur ».

Le patient confirme envoyer des « mises en demeure » sans avoir d'intention hétéro agressive envers qui que ce soit.

Nous ne retrouvons pas d'élément en faveur d'une décompensation d'un trouble psychiatrique patent.

L'observation clinique est à poursuivre.

L'état mental constaté nécessite le maintien des soins psychiatriques sur décision du Représentant de l'État.

L'état mental constaté nécessite :

Une hospitalisation complète en SRDE

Fait à TOULON, le 19.11.2018 à 12h00.

Si vous êtes au moins normalement constitué, vous avez été d'abord surpris par l'introduction qui exprime le fait « *d'avoir constaté les troubles suivants* », alors que la suite fait état qu'il n'y en a pas.

Mais aussi, ensuite, vous avez dû être consterné par la conclusion, qui vous cueille, comme dans un thriller, par sa farce antagoniste à tout ce qui a précédé et qui vous a mené évidemment à une autre issue à la situation, certainement « heureuse ».

C'était en effet ce qu'il devait se passer quand j'ai quitté cette doctoresse, qui avait bien fait son travail, avait été intègre, et était compétente.

Cependant, elle n'avait pas encore reçue les consignes de son supérieur.

J'étais dans ma chambre en train d'écrire, quand, une dizaine de minutes après l'avoir laissée à son bureau, cette professionnelle revint, fait rare dans la corporation, pour me dire qu'elle avait été dans l'obligation de suivre les ordres du psychiatre référent (dont je ne connais pas l'identité), qu'elle en était désolée, et qu'elle voulait me prévenir afin que je ne subisse pas les affres d'une forte déception provoquée par un surprenant, inattendu, inique, illégal et illégitime prolongement de mon internement.

Elle était intègre, mais elle fut corrompue de force.

Je comprends sa situation, et je ne lui en veux absolument pas.

Ce n'est pas de même envers le mystérieux psychiatre référent, dont je ne savais pas encore qui, il ou elle, était.

LEPAGE ? Le voyageur du temps et falsificateur de document.

Ou BASTIEN-FLAMAIN ? La virevoltante pimbêche du commissariat.

Ou Gilles REINE ? Le cerbère hospitalier que j'avais rencontré lors de mon admission, et qui avait suivi scrupuleusement les ordres de la gendarmette, et en avait donné les consignes à sa consœur du lendemain, pour me garder, et m'enfoncer ?

Ou donc alors, Agnès MARCHESSAUX ?

Leur but était de dépasser le fameux seuil des 72 heures, ce qui faisait que, d'une part, je me farcissais 12 jours, mais aussi d'autre part, que ma sortie n'était plus conditionnée au bon vouloir d'un préfet, mais d'un « Juge des Libertés et de la Détention », le fameux « JLD », bien connu des malfrats, des détenus, des délinquants.

En bref, l'humiliation à un niveau supérieur !

Mais, ce n'était pas fini.

Car, immunisés de toutes poursuites, aucun délit de leur part ne les freinant, ni ne les arrêtant, ils pouvaient continuer sur leur lancée.

L'arrêté préfectoral des 72 heures.

Vous y remarquerez la référence au fameux grand-guignolesque arrêté du 18 novembre « portant admission », caduc, irrecevable, et qui par de fait, annule toute procédure, toute suite de procédure et tout arrêté suivant s'y référant, mais aussi sa date, su 21 novembre, soit 5 jours après l'admission et surtout, non pas du jour, mais 2 jours après le rapport des 72 heures dont il fait référence et qui est la motivation dudit arrêté...

Et bien entendu, je n'en aurais connaissance que plus tard...

PREFET DU VAR
Agence régionale de santé Provence-Alpes-Cote d'Azur

ARRETE N" 2018-83-FOV-809
DECIDANT LA FORME DE PRISE EN CHARGE :
EN MAINTENANT EN HOSPITALISATION COMPLETE UNE
PERSONNE
FAISANT L'OBJET DE SOINS PSYCHIATRIQUES
Le Préfet du Var
Officier de la Légion d'Honneur
VU le code de la santé publique, notamment les articles L. 3211-2-1, L. 3211-2-2, L. 3211-12-1 et L. 3213-1 ;

VU l'arrêté en date du 18/11/2018 du préfet du Var portant admission en soins psychiatriques au Centre Hospitalier intercommunal de TOULON-LA SEYNE-SUR-MER, de:
Monsieur GRANIER Laurent
Né le XXXX : à XXXX (FRANCE)
Résident: XXXX 83330 LE BEAUSSET

VU l'arrêté n° 2018-83-FOV-808 du préfet du Var portant modification de l'arrêté en date du 18/11/2018 du préfet du Var portant admission en soins psychiatriques au Centre Hospitalier intercommunal de TOULON-LA SEYNE-SUR-MER,

VU l'avis motivé mentionné dans la certificat médical en date du 19/11/2018 établi, après recueil des observations du patient, par la docteur SCHEIBEL proposant la forme de prise en charge concernant Monsieur GRANIER Laurent;

215

CONSIDERANT qu'il résulte du contenu du certificat médical du docteur SCHEIBEL, joint au présent arrêté et dont je m'approprie les termes, que les troubles mentaux de Monsieur GRANIER Laurent rendent nécessaire la poursuite de ses soins sous la forme d'une hospitalisation complète,

ARRETE

Article 1 - Les soins psychiatriques de Monsieur GRANIER Laurent se poursuivent sous la forme d'une hospitalisation complète au Centre Hospitalier intercommunal de TOULON-LA SEYNE-SUR-MER.

Article 2 - Sous réserve de la levée de la mesure de soins psychiatriques par le préfet ou par le juge des libertés et de la détention, la présente décision de prise en charge sous la forme d'une hospitalisation complète demeure valable tant qu'une autre forme de prise en charge ne lui est pas substituée par décision préfectorale prise sur proposition médicale.

Article 3 - Le Préfet du Var et le directeur de l'établissement de santé sont chargés, chacun en ce qui les concerne, de l'exécution du présent arrêté dont notification sera adressée a Monsieur GRANIER Laurent.

Article 4 - La régularité et le bien-fondé de cette décision peuvent être contestés devant le juge des libertés et de la détention du tribunal de grande instance de TOULON dans le cadre d'une saisine sur le fondement de l'article L.3211-12 du code de la santé publique, ou à l'occasion d'un recours systématique initié par le représentant de l'Etat dans la département ou le directeur de l'établissement de santé d'accueil sur le fondement des articles L. 3211-12-1 ou L. 3213-9-1 du même code.

La commission départementale des soins psychiatriques peut également proposer la levée de la mesure de soins psychiatriques au préfet ou au juge des libertés et de la détention. Elle peut être saisie par courrier adressé à son président: Département des soins psychiatriques sans consentement 132 boulevard de Paris 13003 MARSEILLE.

Fait à TOULON, le 21/11/2018
Pour le Préfet
Le Sous-préfet
Directeur de cabinet
Emmanuel CAYRON

Le rapport intermédiaire.

Tous les jours, j'avais la visite d'un desdits psychiatres.

Je ne l'ai compris qu'après, évidemment, puisque personne ne vous informe, mais, il y en a deux sortes.

Quand la visite se fait dans la chambre, c'est une sorte d'évaluation, établie sur une discussion de moins de cinq minutes. Aucune note n'est prise, et apparemment, l'éminence fait cependant une note ultérieure suivant son idée, pour ses successeurs, et notamment pour celui qui fera l'ultime rapport. Je ne sais pas trop comment ces « cerveaux » parviennent à tout retenir de chacun des patients qu'ils voient à la volée, l'un après l'autre, et pour finir, en distiller un rapport « honnête », « professionnel », et sans confusion. Sans doute, les notes et les consignes de leur(s) confrère(s) et/ou de leur(s) consœur(s) aident à la difficile tâche...

Surtout pour ne pas se tromper d'orientation...Voulue et utile dans des « cas particuliers ».

Et quand la visite se fait dans l'espèce de bureau du psychiatre, il prend des notes en temps réel. Vous ne savez pas ce qu'il écrit, vous n'avez aucun droit à sa relecture pour confirmer ou infirmer vos propos, ou éventuellement l'opportunité de pouvoir corriger une maladroite possible mauvaise interprétation de sa part.

C'est bien normal de n'avoir même pas ce droit que les autorités donnent à tout criminel, puisque, si vous êtes là, c'est bien que vous n'êtes rien, même moins que rien, et que ces maîtres de céans ne peuvent pas être l'auteur d'une quelconque erreur, quelle qu'elle puisse être.

Dans les deux cas de figures, en chambre ou au bureau, il faut aborder un très grave délit, celui du non respect à la dignité. En effet, il y avait toujours la présence d'une infirmière, ce qui fait émettre la problématique du défaut de confidentialité, d'autant que cette dernière est relative à des informations personnelles intimes de l'ordre du cérébral, et non du simple biologique. Elles peuvent être révélées, et utilisées, et même déformées, à l'« extérieur » contre leurs « propriétaires ».

Par ailleurs, je me suis fait piéger, allant « discuter » dans le bureau de la même manière que celle que j'avais en tant qu'homme normal, naïf et n'étant pas prudent, quand cet « homme de l'Art » venait jusqu'à « mon » lieu de villégiature forcé de la chambre.

Force est de constater, qu'à ces jours de début février 2019, je n'ai ni mon dossier médical, ni mon dossier « psychiatrique », et que le directeur de l'hôpital, Michel PERROT, en fait l'illégale rétention, malgré ma demande écrite formulée avant ma sortie de cet internement abusif.

Je n'ai pas non plus le dossier de la procédure d'internement, bien « conservée » par le tribunal pour mon passage devant le « Juge des Libertés et de la Détention ».

« Mon Avocat » l'a demandé, mais il ne l'a toujours pas reçu, le petit personnel du TGI de Toulon exprimant comme réponse qu'il était (déjà) archivé...

Je n'ai pas non plus le dossier pour mon procès du 26 avril prochain, et ce, malgré les multiples demandes de « Mon Avocat ».

Les seules informations que j'ai eu fin janvier 2019, proviennent de ce dernier, qui avait pris des photos de certains documents, avant les audiences que j'ai subies...

Ainsi, donc, je ne peux vous faire prendre connaissance du rapport intermédiaire d'internement, alors qu'il a été « nécessairement » fait...

Tout ce que je me rappelle de cet « entretien », c'est qu'il fut toujours orienté de la même manière que précédemment avec les autres « psy », le reproche constant que je dépose des plaintes, que je suis toujours en proie à être une victime, et surtout, quelles étaient, et de quelle hauteur, mes rentrées financières...

Le rapport final pour le passage devant le « Juge des Libertés et de la Détention », vicié, du Dr. Philippe FONFREDE.

Si vous voulez rencontrer un autre bel « enculé » (au sens figuré, du moins), un corrompu, un vicieux, un tordu, de surcroît, un incompétent, je peux vous donner un nom.

Après avoir lu (presque) tout au sujet de ce que j'ai subi dans ce sale environnement, sale par ses « patrons », et après avoir appris ce qu'il m'était arrivé auparavant pour en arriver là, de la part des gendarmes, des procureurs, des maires, des préfets (j'ai mis au pluriel ces fonctions car elles sont toutes tenues par plusieurs personnes, une nommée en titre, et des sous-fifres, sous les quolibets de Substitut, Vice, Sous, etc.), vous pensez qu'il ne pouvait y avoir pire ignominie.

C'est bien que vous ne connaissez pas la nature humaine, la dépravée.

Elle se présente sous la personnalité du rédacteur du rapport ultime, celui à l'attention du juge, pour la procédure de libération, ou non, d'arrêt de l'internement, ou non.

Tout d'abord, il a fait comme ses véreux prédécesseurs.

Il a inscrit certaines fausses choses, mais occulté celles dérangeantes pour ses objectifs.

Ainsi, quand il m'interrogeait, - car il n'y a pas d'autre mot, c'était bien un interrogatoire par sa teneur, au sujet duquel je ne vois aucune différence avec ceux de la gendarmerie ou de la police, si ce n'est qu'avec ces derniers, au moins, on peut lire le compte-rendu, le faire éventuellement corriger, y apporter des précisions afin d'éviter toute confusion ou malentendu, et l'attester d'une signature -, ses orientations se faisaient surtout sur mes capacités financières, combien je gagnais avec mes inventions, mes livres, et évidemment, sur la mise à l'index de mon caractère à ne pas laisser choir une injustice, et pour cela, de déposer plainte.

Mais, il se trahit.

En effet, en « étudiant » mon cas, en lisant ce qui avait été relevé sur le site de ma fondation, exerçant encore et toujours le bannissement de mon droit à la présomption d'innocence, et celui juridique de responsabilité de publication faite par un tiers, il y cherchait les propos qui faisait état de plaintes.

Bien au delà du sujet judiciaire qui m'était reproché, qui était le seul courrier à la CAUSSIN, COLOMBO et ROMANO !

La prétendue « observation » médicale psychiatrique s'orientait à charge, exclusivement sur les griefs publiés sur ledit site, mais il en cherchait d'autres.

Et qu'importe qu'ils ne fussent pas de moi.

Sans compter la responsabilité juridique qui ne peut incomber que, non pas à moi, mais à ladite fondation.

Mais, le « juridique », celui-ci, comme les autres, s'en moquent.

Or, l'objet de l'ONG « ANOTOW » est de dénoncer la corruption, et donc, il est bien normal d'y trouver sur son site, essentiellement des plaintes, que je rappelle, toutes officielles, et dûment déposées. Et c'est important, car ce qui y est publié ne sont pas des interprétations, des commentaires, des articles, mais bel et bien, et quasiment uniquement, ces documents officiels. C'est de la pure information.

Mais, le climax de l'aveu, tacite et involontaire, de sa corruption, de son parti-pris, de sa complicité avec les autres de la bande mafieuse, a été quand il énonçait les diverses plaintes publiées sur le site, cherchant davantage de matière à prendre en compte pour m'« évaluer », pour m'enfoncer plutôt.

Et il a dit, en parlant de celle que j'avais déposée en Californie, que de celle-ci, il s'en foutait, ne concernant pas la justice française, c'est-à-dire, sous-entendant sans aucun doute, qu'elle n'était pas gênante, pour ses amis, ses « frères » et « sœurs » !...

Bref, en tant que psychiatre expert en la matière au point d'avoir la considération du système judiciaire pour évaluer et certifier, il relevait, prenait, et mettait en exergue, afin de les considérer comme des griefs pathologiques, médicaux, psychiatriques, démontrant donc des troubles mentaux très graves au point d'en être une dangerosité, que mes propos tenus en langue française, mais, surtout, adressés aux autorités françaises !

Maintenant, que l'on me prouve que ce prétendu docteur, ce prétendu psychiatre, ce prétendu expert, n'est pas corrompu, n'est pas vicieux, n'est pas complice de cette cabale !

Parce que moi, j'ai les preuves du contraire !

Anecdotiquement, j'essayais de lui justifier ma position sociale et mentale par le fait réel que j'avais deux sociétés en Angleterre, et que vis-à-vis d'associés, de partenaires, d'actionnaires, j'avais des raisons légitimes et légales, voire des obligations contractuelles, d'être une personne sensée et équilibrée.

Mais, cela était trop pour son petit cerveau, et quand j'eus fini par exprimer la notion du secret des sociétés, au titre de la nouvelle loi française à ce sujet, il me stoppa, en me signifiant que j'en avais trop dit, que c'était bien dommage pour moi, que je parlais trop, et que si je m'étais tu juste avant d'employer le mot « secret » (!), son avis aurait été favorable pour ma sortie (le prétendit-il, encore que je doute de sa sincérité), mais que, désormais, tout à coup, avec l'emploi de ce mot, il allait émettre un avis mitigé !

Et quand je lui demandais ce qu'il pensait de moi, il cherchait ses mots.

Je lui ai suggéré, « atypique », ce qu'il convient le plus à une personne ayant autant de diverses et variées activités et « casquettes » (philosophe, écrivain, inventeur, théoricien, etc.).

Il me répondit que non. Il me trouvait « bizarre ».

Une facile considération ridiculement peu élaborée, basée une médiocre, voire absente, expérience de la vie quant à l'existence de différentes personnalités selon les nombreuses cultures de par le Monde. Une attitude typique, à la mentalité étriquée bien française, bien normale pour une personne quelconque, exacerbée par une faculté cognitive réduite menant à une qualité de nature abrutie, orgueilleuse, imbue de son statut social et médical, le tout, aggravé par tant de pouvoir, et ne côtoyant que des médiocres, ses pairs, et des « demeurés », les cibles de sa tâche « professionnelle ».

Il est « normal » qu'avec tant de tares intellectuelles et comportementales, celui-ci, comme les autres, aient des difficultés pour évaluer une « structure » mentale, supérieurement intelligente et morale...

Toujours, fautes incluses !

AVIS MEDICAL DESTINE AU JLD
PATIENT SDRE

Je soussigné Docteur Philippe FONFREDE, Psychiatre, certifie avoir examiné ce jour

Monsieur GRANIER Laurent
Né le XXX
Demeurant 83330 LE BEAUSSET   *N° entrée : 418125580*

et j'atteste avoir constaté les troubles suivants :
Monsieur Granier est hospitalisé en SDRE pour des faits de menaces de crime, diffamations, outrages et dénonciations calomnieuses.

Le patient est souriant et de contact assez facile. Il s'exprime facilement sans ralentissement : « J'ai été interpellé comme un malpropre à Signe ». Le patient a refuse tout traitement psychotrope pour le moment.

« Je suis auteur et inventeur, j'ai fait de nombreuses inventions (j'ai été primé plusieurs fois). J'ai publié d nombreux livres sur Amazone. J'ai été saucissonné et agressé en 2013 chez moi et menacé de mort ». Le patient explique avoir eu des pistes concernant les raisons de cette agression : « Je voulais acheter une maison qui s'est révélée être celle d'un gangster ». Le patient explique qu'il ne peut pas confirmer ou infirmer les menaces de mort dont on l'accuserait et qu'il s'inquiète de s'être fait pirater son site internet. On ne retrouve pas de trouble délirant ou dissociatif, pas de trouble thymique, pas d'idéation suicidaire. Pas de phénomène hallucinatoire retrouvé. Pas de méfiance lors de nos échanges. On retrouve des traits de personnalité quérulants, sans signe de décompensation délirant massif : « Je suis inquiet que de tels propos aient pu être tenus sur mon site internet, ça me discrédite, j'aimerais être entendu par la police pour tirer ça au clair ».

Fait à TOULON, le 23.11.2018   *Docteur Philippe FONFREDE*

Alors, « *Quérulent* » veut dire, et il n'y a pas de honte à en ignorer sa définition puisque même la juge ne la connaissait pas, tout comme moi :

« *Qualifie une personne au comportement revendicatif, se croyant sans cesse victime de* préjudices ».

Nous pouvons constater l'antagonisme et l'arnaque au raccourci intellectuel.

En effet, être « revendicatif », comme tout syndicaliste, comme toute personne adhérant à un parti, comme tout manifestant, toute personne normalement constituée, c'est-à-dire, « équilibrée », l'est, ou se doit de l'être. C'est un caractère inhérent à la morale et à la conscience.

Et puis, « *se croyant sans cesse victime de préjudices* ».

Comme si cette considérée « tare » était indubitablement liée au caractère du principal !

Le premier point est un trait conventionnel, sensé, mais le second engendre à l'affabulation, à de la totale absence d'analyse par le sujet, qui le conduit à appréhender d'une manière faussée une situation imaginaire dans laquelle il est victime de préjudices non existants, et même dont les causes ne seraient qu'inventées.

Ce mot est aussi, en tant que nom commun, utilisé pour dire « malade » !...

Ainsi donc, à moins d'être une « lavette », tout Homme et toute Femme digne ce nom, est quérulent, au sens premier de sa définition.

La seconde étant une sale dégradante interprétation à l'emporte-pièce, dénuée de tout support scientifique, médical, bref, de fondement concret et réel.

Ainsi donc, selon ces éminences morales, intellectuelles et mentales, si vous êtes une victime, et plus d'une fois, et que vous demandez réparation, que vous dénoncez les crimes que vous avez subis, et pire, que vous en demandez réparation, vous avez cette pathologie névrotique.

Par conséquent, vous êtes psychiatriquement douteux !

Et même pire.

Selon eux, pour ne pas tendre vers cette tare, ce travers, cette perversion, vous devez être soumis, vous devez accepter l'« adversité », surtout celle délibérée créée par l'Homme, quand elle provient d'auteurs bien réels, bien physiques, notamment de leurs « frères » et « sœurs », vous devez vous résigner à en supporter les dommages, et même, pour finir, vous devez leur en être redevable, d'abord aux auteurs de ces méfaits pour vous avoir mis dans la pénibilité construisant toute expérience de la vie, et ensuite aux fabuleux médecins pour vous avoir guidé dans cette épreuve afin d'en sortir !

Et qu'importe que votre attitude volontaire aurait été initiée par d'universelles et intemporelles nobles morales intentions, comme la quête de justice, l'équité, le rééquilibre des droits, l'égalité, la liberté de penser et de pensées, etc.

Un principe typique et fondamental, voire crucial même, de la française-maconnerie, celui de mépriser et de nier la vérité (celle qui n'est pas à leur avantage, évidemment), de détourner l'attention pour occulter les délits, en inversant les rôles.
Le coup classique du salaud qui poursuit en justice pour diffamation ceux, même victimes, qui mettent au jour ses sales méfaits. Abjecte méthode suivie par les magistrats...

D'ailleurs, pour démontrer encore plus la déficience morale et mentale de ces spécialistes, il suffit de relever le fait qu'ils ne vérifient jamais si ces torts subis sont réels, ni même les préjudices induits !
Invoquant même, à ceux qui l'useraient de « contre-argument », que les prérogatives juridiques n'incombent pas leur fonction !
Ben voyons !
La malhonnêteté scientifique et la mauvaise foi morale à leur paroxysme !
Du reste, leurs seuls « traitements médicaux » ne sont opérés que par la sanction physique, la punition charnelle,
La perversion extrême. « Le Mal par le Mal », diront-ils ?
Alors que ce type de châtiment a été banni des systèmes judiciaires et pénitenciers depuis des lustres. Cherchez l'erreur !
C'est pour dire leur céleste niveau de compétence, de professionnalisme, d'intégrité, de moralité, de volonté de recherche « médicale » afin d'en établir le plus juste et le plus honnête diagnostic, pour en définir un cohérent et efficace remède !
Mais, ils ne font que constater.
Ils ne sont que des « Observateurs », pas des médecins.
Et faussement, et pauvrement, et ridiculement.

La pernicieuse visite du Dr X, la veille du passage devant le « Juge des Libertés et de la Détention ».

Docteur « X », ou docteur « patate chaude ».

Je l'ai rencontré deux ou trois fois, mais je n'ai pas le nom de ce prétendu psychiatre. Mais, je le reconnaîtrais...

Si le précédent nommé, celui du certificat final, était décrit justement comme un « bel enculé » (au sens figuré), il me devient désormais difficile de décrire celui-ci, tant sa mentalité, sa moralité et son intégrité sont encore plus ancrées dans les abysses, et son ignorance en le domaine de la médecine, et sa perversion, sont encore plus élevées dans la voûte céleste !

Ils partagent cependant tous deux la même catégorie d'âge, jeune. Et comme beaucoup de « Trous Du Cul » de notre époque, que nous retrouvons frais moulus et moulés, sortis des « grandes écoles » et dotés de diplôme, ils considèrent systématiquement les autres comme littéralement des abrutis, des ignares, des béotiens. Ils sont animés d'un médiocre caractère et d'une minable mentalité, « qualités » d'autant plus exacerbées dans le monde de la médecine, où les personnes de cette caste ont toujours un ton condescendant envers les patients, comme si, en devenant malades, les gens ordinaires appartenaient subitement à un autre monde, transitoire, même pas, ou plus, de celui du civil.

Une sorte de paternalisme, pédant, hautain et péremptoire.

Bref, cette espèce de merde « humaine » était venue la veille de l'audience devant le JLD, dans ma chambre, s'accroupissant, et me disant qu'il était inquiet à mon sujet, pour ma santé au titre de mes analyses (vieilles de 10 jours, et ayant été faites un soir, je le rappelle...), disant qu'il ne voudrait pas me garder dans cet état, que cela était un risque pour lui (le mien, il s'en moquait), et qu'il se verrait obligé de me contraindre à prendre des traitements parce que je risquais un « AVC », et qu'il ne pouvait garder sous sa responsabilité une « patate chaude », et ce, au regard de mon hypertension...

Bref, il m'expliquait que j'allais devoir accepter, sans moyen de refus de ma part, son diagnostic et son inconnu remède miracle !

Un sous-entendu pour me faire accepter de mon « plein gré », sinon il userait du pratique artifice de ne pas être en état mental de juger et de décider de par moi-même...

Je lui répondais que, tout d'abord, il fallait bien attendre le lendemain, le rendu du jugement par le « JLD », et qu'il était loin d'être évident que je sois toujours maintenu en incarcération médicale.

Il haussa les épaules, exprimant que c'était, bien au contraire, évident que j'y reste !

Tout était pipé d'avance.

Ce qui fait, quand même, que « Mon Avocat » pas érudit en la matière de Droit, s'était cependant bien débrouillé, pour déjouer leurs magouilles collusives.

J'avais finalement opté pour le bon défenseur.

- **Chapitre 21 : Aymeric CAYRON, un Sous-Préfet, Directeur de Cabinet, qui commet des fautes de procédure, mais qui émet un arrêté auto-amnistiant.**

Je l'ai déjà évoqué précédemment.
Voici le comble de la vermine.
Quand un médiocre subalterne, qui plus est corrompu, a en ses mains le Pouvoir de l'État qui est pourtant attribué à un responsable hiérarchiquement supérieur, et joue même le rôle de juge.
De plus, il ne m'a jamais été délivré officiellement par les responsables de l'hôpital, alors que la Loi (française) obligeait ces derniers à m'en notifier aussitôt.

PREFET DU VAR
Agence régionale de santé Provence-Alpes-Cote d'Azur

ARRETE N'' 2018-83-FOV-808
PORTANT MODIFICATION D'UN ARRETE D'ADMISSION EN
SOINS PSYCHIATRIQUES
FAISANT SUITE A UNE MESURE PROVISOIRE ORDONNEE
PAR UN MAIRE
Le Préfet du Var
Officier de la Légion d'Honneur

VU le code de la santé publique, notamment les articles L. 3211-2-2 alinéa 1, L. 3211-12-1, L. 3213-1 et L. 3213-2 ;

VU l'arrêté en date du 18/11/2018 du préfet du Var portant admission en soins psychiatriques faisant suite à une mesure provisoire ordonnée par un maire au Centre Hospitalier intercommunal de TOULON-LA SEYNE-SUR-MER, de:
Monsieur GRANiER Laurent
Né le XXXX : à XXXX (FRANCE)
Résident: XXXX 83330 LE BEAUSSET
VU le certificat médical en date du 16/11/2018 établi par le docteur

LEPAGE, *praticien compétent au titre de l'article L.3213-1 ;*
CONSIDERANT que ce certificat médical en date du 16/11/2018 établi par le docteur LEPAGE a été omis lors de la rédaction de l'arrêté en date du 18/11/2018 du préfet du VAR portant admission en soins psychiatriques de Monsieur GRANIER Laurent ;

ARRETE

Article 1 – Le visa suivant est ajouté à l'arrêté en date du 18/11/2018 du préfet du VAR portant admission en soins psychiatriques faisant suite à une mesure provisoire ordonnée par un maire de Monsieur GRANIER Laurent au Centre Hospitalier intercommunal de TOULON-LA SEYNE-SUR-MER est modifié comme suit :

« VU le certificat médical en date du 16/11/2018 établi par le docteur LEPAGE, praticien compétent au titre de l'article L.3213-1; »

Article 2 – Les autres dispositions de l'arrêté en date du 18/11/2018 du préfet du VAR portant admission en soins psychiatriques faisant suite à une mesure provisoire ordonnée par un maire de Monsieur GRANIER Laurent au Centre Hospitalier intercommunal de TOULON-LA SEYNE-SUR-MER demeurent inchangées.

Fait à TOULON, le 21/11/2018
Pour le Préfet
Le Sous-préfet
Directeur de cabinet
Emmanuel CAYRON

- **Chapitre 22 : La consternante différence de vision du Droit des personnes, entre celle de la Gendarmerie, honnête et exhaustive, et celle hospitalière, irresponsable et fantomatique.**

Tout est explicite par les deux documents donnés aux personnes.

Celui de la Gendarmerie est honnête et exhaustif, une référence en la matière, même si leur respect et leur traitement laissent à désirer par les acteurs qui sont censés les suivre et les appliquer à la lettre.

Cette note d'information est assez complète, mais aussi et surtout, elle explique, et donne les voies de recours, et comment cela se passe. Bref, elle cite les Droits auxquels on peut prétendre, et elle tient en deux pages.

Quant à la note dans le domaine hospitalier, irresponsable et fantomatique, elle n'est pas une évocation des Droits, mais seulement des informations sur les organismes à contacter, leurs noms et adresses. Elle est rédigée sur une page, avec de gros caractères pour détourner l'attention de la pauvreté et du ridicule de la prétendue notification des Droits, où aucun n'est véritablement présent.

Et dire que ces hôpitaux sont désormais armés de services juridiques conséquents.

Mais, ne vous leurrez pas.

Quand on étudie la situation, ces derniers ne servent que pour la protection des intérêts de ladite administration, mais en aucun cas de ceux des patients, qui, en définitive, sont bien leurs ennemis, les seuls qui pourraient les poursuivre, si tant est qu'ils soient encore vivants, ce qui fait que d'une « bévue » hospitalière, un mort est moins bavard et dérangeant qu'un survivant...

Et ainsi donc, par précaution, ce service n'a pas la prétention d'aider leurs « clients ».

Bien au contraire, ces derniers sont potentiellement dangereux en matière civile ou pénale.

- ### La notification des Droits par la Gendarmerie :

REPUBLIQUE FRANCAISE

Remise à une personne placée en garde a vue
Droit commun (art. 63-1 du code de procédure pénale)

Les informations ci-dessous doivent vous être données dans une langue que vous comprenez.
Vous pouvez conserver ce document pendant toute la durée de la garde a vue

Vous êtes informé(e) que vous êtes placé(e) en garde à vue parce qu'il existe contre vous une ou plusieurs raisons plausibles de soupçonner que vous avez commis ou tenté de commettre une infraction punie d'une peine d'emprisonnement.

Vous avez le droit de connaître la qualification, la date et le lieu présumés de la commission de l'infraction pour laquelle vous êtes mis en cause et les motifs justifiant votre placement en garde à vue. Vous allez être entendu(e) sur ces faits pendant la garde à vue qui peut durer 24 heures.

A l'issue de ce délai, le procureur de la République (ou le juge d'instruction) pourra décider la prolongation de la garde à vue pour une nouvelle durée de 24 heures, si la peine que vous encourez est d'au moins un an d'emprisonnement. Sauf impossibilité, vous serez présenté(e) devant ce magistrat, le cas échéant par visioconférence.

A l'issue de la garde a vue, vous serez, sur décision du procureur de la République (ou du juge d'instruction), soit présenté(e) devant ce magistrat, soit remis(e) en liberté. Dans le premier cas, vous comparaîtrez alors devant un juge au plus tard dans un délai de 20 heures a compter de la fin de votre garde à vue.

VOUS ETES EN OUTRE INFORME(E) QUE VOUS AVEZ LE DROIT DE :
Faire prévenir certaines personnes
Vous pouvez demander à faire prévenir par téléphone une personne avec laquelle vous vivez habituellement, ou l'un de vos parents en ligne directe, ou l'un de vos frères et sœurs, ou votre

curateur ou votre tuteur, de la mesure de garde a vue dont vous faites l'objet.

Vous pouvez également faire prévenir votre employeur.

Si vous êtes de nationalité étrangère, vous pouvez en outre faire prévenir les autorités consulaires de votre pays.

Sauf circonstances insurmontables, ces diligences interviendront au plus tard dans un délai de 3 heures à compter du moment ou vous avez formulé votre demande.

Le procureur de la République (ou le juge d'instruction) pourra toutefois décider que ces avis seront différés ou ne seront pas délivrés si cela est indispensable au recueil ou à la conservation des preuves ou pour prévenir une atteinte grave à la vie, à la liberté ou à l'intégrité physique d'une personne.

Communiquer avec une personne

Vous pouvez demander à communiquer par écrit, par téléphone ou lors d'un entretien avec l'une des personnes susceptibles d'être informées de votre placement en garde à vue.

L'officier de police judiciaire peut refuser votre demande si elle n'est pas compatible avec les motifs de votre placement en garde à vue ou risque de permettre une infraction. Il déterminera le moment, les modalités et la durée de cette communication, qui ne peut excéder 30 minutes et interviendra sous son contrôle, ou celui d'une personne qu'il aura désignée.

Etre examiné(e) par un médecin

Vous pouvez demander à être examiné(e) par un médecin. En cas de prolongation de la garde à vue, vous pourrez demander a être examiné(e) une nouvelle fois par un médecin.

Faire des déclarations, répondre aux Questions ou garder le silence

Une fois quc vous aurez décliné votre identité, vous avez le droit, lors de vos auditions :

– *de faire des déclarations,*
– *de répondre aux questions qui vous sont posées,*
– *ou de vous taire.*

Etre assisté(e) par un avocat
– *Choix de l'avocat*

Dès le début de la garde à vue, à tout moment au cours d'une audition, et en cas de prolongation de la garde à vue, dès le début de cette prolongation, vous pouvez demander à être assisté(e) par un avocat de votre choix.

Si vous n'êtes pas en mesure de désigner un avocat ou si l'avocat choisi ne peut être contacte, vous pouvez demander a ce qu'un avocat vous soit commis d'office.

Votre avocat peut aussi être désigné par l'une des personnes que vous avez fait prévenir : dans ce cas, vous devez confirmer la désignation de l'avocat.

– Assistance et délai d'intervention de l'avocat

L'avocat pourra s'entretenir avec vous pendant 30 minutes dans des conditions qui garantissent la confidentialité de l'entretien ; en cas de prolongation de la garde a vue, vous pourrez à nouveau demander à vous entretenir avec votre avocat.

Il pourra également, si vous en faites la demande, assister aux auditions, confrontations, reconstitutions ou séances d'identification auxquelles vous participez.

Dans ce cas, votre première audition, sauf si elle porte uniquement sur des éléments d'identité, ne pourra pas débuter sans la présence de votre avocat avant l'expiration d'un délai de 2 heures suivant l'avis qui lui a été fait de votre demande.

Néanmoins, votre première audition pourra débuter immédiatement, même en l'absence de votre avocat, sur autorisation du procureur de la République (ou du juge d'instruction), si les nécessités de l'enquête l'exigent.

Si votre avocat se présente alors qu'une audition ou une confrontation est en cours, cet acte peut être interrompu à votre demande, pour vous permettre de vous entretenir avec lui.

Le procureur de la République, le juge d'instruction ou le juge des libertés de la détention pourra cependant, pour des raisons impérieuses et à titre exceptionnel, décider de différer l'assistance de votre avocat à vos auditions ou confrontations, pendant une durée maximale de 12 heures, renouvelable une fois, si la peine d'emprisonnement encourue est d'au moins cinq ans.

Etre assisté(e) d'un interprète

Si vous ne parlez pas ou ne comprenez pas le français, vous avez le droit d'être assisté gratuitement par un interprète lors de vos auditions et pour communiquer avec votre avocat.

Demander la fin de la garde à vue

Vous pouvez demander au procureur de la République ou au juge d'instruction, lorsque ce magistrat se prononcera sur une *éventuelle prolongation de la garde a vue, que cette mesure ne soit pas prolongée.*

Accéder à certaines pièces de votre dossier

A votre demande ou celle de votre avocat, vous pouvez demander de consulter, au plus tard avant une éventuelle prolongation de la garde à vue :

– le procès-verbal de notification de votre placement en garde à vue ;

– le ou les certificats médicaux établis par le médecin vous ayant examiné.

– le ou les procès-verbaux de vos auditions.

Etre informé(e) des suites de la procédure

A l'issue de la garde à vue, si aucune décision n'est prise par le procureur de la République sur la suite de la procédure, vous pourrez, a l'expiration d'un délai de 6 mois, interroger le procureur de la République du ressort dans lequel la mesure s'est déroulée sur la suite qu'il entend donner a cette affaire.

- **La notification hospitalière en matière de « Droits » de l'interné :**

RECOURS DES PATIENTS HOSPITALISES SOUS CONTRAINTE

- *SUR LA REGULARITE FORMELLE (pour demander l'annulation de l'hospitalisation sans consentement) :*
  Le recours doit être formulé auprès du TRIBUNAL ADMINISTRATIF dans le ressort duquel le patient à sa résidence, dans un délai de deux mois suivant chaque notification de vos droits.
  TRIBUNAL ADMINISTRATIF
  5 rue Racine 83000 TOULON

- *SUR LE BIEN FONDE DE LA MESURE (pour demander qu'il y soit mis fin) :*
  Une audience au TRIBUNAL DE GRANDE INSTANCE DE TOULON auprès du Juge des Liberté et de la Détention est prévue dans les douze jours suivant l'admission.
  Vous pouvez toutefois le saisir a tout moment en formulant un recours au

  TRIBUNAL DE GRANDE INSTANCE DE TOULON
  Juge des libertés et de la Détention -
  Place Gabriel Péri
  BP 506 83041 TOULON Cedex 9

  Vous pouvez aussi saisir par courrier le président de la COMMISSION DEPARTEMENTALE DES SOINS PSYCHIATRIQUES qui pourra évaluer le bien fondé de votre hospitalisation.

  ARS PACA
  Direction de la Santé Publique et Environnementale
  Mission Régionale des Soins Psychiatriques
  132 Boulevard de Paris
  CS 50039 13 331 Marseille Cedex 03

  Rédigé le 07/12/2016 pour affichage dans les services de psychiatrie

- **Chapitre 23 : L'avocat qui connaît la Loi, ou l'avocat qui connaît le juge.**

Coluche, pertinent impertinent, non seulement sur son époque, mais aussi sur l'Humanité, preuve que cette dernière n'a pas évolué depuis, puisque ses propos, intemporels, étaient vrais, avant et pendant, et le restent toujours, disait :
« Il y a l'avocat qui connaît la Loi, et l'avocat qui connaît le juge ».

Je me trouvais dans une très délicate situation qui m'obligeait à prendre un avocat, puisque les magistrats, les gendarmes, les préfets, les procureurs, le maire et les responsables hospitaliers violaient la Loi et bafouaient mes Droits, et que je ne pourrais jamais m'en sortir juste par l'évidence de leurs malversations judiciaires.
S'agissant d'une affaire politique et para-religieuse, et au regard du constat que les personnes officielles ne craignaient pas de commettre de graves délits pour me priver de ma liberté, je ne devais pas prendre n'importe quel avocat.
Un qui connaîtrait bien la Loi et les procédures ne suffirait pas.
Il me fallait un affranchi, un qui sait comment nager dans les arcanes du système judiciaire.

Le lundi, trop tardivement pour éviter de passer à la procédure infligeant la durée des 12 jours, j'avais enfin appris que j'avais des droits, et déjà, celui de contacter un avocat.
Je n'en avais pas, et pour cause, je n'avais jamais eu le besoin de me défendre, et mes procédures en tant que victime, je les faisais moi-même.
J'avais tenté de contacter par téléphone, puis par fax, celle, commis d'office, Emily LINOL-MANZO. En vain. Et au vu de sa sale traîtrise, son silence est évident. Et heureusement. Avec elle, j'aurais été interné à vie !
Par ailleurs, j'en avais rencontré un, une ou deux semaines plus tôt, fortuitement, au sujet d'une auto qu'il avait à vendre. Il était de

Marseille, mais habitait depuis récemment Le Beausset, et exerçait au pénal, autant dans les Bouches-du-Rhône que dans le Var.

Je l'ai contacté le lundi.

Comprenant immédiatement la délicate situation, connaissant aussi pertinemment les risques encourus, et les rouages de ce milieu, notamment parce qu'il avait déjà été en charge de ce type de procédure, étant même « enregistré » auprès de l'Agence Régionale de Santé (ARS), l'organisme régional basé à Marseille qui gère les internements, il a été très réactif.

Il m'a proposé de venir dès le lendemain après-midi, afin de récupérer le dossier, et de faire une demande au plus vite auprès du tribunal, pour obtenir une audience pour le vendredi, en lieu et place de celle du mardi suivant, qui incombait au délai à tenir par l'hôpital.

Il m'avait précisément expliqué les mécanismes juridiques pour en sortir, et je voyais que sa compétence était excellente, toute autant que son impétuosité et sa détermination à me sortir de ce piège infernal, qui plus est, au plus vite.

Il avait saisi le caractère urgent de la situation, qu'il connaissait bien.

En effet, deux semaines plus tard, je le rencontrais par hasard dans la rue, et il m'expliquait que les avocats n'aimaient pas ces procédures d'internement, les déconseillant fortement à leurs clients qui pensaient y trouver une échappatoire judiciaire, parce que le Droit et les Lois n'y étaient guère écoutés et suivis, et que, par conséquent, il était très difficile de sortir de ce cercle vicieux (le mot est bien choisi...).

En quelques mots, à contrario d'une détention liée à une condamnation, l'internement n'est adossé à aucun terme, ce qui fait que vous ne savez et ne saurez jamais quand vous sortirez.

Et même en étant un « détenu » exemplaire, pas de réduction de peine, puisque la « sentence » est éthérée, voire inexistante...

Il m'avait même parlé du cas d'un étudiant africain à l'université de Toulon, qui avait été interné abusivement pendant 3 mois, parce qu'il avait manifesté, et qu'il tenait tête. Il avait été libéré quand il avait été maté ! Pour être expulsé...

Bref, le VAR, département prétendu de la France... et des « Droits de l'Homme ».

Il était donc convenu qu'il vienne le mardi en début d'après-midi, afin qu'il récupère mon double dossier, dont je n'avais toujours aucune connaissance, celui judiciaire et celui de l'internement, afin qu'il entreprenne ipso facto, auprès du tribunal de Toulon, une demande d'audience pour la levée de mon « incarcération » déguisée, dès le vendredi.

C'était l'avocat qui connaît la Loi.

En parallèle, j'avais contacté un très bon ami en Corse pour l'informer de ma délicate situation.

D'abord, j'ai dû particulièrement insister pour lui faire enfin accepter le fait que ce n'était pas une plaisanterie.

Alors, inquiet, il m'a mis en contact avec un avocat de Marseille, une « pointure ».

Le contact fut un peu laborieux, mettant près de 24 heures pour seulement en parler au téléphone. Il avait un sens pausé, mais ne s'affolait pas de la situation, disant qu'il serait présent pour l'audience due par l'hôpital, au maximum dans le délai des 12 jours.

Aucune proposition de sa part pour en demander une anticipée, malgré le fait que les règles de procédures et le Droit relatif à la Loi en ce type de circonstances, le permettaient.

Au tribunal de Toulon, il y a deux journées hebdomadaires pour ce type d'audience auprès du « Juge des Libertés et de la Détention », le mardi et le vendredi...

Si vous manquez l'une, vous en perdez au moins 3 supplémentaires pour l'autre.

C'était l'avocat qui connaît le juge.

Il était mardi matin, après tout un long week-end, et je devais prendre une grave décision, lourde de conséquences.

Prendre un avocat dynamique, connaissant la Loi et ce type de situation et de procédures, y étant même impliqué, qui tenterait de me faire sortir dès le vendredi, mais ne pouvant user que de ses connaissances étoffées en la matière, et ne pouvant s'appuyer que sur les nombreuses graves « fautes » des commanditaires de cette situation ;

Ou prendre un avocat nonchalant, qui (ne) saurait faire valoir (que) ses relations au sein de la magistrature locale pour niveler officieusement la chose « juridique », et donc, qui me ferait passer un week-end supplémentaire, attendant tranquillement le jour d'audience décidé tacitement par les responsables de l'hôpital, à savoir au maximum du délai que la Loi leur impartit, c'est-à-dire, une semaine plus tard, faisant alors de mon séjour, sa durée

238

maximale possible, de 11 journées et de 11 nuitées !
J'ai passé quelques heures pour évaluer chaque situation.
Et cela n'était pas facile.
Deux points de détail ont fait basculer mon choix.
Par la négative.

Le pertinent et efficace avocat semblait des plus compétents, mais il m'avait parlé plusieurs fois, insistant même, de la question du paiement anticipé de sa mission, et qu'il récupérerait le chèque à sa venue.

Cela démontrait qu'il n'avait confiance, ni en moi, ni en lui, ni en le système judiciaire dans lequel il semblait pourtant y être très bien « intégré ». S'il demandait le règlement avant sa prestation devant le tribunal, c'est bien qu'il connaissait la grande probabilité d'un échec.

Il était lucide quant à la situation hors cadre judiciaire, politique même, et que dans ce cas, quand le Droit et la Loi ne sont plus le champ de décision, tout est possible, même l'aberration juridique et l'illégalité morale.

L'autre point négatif était qu'il habitait Le Beausset, le VAR, et qu'il y avait de fortes malchances pour qu'il soit français-macon, et donc, qu'il m'enfonce plutôt qu'il ne défende mes intérêts...

J'ai donc annulé, à contre-cœur, le rendez-vous de l'après-midi même, avec lui, expliquant la particulière nature de ma situation, politiquement voulue, et qu'il me fallait absolument un avocat ayant plutôt des « relations ».

Il a parfaitement compris les « inconvénients » auxquels je devais faire face, n'en portant pas ombrage, connaissant même celui vers qui mon choix s'était porté, ce, quitte à subir 4 journées supplémentaires, week-end inclus, dans cet enfer blanc.

Ce choix était purement pragmatique, et contre toutes mes valeurs par lesquelles je préférerais (presque...) toujours la nature dynamique, enthousiaste et compétente des personnes.

Mais, au vu de mes dossiers dont je n'ai eu pourtant connaissance de leur supposée entièreté que dernièrement, j'ai pu réaliser, sans conteste, et sans regret, que j'avais pris la bonne décision.

La Loi et le Droit étaient bien absents de la discussion, par les nombreux et variés vices de procédures qui n'y étaient même pas évoqués.

En revanche, les attestations, les déclarations, les certificats, les arrêtés et les procès-verbaux, fallacieux, faux et de complaisance, nourrissaient bien le dossier à mon encontre...

« Raisonnablement », j'ai « préféré » un avocat mou, n'ayant que très peu de connaissances en les règles procédurales, en les procédures et en les lois, mais ayant ses « entrées », à un, très dynamique, très réactif, comprenant parfaitement l'aspect délicat et urgent de ce genre de situation quasi inextricable, ne connaissant que très bien les lois et ce type de procédure, et étant membre de l'« ARS ».

Le paradoxe moral d'un système judiciaire vérolé !

Le premier avait une chance de réussite, quand le second encourrait toutes celles de l'échec !

La suite m'a donné raison dans cet aberrant choix, qui s'était fait le mardi seulement, juste après le seul certificat des 72 heures, ne pouvant « décemment » pas envisager totalement que le final, une semaine plus tard, serait encore négativement de complaisance, toujours fallacieusement à mon encontre.

Dans le VAR, les personnes du système judiciaire œuvrent ainsi.

Et maintenant, que l'on ne prétende pas que ce département n'est pas véreux, et pire, qu'il se trouve en France, du moins, administrativement !

Parce que moi, j'ai des preuves, et pas uniquement ces dernières, du contraire !

Logiquement, quand on a ses « entrées », point n'est besoin de connaître les lois.

Et mon avocat m'a démontré de maintes fois son ignorance en la matière juridique, et même de mon propre dossier qu'il avait « défendu ».

Paradoxalement, son action souterraine ne fut pas de la corruption.

Bien au contraire.

Ce fut une entreprise de « décorruption », puisque toutes les personnes qui m'avaient mis en incarcération hospitalière, illégalement, abusivement, par des déclarations détournées, par de faux documents, sous de fallacieux prétextes, associés à de nombreux graves manquements procéduraux, voulaient persister dans leur décision originelle.

Et donc, la juge, honnête, intègre, peut-être la seule de ce tribunal dotée de valeur morale, est allée à l'encontre des « recommandations » de ces corrompues personnes officielles, et même de celles des prétendus docteurs spécialistes...

Bien évidemment, « connaître le juge » est une façon de parler, simplifiant « la chose », qui est plus complexe dans la réalité, concrétisée plus particulièrement, en sus, par une certaine stratégie interne, pour gérer au mieux la logistique du « passage » des dossiers.

Mon choix fut donc judicieux !
Pour en sortir.
Car, si j'avais eu un avocat qui connaisse les lois, il aurait déjà décelé sur place, d'abord durant mon hospitalisation, les vices de procédures toujours utiles à pointer du doigt pour « négocier » une issue rapide à l'amiable, puis, au tribunal, pour faire remarquer au vice-procureur qui m'inculpait finalement que de 3 chefs d'accusation, que l'un d'eux, le plus grave, l'était sur des textes qualifiés par la Loi, que je n'avais pas écrit !
Et par conséquent, par sa radiation, il aurait fait réduire ipso facto les poursuites à deux faibles charges qui ne pouvaient plus guère justifier un procès, du moins, un placement sous contrôle judiciaire...

L'inconvénient d'avoir un avocat qui « connaît le juge », c'est qu'il se repose là-dessus, et qu'il fait fi d'apprendre et de maîtriser la Loi, officielle s'entend, et surtout d'étudier les dossiers.
Pourtant, je lui avais prémâché le travail.
Et, avec le recul, la suite fera que j'apprendrai à avoir des doutes, même sur son intégrité.
En sus d'un caractère négatif, défaitiste et peu volontaire, la difficulté provient essentiellement de son état d'esprit formaté par son champ d'habitude, une déformation professionnelle portant à de la permanente suspicion à mon endroit, sur mes propos, mes argumentations et même mes preuves.
Cela est sans aucun doute dû au fait qu'il n'a défendu et ne défend que des salauds, des crapules, des médiocres, des racailles, des abrutis, bref, des coupables.
Aussi, sa récurrente stratégie et sa permanente façon de faire en sont imprégnées.

D'abord, il ne sait pas défendre un innocent.

Par exemple, son conseil était, quand j'étais en garde à vue, de tout avouer, en minimisant, et en faisant acte de repentance.

Malheureusement, j'ai suivi ses préceptes lors de mon audition, pensant qu'il contrecarrerait ensuite pour soulever les points incohérents et les vices des procédures (sic).

Mais, ce ne fut pas le cas. Aucune objection. Comme si, comme à son habitude, son client était évidemment coupable des faits reprochés !

Ainsi donc, il a laissé le champ libre aux salauds de gendarmes, de procureurs et de magistrats pour détourner de leur sens, d'abord mes propos d'antan, puis mes déclarations, au point même d'inventer une phrase que je n'ai jamais écrite, et qui a été inscrite comme principale dans le chef d'accusation le plus grave à mon encontre, celui de « *MENACE DE CRIME CONTRE LES PERSONNES AVEC ORDRE DE REMPLIR UNE CONDITION* » !

Il y eut donc un premier doute, certes à retardement, sur son intégrité, c'est-à-dire à réellement défendre mes intérêts. Ce fut de me demander d'avouer, sans même savoir si ce que je devais avouer était réellement la vérité, me considérant systématiquement, et évidemment coupable !

Il ne me donna aucun autre conseil, les siens étant exclusivement circonscrits à cette stratégie de « défense », puisque ses clients habituels, coupables, ne pouvaient prétendre à une autre.

Le second acte d'aveu inconscient de sa part, quant à son défaut d'intégrité, fut quand je lui apportais, lors mon second rendez-vous en son étude, la découverte et sa preuve, du fait édifiant de l'aberration de ce fameux chef d'accusation, le plus grave, qui était porté sur une phrase que je n'avais jamais, ni écrite, ni même formulée !

Je pensais trouver chez lui une sorte de soulagement, entrevoyant une voie royale pour annihiler ce procès dans l'œuf, une jubilation juridique et judiciaire, d'autant plus facile, étayée et incontestable, qu'elle tenait en quelques lignes, d'elle-même, sans point besoin d'argumentation, et encore moins de plaidoirie.

Ce fut tout l'opposé.

Il refusa tout d'abord de prendre le fichier de ma clé USB, mais vérifia sur son téléphone mobile ledit courrier mis en cause, dont il avait pris une photo médiocre lors de sa venue au tribunal de Toulon.

Il mettait ma preuve, ma démonstration, et même ma parole en doute, puisqu'il voulait contrôler sur sa pitoyable copie numérique, le bien fondé de ma découverte, alors que je lui donnais sous « pdf » un document parfaitement lisible, et pratique pour chercher les mots clés, et voir instantanément que j'avais raison !

Je pensais au moins qu'allait enfin surgir un sourire de satisfaction sur son visage, mais il ne fit que lâcher, après que j'eus à lui expliquer précisément que toute poursuite à ce titre était nulle et non avenue : « *Ah oui, je vois ce que vous voulez dire...*» !!!

En bref, il n'avait pas à « voir ce que je voulais dire », puisque le fait parle de lui même, et le constat fait force d'absence de besoin d'explication.

Il en fit fi.

Comme tous, absolument tous les vices de procédures.

Or, armé de ces points cruciaux, qui ridiculisent les procureurs et certains magistrats, il aurait pu faire immédiatement annuler ces poursuites ipso facto.

Pire, il voulait user de l'argument larmoyant comme quoi j'avais été agressé par le passé, et qui avait déjà ému la magistrate. Il voulait me défendre comme si j'étais coupable, comme si tous les faits délictueux étaient avérés, comme si aucun point de défense juridique n'existait, comme si aucun vice, aucune faute, aucun méfait n'entachait la procédure, comme si la seule issue était de présenter des circonstances atténuantes.

Bref, il me défendait comme il le faisait pour les salauds de son habituée clientèle !

Je lui rétorquais qu'il n'en était pas question, que j'étais un homme, pas une lopette, et que je voulais être défendu décemment, et sortir de là, la tête haute, d'une manière honorable, et surtout en dénonçant les délits de tous ces salopards qui m'y avaient conduit.

Hors de question d'occulter la raison réelle de leur cabale, et de les laisser s'en sortir à si bon compte, tout en m'ayant humilié.

Cela le dérangea quelque peu...

Et pour cause...

L'autre inconvénient d'avoir recours à un avocat qui « connaît le juge », c'est que le premier use d'une monnaie d'échange avec le second.

Si ce n'était que de corruption financière, cela serait « l'idéal », car, une fois payé, le magistrat ne peut demander un service en contre partie...

Le problème est que, dans des circonstances politiques comme mon affaire, la « complaisance » se fait uniquement par échange de services. Et par conséquent, pour obtenir un sauf-conduit de sortie, sans se servir du Droit, et des lois à mon avantage, il a dû promettre autre chose...

Ce qui amène au doute de la probabilité que l'avocat de ce type, ne soit pas totalement loyal envers son client, et qu'il ait à maîtriser ce dernier, afin qu'il ne remue pas dans les brancards juridiques, et dévoile au grand public son cas, illégal, frauduleux et inique, qui mettrait à mal les autres magistrats, avec qui il « travaille » tout au long des années.

Ce point est grave d'ailleurs, et explique la récurrente et commune attitude de tous les avocats de ne pas brusquer la susceptibilité des magistrats, pour ne pas en subir les représailles ultérieurement, au cours d'une autre affaire.

C'est inique, certes, c'est abject, certes, mais c'est un fait réel et logique que tout « client » se doit de prendre en compte pour la gestion de sa défense, « son » avocat ne se mettra jamais en péril pour lui...

En définitive, pour la suite à donner, je regrette qu'il n'ait pas eu à payer ces magistrats avec l'argent que je lui ai versé à ma sortie.

Car dans ce cas, paradoxalement à ce que dicterait la morale, j'aurais été plus confiant, en lui, et pour le procès !

En effet, et j'ai vite compris son manège. Il faisait tout pour détourner l'attention du propos principal, pour ne pas avoir à mettre en évidence, en grande lumière, les nombreuses fautes et les innombrables délits de toute la « magistrate » clique.

Pour exemple, en complément de la plus grave faute procédurale, celle du fait de me poursuivre sur une phrase que je n'ai jamais écrite, étant le chef d'accusation me coûtant une telle situation à l'instar d'un criminel, je lui faisais aussi état du problème des dates inscrites auxquelles j'avais commis ces crimes, qui étaient antérieures, matériellement, à la réception des courriers et de leur publication sur internet!

Pour lui, ce n'était pas important, non plus !

Nous pourrions évoquer à son sujet, seulement son incompétence en le domaine juridique, ou un caractère exacerbé pour le défaitisme.

Mais, je voudrais éclairer sur sa réelle détermination à diriger cette affaire dans le sens « politiquement correct », qui sied à sa prétendue conscience professionnelle, par un autre exemple.

J'avais évoqué en son bureau, par deux fois, au cours de mes deux seules visites, mon intention de déposer une ou plusieurs « QPC » (Question Prioritaire de Constitutionnalité), face aux « invraisemblances » juridiques dont j'étais victime. Lui disant que je ne voulais pas avoir subi tous ces préjudices pour rien, et en cohérence avec l'objet moral de ma fondation ONG « ANOTOW », il fallait profiter de la situation pour la tourner à un avantage universel, du moins à l'échelon français, pour faire changer les lois, rédigées d'une manière médiocre, stupide, ou simplement insuffisante au point d'être systématiquement mal interprétées, et à tort.

La « QPC » est utile, mais pour cela, il faut la légitimer par une procédure contemporaine dans laquelle on est inscrit, et confronté à un dilemme juridico-moral vis-à-vis de la Constitution.

Un simple justiciable ne pouvant en déposer une, je voulais saisir l'occasion par cette sale situation, d'en retirer un bénéfice moral, pour le bien de tous (ou presque...).

A titre anecdotique, il y est déjà un vice procédural dans ladite « QPC ». En effet, une telle requête se dépose d'abord auprès de la juridiction concernée, qui statue sur son bien fondé, ou non. Dans la positive, elle est transmise au Conseil Constitutionnel. Dans la négative, elle est déboutée, et il n'y a aucun recours !

Il est évident que ceux qui ont à l'évaluer en premier ressort, ont beaucoup d'intérêts à ce qu'elle ne soit pas maintenue, et instruite à un échelon plus élevé. Et spécialement dans des cas tordus comme le mien, qui ferait mettre au jour leurs crapuleries...

Ainsi donc, à ce niveau, et dans de telles circonstances de rejet par des parties prenantes, une « QPC » devrait être déposée sur la « QPC », car elle est un point sensible d'entrave constitutionnelle !

Il devrait être possible de passer outre la juridiction locale, déjà par son incompétence en la matière, mais aussi par son incapacité à instruire, sinon, il serait à établir un constat comme quoi il n'y a pas de hiérarchie de juridiction !

Quant à « Mon Super Avocat », bien évidemment, il répondit qu'il n'en voyait pas l'utilité, et surtout qu'il ne parvenait pas à entrevoir l'objet d'au moins une.

Je devais la circonscrire, la définir, par moi-même. Cela ne m'était pas gênant, vu que moi, j'en avais les capacités intellectuelles et morales pour les déceler, et même techniquement, puisque j'en avais déjà déposé une par le passé !

Ça, c'est de l'avocat « pointure », qui (ne) connaît (que) le juge !

Lors de notre premier rendez-vous en son cabinet, à Marseille, le lendemain de ma libération, déjà pour régler ses prestations (en espèces), il m'avertissait que j'avais perdu d'avance le futur procès, face aux avocats mystérieux des parties adverses, faisant état de la nature « revancharde » de la secte, et qu'il était nécessaire de se préparer, et d'avoir un défenseur, et spécialement lui.

Il croyait alors que je voulais me défendre seul, ou que je n'allais même pas y aller, sans me faire représenter.

Il s'était enorgueilli auparavant, de m'avoir épargné la fastidieuse mise sous consignation de tous mes biens, demandée par la sainte vice-procureure. Comme si j'y avais obtempéré, tel un agneau qui va à l'abattoir.

Le plus « amusant » est qu'il se croyait dans un film américain, et tel l'avocat idoine, m'ayant posé des jalons dès mon entrée en son bureau, il développait la nécessité comme quoi il fallait que je le vois à plusieurs reprises pour faire des simulations d'interrogatoires pour le procès. En quelque sorte, un entraînement au mensonge, alors que moi, je n'avais rien à cacher, rien à me reprocher. Bien au contraire.

Plus tard, j'ai compris que son but était essentiellement de me contenir, et d'éviter que je ne déballe des choses dérangeantes à l'encontre des parties en présence, magistrats compris.

Sa stratégie était plutôt de connaître au préalable les tenants et aboutissants que j'aurais pu déclamer avec réjouissance, pour les mettre tous à l'index.

Il avait d'un côté, son penchant habituel à défendre toujours des criminels, pour lesquels un tel jeu de rôle est vital, et d'un autre, celui de protéger les personnes qu'il côtoie quotidiennement dans son milieu professionnel, et dont il dépend somme toute, si ce n'est tardivement le soir (...), tant j'ai des doutes sur sa non appartenance à la secte...

Par ailleurs, étant familier avec l'avocat grande gueule, Éric DUPOND-MORETTI, auto-proclamé prétendu pourfendeur de l'« Injustice », je lui avais demandé de lui présenter l'affaire, qui était, bien plus que la plupart de celles dont il s'occupe, attachée à son combat viscéral.

Il en avait approuvé la suggestion.

En toute apparence.

Car, mon stratégique désir était de faire étalage de cette affaire au niveau médiatique qu'elle mérite, déjà par le fait d'assigner à comparution les victimes et témoins comme le PHILIPPE, et Gérard COLLOMB.

Puis, techniquement, je voulais faire présenter une étude sémantique par un érudit de la langue française, pour ridiculiser tous ces cancrelats, des gendarmes aux divers magistrats, notamment le maire, les préfets et les procureurs.

Et pour finir la plaidoirie qui n'en est pas une, puisque, en définitive je n'ai ni à me justifier, ni à me défendre de faits inexistants, j'en appelais à une décantation de l'analogie de situation avec celle narrée depuis l'aube des temps, du mythe du « héros », telle dans la tragédie grecque antique, le personnage principal étant toujours seul, ou presque, contre une nuée de crapules, et/ou de « monstres ». Une notion mise encore plus en lumière de nos jours, avec les super-héros.

A eux tous, avec leurs puissants pouvoirs étatiques, qu'ils n'ont que par pure convention, ligués comme de nuisibles rats, ils ont cette pathétique conversion de croire qu'ils sont légitimes parce que forts.

Quoi qu'il en soit. Personne n'est pour les salauds. Tout le monde est pour le « solitaire », en proie à ces salauds. Qu'il gagne, ou qu'il perde, à la fin.

Et rien ne fera changer cette émotion, car elle est viscérale à tout être humain digne de cette qualification honorable, celle de se rebeller contre l'Injustice.

Rien, ni personne. Même pas ces cancrelats.

Et je voulais finir, par exprimer mes desseins réels et mon état d'âme, supérieurs aux leurs tous critères bénéfiques confondus, par la citation de la leçon de vie poétique de Rudyard KIPLING, « If », en version traduite en français, évidemment, puisque ces « tâches » n'en ont pas la capacité d'en mesurer la portée dans sa version originelle...

Et particulièrement,
« *Si tu peux supporter d'entendre tes paroles*
Travesties par des gueux pour exciter des sots,
Et d'entendre mentir sur toi leurs bouches folles
Sans mentir toi-même d'un mot. »

Le sieur fut plutôt embarrassé... Mais, non pas par le fait que cela serait certes, de la confiture donnée à des « porcs » (au sens figuré...).

Et encore davantage, quand je lui disais que je voulais qu'il dépose en premier acte, une « QPC » au titre de la localisation illégale et illégitime du procès en la juridiction de Toulon, en lieu et place de celle de Paris, au regard de la loi (française) qui stipule et expresse que le défendeur doit être poursuivi dans sa localité.

Et j'ajoutais que, si même toutes ces requêtes, légitimes quoi qu'elles en soient, « QPC » et autres demandes de dépaysement, étaient vouées d'avance à un échec, selon ses prévisions péremptoires, elles n'en demeuraient pas moins, d'abord nécessaires pour démontrer le caractère insistant, résistant et pugnace de ma stratégie de défense de vouloir imposer le droit français sur celui toulonnais, puis aussi et surtout utiles, car elles en auraient encore davantage prouvé, par leurs refus systématiques en dépit des textes législatifs français en vigueur en 2018 et 2019, la corruption absolue des magistrats du tribunal de Toulon, si n'est de tous ceux de la région PACA toute entière, étant sous le chaperonnage de la salement célèbre Cour d'Appel d'Aix-en-Provence, pourrie à l'extrême par la secte.

Et mieux encore, ces négations juridiques seraient tout à mon avantage, inversement proportionnel au leur, par une éclatante indubitable démonstration de la cabale personnelle qu'ils poursuivent avec détermination, par la gangrène de la corporation, d'une teneur, non pas aux motivations visibles et officielles à titre judiciaire (français), mais, sans conteste, sur les plans moraux, dogmatiques et religieux.

Et ce, quitte à m'interdire tout droit (français) à un procès équitable, qui leur serait évidemment ainsi défavorable, et même préjudiciable, attestant le caractère partisan, non neutre, non intègre, et même vils, de ces acteurs de seconde zone.

Et le comble de sa gêne fut atteint quand je lui ai demandé de formuler aussi une requête pour que le procès soit filmé !

Ça, c'est de l'avocat qui « (ne) connaît (que trop) bien les juges ».

Bien évidemment, je n'ai plus entendu parlé de cette sollicitation auprès de l'éminence médiatique parisienne de type « Bobo », et ce, malgré le fait qu'il m'avait déclamé qu'il s'en entretiendrait avec lui, puisqu'il devait le côtoyer longuement au cours du procès d'« Air Cocaïne », dans lequel, ils allaient, tous deux, « défendre » de pauvres accusés, fin février, début mars...

Au surplus, sa naïveté portant bêtise, du haut de sa science en le juridique, il me revient aussi un de ses éclairs de génie.

Je lui avais évoqué la certainement probable mise sur écoutes de ma ligne téléphonique, en l'interrogeant sur sa légalité. Il s'en moquait royalement.

Et quand je lui relevais le fait, somme toute grave, du problème juridique de mes conversations avec lui, il me répondait que la Loi (française, je suppose...) interdisait aux autorités d'user de quelques moyens qui enfreindrait la confidentialité d'un avocat avec son client, et qu'ainsi, nos conversations étaient protégées !

Comme s'il y avait une sélection avec restriction de certains numéros...

Soit ! Mais, s'il est interdit de mettre sur écoutes un avocat, je ne vois pas ce qui ferait de la même retenue quand le client sur écoutes, appelle son avocat...

Et comme si les autorités respectaient la Loi (française)...

Et comme s'il était possible de pouvoir vérifier ce respect...

Et comme si des informations récoltées d'une manière non « réglementaire » n'étaient pas utilisables et/ou utilisées par les autorités...

C'est tellement con de penser, et d'objecter de la sorte, que je n'eus même pas l'envie de lui répondre ! Un raisonnement typiquement « avocat » !

Quoi qu'il en soit, ceci est bien une autre situation juridique délicate qui nécessite un éclaircissement législatif devant faire opérer une « QPC ».

Si une interrogation sur ses capacités en le juridique se pointe, pour autre exemple, j'en voudrais des « expériences » externes à cette pénible pénale situation.

A ma sortie, pensant qu'il était quand même efficace, je lui ai confié plusieurs affaires civiles à tendance pénales, et notamment celle contre le trio maléfique, instigateurs officiels de la cabale.

Toutes ces affaires sont indubitablement bien étayées, à 100% dans mes droits, et 100% dans les torts des poursuivis, ces derniers étant coupables, en sus, de graves délits pénaux.

Des affaires que tout avocat normal se délecterait d'en avoir la charge, tant elles sont « faciles » par leur contexte juridique.

N'y connaissant rien en Droit, du moins dans ces domaines spécifiques relatifs à celles-ci, malgré le fait qu'il revendiquait le contraire, « Mon Avocat » ne m'a apporté aucune solution juridique efficace, ni même judiciaire.

Pire, il m'a fait perdre 2 mois sur l'affaire contre le « margoulin », Patrick CHAUMIER, qui tentait de m'escroquer, au moins, sur les travaux et le montant d'une facture, m'a détourné une auto, et commis de nombreuses fraudes administratives, comptables et fiscales à mon insu. Sans compter des propos mensongers et fallacieux, diffamants, le tout sous menaces et chantage, à mon endroit.

« Mon avocat » n'y voyait cependant, rien à redire, rien à lui reprocher.

Évidemment, puisqu'il a l'habitude de ces sales actes, ne défendant que ce type d'auteurs.

En bref, selon lui, quelle que fut l'affaire, et toutes étaient différentes, tout ce que j'avais fait en terme de juridique, tout ce que je disais en matière d'argumentation, ne valait rien.

Il voulait recommencer à zéro, même les plaintes pénales, me faisant ainsi perdre 3 mois, et faire gagner autant de temps à mes salauds d'adversaires.

Le seul « conseil », une information plutôt, qu'il m'ait donné, au vu de mon désir de poursuivre les crapules au pénal, c'était de m'expliquer qu'il fallait d'abord déposer une plainte au procureur, et qu'après 3 mois sans nouvelle de ce dernier, alors je pouvais requérir à la nomination d'un juge d'instruction moyennant une caution.

Je suis procédurier depuis une vingtaine d'années, et j'ai utilisé ce mode quelques fois déjà.

Vous parlez d'un conseil !

Il m'expliquait ce que je savais déjà, pour l'avoir déjà fait seul, sans besoin d'une aide d'un avocat.

Pire, défaitiste à souhait, il me disait que toutes les affaires étaient vouées à l'échec, vu que les procureurs reçoivent des centaines de plaintes par jour, et que la plupart parte à la poubelle. Un autre fait que je connaissais, pour l'avoir amèrement constaté de très nombreuses fois.

Quant à la procédure par un juge d'instruction, ce dernier ayant une centaine d'affaires à traiter, la mienne serait forcément méprisée par le (prétendument) peu d'intérêt juridique et judiciaire.

Bref, cela ne servait à rien que j'utilise ses « compétences » en matière d'« entrées », pour favoriser une écoute particulière de mes cas, où de graves délits étaient l'objet, auprès du parquet, ou du service de l'instruction.

Mais, il voulait bien s'occuper de ces affaires...

Évidemment, cela lui permettait de facturer ultérieurement des honoraires, et surtout, de me bloquer en se les ayant prétendument appropriées...

En ce qui concerne seulement deux affaires, sur six ou sept au total, il ne fit rien si ce n'est envoyer quelques courriers recommandés à certains intéressés, missives laconiques, de quelques phrases, qu'il mit un mois à rédiger...

Quand l'un d'eux répondait, ce dernier avait absolument raison sur tout, et moi, j'avais à me justifier, même sur des points étrangers à l'affaire elle-même !

Pire, comme dans sa prise de contact il demandait de converser avec l'avocat de l'intéressé, et que ce dernier lui répondait directement, précisant qu'il n'en avait point, « Mon Avocat » me disait qu'il n'avait plus le droit déontologique de lui écrire !

L'affaire était close !

J'avais l'étrange sensation qu'il conseillait, qu'il était l'avocat de la partie adverse...

Et quand on parlait de mon affaire présente, double, dont il s'était préalablement occupé, celle « judiciaire » et celle de l'internement, j'avais toujours tort.

Il mettait en doute systématiquement mes propos, mes argumentations, mes preuves, tel qu'il doit le faire pour n'importe quel salaud de coupable qu'il a l'habitude de défendre.

Déjà, avant le passage devant le « JLD », il se moquait pertinemment du fait qu'il y avait de nombreuses fautes de procédures, et refusait de les utiliser, disant que cela ne servirait à rien, sortant toujours un exemple de son expérience, d'un argument juridique similaire qui n'avait pas trouvé d'écho auprès des magistrats.

La Loi ne servant à rien, en définitive.

Et quand je lui disais que mon audition était viciée, basée sur des circonstances coercitives et de chantage, avec le spectre de l'internement abusif, que j'avais été entendu tardivement le soir, avec une migraine pour laquelle le docteur du commissariat, Étienne ALLIOT, l'après-midi, m'ayant vu dans le couloir une dizaine de secondes, avait exercé un chantage au soin, s'était refusé à me prescrire une aspirine sans que je prenne au préalable un médicament dont je n'avais aucune connaissance, et donc, que ledit procès-verbal était à considérer comme caduc, il me répondit d'un cas dont il s'était chargé dans ce sens, et qui avait été voué à l'échec. Il me disait avoir invoqué l'annulation de l'audition d'un gitan, qui s'était fait prendre en flagrant délit, qui avait fini à l'hôpital suite à une blessure par balle des autorités, et donc entendu sous traitement de morphine, et que sa requête avait été refusée.

« Mon Avocat » me comparaissait à un gitan, cambrioleur et coupable !

Et quand j'évoquais de poursuivre légitimement le Patrick CHAUMIER dans la juridiction de la cité phocéenne, pour son appartenance liée à sa société « Force Motorsport » inscrite au RCS de Marseille, il me disait qu'il était fort probable que l'affaire soit transmise sur la juridiction de Toulon, parce qu'il était désormais domicilié dans le Var, dans la région de Signes, même si son adresse déclarée était fausse !

Et ce, parce que c'est, selon la Loi française, toujours sur le lieu du défendeur que se font les poursuites.

Je connaissais bien cette loi, pour l'avoir déclamée, aux gendarmes, aux procureurs, aux préfets, aux magistrats, aux « docteurs », mais, d'une manière systématique, elle en avait été frauduleusement et illégalement ignorée !

Et quand je rétorquais à « Mon Avocat » cette légitimité, pour cette affaire de procès, il me répondait dans le sens évasif qu'elle ne s'appliquait pas à moi !

En bref, avec lui, tout ce qui était en ma faveur, qu'importe la loi, n'était pas à mon bénéfice, et tout ce qui était en la défaveur de mes ennemis, qu'importe la loi, ne leur était
pas imputable !

J'avais aussi des doutes sur sa loyauté envers moi, parce qu'il avait ses « entrées » dans les tribunaux locaux, qu'il prétendait avoir demandé plusieurs fois mes dossiers, mais qu'il ne parvenait pas à les obtenir...

Me revient aussi une autre démonstration de son manque de professionnalisme, de son absence totale de connaissance des dossiers.

Avant ma sortie de l'internement, je lui répétais que j'allais être directement embarqué vers la gendarmerie pour la suite de la garde à vue.

Il me répondit que non.

J'ai insisté plusieurs fois, au point que j'avais l'impression de passer auprès de lui et par lui, pour un débile, un effrayé, un persécuté.

Et c'est bien ce que je prétendais, qu'arriva.

Certes, vous pourriez dire, qu'il avait sous-estimé la situation, qu'il a fait une erreur de jugement. Vous pourriez avoir raison. Si ce n'est que parmi les éléments du dossier qu'il m'a fourni fin janvier, il y avait un procès-verbal des honorables gendarmes enquêteurs, en date du 16 novembre, à l'attention du directeur de l'hôpital, Michel PERROT, lui demandant de les informer de ma sortie... Document qu'il avait, lui-même, photographié...

Il serait aussi de bon ton, pour enfoncer le clou, pour transmuter le doute en certitude, sur sa loyauté, et surtout sur son penchant vers son copinage professionnel « magistral », c'est sa systématique absence de réponse à mes courriels quand ils contenaient des questions dérangeantes.

En effet, j'ai dû verser une caution de 5.000 euros pour ne pas faire de la détention provisoire !

C'est une pure extorsion.

Mais le point n'est pas là.

Je ne voulais pas aller dans cet antre maléfique, et il m'orienta vers une de ses consœurs, à qui j'ai donné les espèces, pour les verser à la « Régie des Recettes » de ce sale tribunal.

Le travail fut fait en temps et heures, et gracieusement.

C'était le dernier jour d'ultimatum, le 09 janvier.

A ce titre, je tiens à évoquer la vicieuse ruse de l'administration judiciaire, qui fait mention de l'obligation de s'acquitter avant une date, et en ce qui me concerne, ce fut le 10 janvier.

Ainsi, si vous ne prenez garde à cette pernicieuse subtilité, et que vous ne lisez que la date mentionnée, et que donc, vous réalisez cette condition le jour inscrit, pensant que c'est le dernier en tant que limite de l'ultimatum, vous êtes ipso facto hors délai, et donc, voué à la détention « préventive » !

Même « mon super avocat » n'en avait vu le piège...

Pour en revenir à ma rançon, j'ai découvert le week-end suivant, que, sur ledit reçu de cette fameuse « Régie des Recettes », édité par un subalterne, le suppléant M.F. DEROT, il y avait d'inscrit une référence erronée !

Aucun de ces deux avocats n'avait pris le soin de vérifier.

Un oubli, soit !

Mais la chose était grave, et je les ai alertés immédiatement.

En effet, en toute pertinence, je craignais que l'inscription de ce versement dans leur registre soit aussi faussée, et que par conséquent, tout magistrat, tout procureur ayant à cœur de vérifier mon respect de cette condition, en tire l'aisée conclusion que je m'y suis défaussé, et en ordonne légitimement une interpellation.

C'est de la pure logique juridique.

« Mon Avocat » ne me répondit pas !

Seule sa consœur, ayant été insuffisamment précautionneuse, a fait immédiatement corriger l'erreur en obtenant un nouveau reçu, par la titulaire en chef, Luce REYMONENQ, et m'en a informé dans l'heure.

Quand je l'ai enfin eu au téléphone, plusieurs jours plus tard, il ne s'était pas affolé, sans moquant totalement, prétendant que je ne risquais rien, et qu'au pire, en cas d'arrestation, ce n'était que l'affaire d'un jour ou deux, pour rétablir la méprise, et en sortir !

Un jour ou deux !

Qu'importe mon temps, qu'importe l'humiliation, pour lui, deux journées d'incarcération, ce n'est pas grave. Comme pour tout criminel, qu'il me considérait !

Et puis, cela lui faisait des honoraires, facilement gagnés, à récolter.

J'ai même des doutes sur l'authenticité de ce dépôt, tant l'avocate qui s'était chargé doublement de la chose, a « botté en touche », me renvoyant à questionner « mon conseil » (?!), quand je lui demandais si elle avait pensé à bien faire vérifier par la régisseur, la bonne inscription dans ledit registre...

Je n'ai jamais obtenu de réponse à ce sujet, par aucun des deux...

Quant à l'erreur initiale, je doute toujours qu'elle ne fut pas involontaire...

De moralité ou de mentalité, je ne sais quelle est sa déficience. Primordiale...

Par correction et par respect envers mon ami qui me l'a présenté, et pour la tâche qu'il a cependant entreprise pour me sortir de ce guêpier qu'était cet internement abusif, même s'il a pris son temps, je ne citerais pas son nom.

Cependant, je peux dire que de ce simili « sauveur », dont l'identité s'apparente à « JéSus » (*sic, de circonstances*...), j'en verrais plutôt l'attitude en finalité, de celle d'un « Judas »...

Et en ce qui concerne son « aide de camp » toulonnais, Sandy CARRACCINO, qui a, selon elle, déposé la rançon de 5.000 euros au tribunal de Toulon, je ne sais toujours pas si c'est vrai, ou si elle l'a détournée, tant, étrangement, elle a catégoriquement refusé de me confirmer sa vérification auprès du régisseur des recettes si ce versement avait été cependant bien noté en ses registres sous la bonne référence, et que la faute originelle ne concernait que le reçu, me répondant que je n'avais qu'à demander à « mon conseil » pour obtenir la réponse...

Quant à ceux qui penseraient à l'endroit du « JéSus », « *soit ! C'est une p'tite putain, comme tout avocat, mais au moins, en tant que corse, il sait tenir sa langue* », là aussi, ils se leurrent.

Si cette réputation est réelle, elle ne le concerne pas.

Et je dirais plutôt, qu'à l'extrême opposé de « Jésus de Nazareth » qui était un homme de poids, le « JéSus de Mattéi » serait une balance. Et ceci n'est pas juste une idée en l'air, mais bien le constat de sa multiple « attitude » dernière....

Autres graves problèmes de Constitutionnalité, à régler au moins par une « QPC ».

Tant que nous sommes dans le sujet des conseillers de la « défense », il est important de souligner au moins, deux graves problèmes de Constitutionnalité.

Le premier cas est au titre de la notion de l'avocat commis d'office.

Toute personne a le droit à être « défendu » par un avocat, et si vous n'en avez pas, le système judiciaire est conçu pour vous en attribuer un. D'office.

Déjà, c'est une arnaque intellectuelle et morale, car ce prétendu défenseur n'est présent que pour l'interrogatoire, c'est-à-dire, que pour une certaine partie de la garde à vue, et qu'il ne veille qu'au respect procédural de la situation, assorti de quelques conseils de circonstances, comme de vous taire, ou d'avouer. Mais, il n'est en aucun cas votre « protecteur » pour la suite !

Ensuite, et surtout, le problème de Constitutionnalité, qui est double, réside dans l'objet et la nature de sa nomination.

Le premier pan litigieux porte sur le fait qu'il n'est pas de votre choix ! Or, toute personne a le droit d'opter pour son défenseur, et ce droit ne peut lui être renié.

C'est un point crucial, l'absence d'alternative ! Associée au fait d'imposer une personne en particulier !

Ce qui conduit au second pan discutable, qui porte sur le mode de désignation, obligatoirement partial. Si un avocat fourni par le tribunal lui-même, est choisi par les personnes qui l'occupent, et qui sont en charge des poursuites, il y a un problème de conflit(s) d'intérêts, de corruption.

Nous pouvons constater la fraude intellectuelle et morale avec mon affaire, où l'avocate désignée d'office, a étrangement pris parti contre moi !

L'autre cas de problème de Constitutionnalité est au titre du règlement des honoraires, qui ôte virtuellement tout droit réel à recourir à un défenseur, bon ou mauvais, onéreux ou cher.

C'est une spoliation insidieuse du droit à un avocat.

Ces individus peu scrupuleux se serrent toujours les coudes, surtout quand il s'agit de défendre leurs petits intérêts personnels. Ainsi, ils se sont octroyé un droit, pudiquement et spécieusement inscrit sous le fameux sceau de l(a)(eur) « déontologie », qui porte à refuser de prendre la suite d'une affaire d'un client si ce dernier n'a pas purgé ses prétendues « dettes » auprès de son ex conseiller ! Quelles qu'elles soient.

Ainsi donc, le Droit à être défendu a ses limites.

Il suffit alors à l'avocat évincé d'éditer une fausse vraie facture d'honoraires « bidons », ces derniers n'ayant pas à être justifiés précisément, ce, pour pouvoir, à la fois, extorquer par contrainte et par chantage, un surplus d'argent à un ex client contre qui il a obligatoirement une rancœur, et assouvir ses desseins de revanche.

Une personne ne quitte jamais un avocat de gaîté de cœur, sachant que cela lui causera davantage de tracas, et que cela lui sera préjudiciable pour son affaire, et pour son portefeuille. En effet, il aura à perdre à nouveau, du temps pour expliquer le dossier, pour attendre que son nouveau conseiller récupère les éléments de la part de son ex avocat, et de la part du tribunal, et de l'argent pour honorer à nouveau des charges de travail qui avaient été déjà menées.

Tout changement est uniquement aux frais, toutes dépenses confondues (matérielles, temporelles, énergétiques, financières, morales, mentales, etc.), de la personne. Jamais au détriment d'un quelconque avocat.

Et même mieux, celui évincé est plus que bénéficiaire. Il a encaissé des honoraires pour une affaire dont il n'aura plus la responsabilité finale, et qui aurait mis en évidence son incompétence, et/ou sa fainéantise.

Il est même des avocats qui ne jouent qu'à ce jeu. Celui de prendre des clients, d'encaisser, et de ne rien faire, jusqu'à ce que ces derniers, exaspérés et inquiets, ne partent pour un autre conseiller ! « Tout bénef » !

Par ailleurs, il est à se rappeler la récente manifestation de grève de ces raclures, quand une loi allait être déposée pour « niveler » un tant soit peu, inter-professionnellement, leurs rémunérations, et ce, d'une manière plus juste, plus équitable, et plus honnête, pour leurs nécessiteux « clients ».

Ce jour-là, par leurs sales actions nombrilistes et abjectes, ces « sans-vergogne » ont mis en péril les audiences de leurs propres clients, les magistrats n'ayant que seule option de renvoyer les affaires ultérieurement, causant des dommages supplémentaires à ceux qui attendaient déjà depuis longtemps leurs procès.

Si la Justice, la Loi était appliquée, tous ces prétendus défenseurs qui ont causé des préjudices à leurs propres clients pour leurs propres comptes, devraient être radiés du barreau. Et condamner à payer de leurs deniers personnels les outrages subis. Et ce, déjà, au titre du non respect contractuel envers eux.

Bien évidemment, pour contrecarrer d'avance les abrutis qui objecteraient que c'est bien facile de critiquer, je rétorquerais que j'ai les solutions législatives pour parer à ces deux graves fautes de Constitutionnalité.

- **Chapitre 24 : La suite de la garde à vue, 11 jours après, Les Pieds Nickelés sont, dans le monde réel, du côté des autorités.**

Les « nouveaux » Officiers de Police Judiciaire, Maréchal des Logis/chef Mathilde HOARAU et son adjudant chef Denis ZAMMIT, sont de corvée pour la reprise de la garde à vue, pour faire enfin cette audition.

La première est autant en formation que sa prédécesseur, l'Aurélie THOULOUZE, et toute aussi chaperonnée par un supérieur mâle.

Ils sont tous deux animés, comme leurs collègues « enquêteurs » initiaux, d'une culture générale médiocre, et d'une intelligence qui ne peut la rivaliser.

Je décèle cependant, et à retardement, une certaine honnêteté chez l'officier qui porte un « drôle » de nom.

A ce sujet particulier, « ZAMMIT » est, étrangement, le même patronyme que celui du gendarme en uniforme de la brigade du Beausset, qui avait profité de l'aubaine de ma garde à vue, pour m'entendre sur une autre affaire, dans laquelle un sbire de la préfecture avait essayé de m'arnaquer, et qui s'était plaint... Je doute d'ailleurs, encore, de la légalité de cette « audition »...

Et quel est leur lien de parenté ? De complicité ? De collusion ?

Cet officier de police judiciaire ressemble à « Christopher MELONI », de la série « New York, Unité Spéciale ».

A l'instar de leurs prédécesseurs, ils commettent sans aucune gêne, à nouveau, des vices de procédures, comme, déjà, une absence d'« état » de la « fouille » quant à mes effets personnels retenus par leurs soins. Ils les avaient placés dans un sac en plastique, aucun inventaire n'ayant été fait, notamment celui de mon porte-monnaie...

Aucune liste n'a été rédigée.

Pour avoir une idée de son niveau de culture générale, le « Christopher » ne savait pas qui était « *Dupond-Moretti* ». Il dut chercher sur son mobile pour le découvrir, et pour me répondre : « *Ah oui, je le connais, je l'ai déjà vu. C'est un acteur...* »...

Un prétendu gendarme, haut de gamme de surcroît par son statut d'Officier de Police Judiciaire, du cru, ne connaissait pas l'avocat actuel le plus médiatisé de France...

Pas futé, se moquant même d'un de ses collègues au sujet de son faible niveau d'intelligence, alors que je lui disais le contraire, j'ai cependant vu en lui, au fil des discussions, qu'il y avait une certaine volonté de bien faire les choses, même s'il n'en avait pas toutes les capacités.

Je pense, mais je peux me tromper, qu'il est honnête, et compréhensif.

Je l'ai observé quand j'ai affirmé que je n'avais aucune confiance en les gendarmes depuis mars 2013, période à laquelle j'avais été agressé... J'ai saisi sa compassion pour les victimes de ce genre de crimes, puisqu'il les côtoie régulièrement, m'avouant être en charge des enquêtes de ce type.

Je peux me tromper, mais il me semblait sincère.

Et honnête.

Peut-être le seul de cette qualité parmi les officiers en civil de cette gendarmerderie varoise.

En effet, il fut étonné de prendre connaissance de mon affaire d'alors, s'étant passée à Saint Cyr-sur-Mer, à une période à laquelle il était déjà en poste. Il ne se rappelait pas avoir été informé de cette agression. Il eut la curiosité professionnelle et morale de la rechercher dans la base de données de la gendarmerie. Il la trouva, et se rappela alors en avoir été en charge brièvement, avant que l'enquête ne fut très rapidement transmise à une brigade du département voisin, les Bouches-du-Rhône, parce que mes révélations sur les probables auteurs, et leurs commanditaires, portaient aussi sur des personnes de cette juridiction de Marseille. Mes pistes révélées à cette gendarmerie varoise, menaient aussi à des membres de la mafia toulonnaise, imbriqués avec des politiques, des magistrats, et des autorités, comme la gendarmerie locale... C'est pour cela que cette piste fut très vite écartée, et le dossier envoyé ailleurs, sans plus aucune nouvelle des suites qui ont été données. Même cet officier ne savait pas où en était l'enquête !

Son honnêteté fut révélée sans conteste quand il m'avoua que j'avais (presque) raison quant aux « doutes » sur l'intégrité des gendarmes du Beausset, tout en m'informant que c'était terminé. C'était auparavant, quand cette brigade était « tenue » par des anciens, qui faisaient ce qu'ils voulaient, au point que les jeunes recrues qui y étaient envoyées, se languissaient d'en repartir. Nous parlons d'une petite commune « tranquille » du Var, à un quart d'heure de la plage, au début de la Côte d'Azur. Une affectation que tout nouveau fonctionnaire, et même ancien, rêverait d'obtenir. C'est pour dire le sale climat moral et mental présent, pour avoir l'envie pressante de fuir un tel cadre.

Il m'a alors confirmé que c'était fini, et que les jeunes qui y étaient désormais, avaient les « dents longues », la fougue de bien faire les choses.

Soit ! Mais, ce que je peux observer de par ce j'ai subi, c'est qu'il y a encore des magouilles.

Alors, l'interrogeant sur quand cette dictature locale des anciens avait cessé, il me répondit, deux ou trois années auparavant...

Pour en revenir à la suite de ma garde à vue, ils m'ont « cueilli », prétendument libéré, dans l'enceinte même du service d'internement, ce qui, déjà, est une situation délicate au niveau légalité.

La chef de service, Mme DEFELEURY du « CAP 48 », s'était bien gardé de m'en informer, une sorte de petite revanche pour atténuer son amertume de me voir quitter cet antre funeste, par l'aval de la « Juge des Libertés et de la Détention », qui est allée à l'encontre de leur sombre volonté.

Qu'importe. Elle avait eu les consignes officielles de les avertir de cet éventuel possible sort. Une situation qui n'avait pas été prévue, je le rappelle, ni annoncée, par l'Aurélie THOULOUZE, qui avait joué une nouvelle fois au vice quand elle m'avait demandé de revenir la voir à ma sortie, évidemment, libre...

Parole de gendarme, n'est pas parole d'homme, d'autant quand elle sort de la bouche d'une femme...

L'audition fut, évidemment, orientée.

Pour aller droit au but, de 5 prétendues accusations, citées sous le doux euphémisme de motivation de leur enquête, par ces gentils gendarmes, « *en raison de l'existence de raisons plausibles de soupçonner qu'elle a commis ou prête à commettre la ou les infractions suivantes »*, **exprimées** dans un précédent frauduleux procès-verbal commis par le duo THOULOUZE-LA IACONA, où, malhonnêtes, la paire avait trafiqué les soupçons dénommés en ces fallacieux et faux termes énoncés en leur procès-verbal du 16 novembre 2018 à 10 heures 30 minutes, consternant de médiocrités, si tant est que ces erreurs ne fussent pas involontaires, aux seulement 3 retenus en définitive comme chefs d'accusation par les tout aussi médiocres, malhonnêtes et corrompus procureurs, toujours en de fallacieux et de faux termes, que vous trouverez ensuite dans un prochain chapitre, la méthode crapuleuse des Officiers de Police Judiciaire de la gendarmerie est constante.

Il est à noter que l'Aurélie THOULOUZE fut présente le lendemain de la suite de ma garde à vue, le mercredi 28, assistant, pilotant la Mathilde HOARAU, alors que l'audition avait déjà été faite la veille au soir.

Retour sur la visioconférence pour le prolongement de la garde à vue.
Elle s'est faite au commissariat, et non à la gendarmerderie. Allez savoir pourquoi...
Quoi qu'il en soit, je n'ai pu exercer aucun recours, et ce, malgré le fait que la Loi française en offre cette opportunité.
Cette extension fut perpétrée par le raciste vice-procureur, Ahmed CHAFFAI, sous le chantage à la menace de renvoi en internement psychiatrique.
D'ailleurs, je n'ai pas eu la possibilité de converser avec un avocat pour m'expliquer et pour me défendre, ce qui constitue, soit un vice de procédure si j'en avais ce droit d'être assisté, soit une circonstance propre à une « QPC » si la Loi ne prévoit pas cette aide juridique dans une telle grave et importante situation !
D'autant qu'à la signification de la suite de ma mise en garde à vue, il m'avait été demandé si je voulais être assisté d'un avocat, et que j'avais répondu par la positive.
Donc, pourquoi ce droit fondamental, d'autant plus nécessaire pour le prolongement de la durée, qui plus est, peut être contestée, m'a été celé ?!
Objecter, et faire valoir le droit dans cette mesure extensive, le concerné est privé de cette assistance juridique, pourtant au moins

autant utile que lors d'une audition !

Il est évident qu'une « QPC » à plusieurs titres doit être étudiée et portée au plus haut niveau de l'Institution.

A moins que les gendarmes de la gendarmerderie française, les procureurs concernés, la prétendue doctoresse psychiatre, et d'autres lâches qui demeurent tapis, aient, tous unis, bafoué ce droit que j'avais pourtant, selon la Loi, française s'entend !

« Mon Super Avocat », lui, n'a trouvé rien à redire, ultérieurement, sur la recevabilité de toute la procédure, et sur son énième vice....

Aussi excellent que les gendarmes enquêteurs avec qui il fait collusion, cette éminence du parquet m'informe que j'avais été soumis, par le passé, à un procès-verbal pour excès de vitesse en bateau. Quelle brillance morale et intellectuelle !

Et surtout, quelle belle preuve de respect de la présomption innocence...

Le procès-verbal initial de garde à vue, du 16 novembre 2018, 10 h 30.

Il fait état d'un présupposé « respect » de la procédure de garde à vue.

Rédigé par le duo THOULOUZE-LA IACONA.

Fautes (graves) incluses...

–   *OUTRAGE A UNE PERSONNE DEPOSITAIRE DE L'AUTORITE PUBLIQUE – Période du 27/02/2018 à 08:00 au 05/03/2018 à 10:00 – Cyber-Espace – http://anotow.org/colombo-challenge-facade-dune-organisation-criminelle.html) INTERNET – xxx chemin xxxx à LE BEAUSSET 83330 France)*

–   *DENONCIATION CALOMNIEUSE – Période du 27/02/2018 à 08:00 au 05/03/2018 à 10:00 – Cyber-Espace - http://anotow.org/colombo-challenge-facade-dune-organisation-criminelle.html) INTERNET – xxx chemin xxxx à LE BEAUSSET 83330 France)*

–   *DIFFAMATION ENVERS UN FONCTIONNAIRE, UN DEPOSITAIRE DE L'AUTORITE PUBLIQUE OU UN CITOYEN CHARGE D'UN SERVICE PUBLIC PAR PAROLE, ECRIT, IMAGE OU MOYEN DE COMMUNICATION AU PUBLIC PAR VOIE ELECTRONIQUE – Période du 27/02/2018 à 08:00 au 05/03/2018 à 10:00 – http://anotow.org/colombo-challenge-facade-dune-organisation-criminelle.html) INTERNET – xxx chemin xxxx à LE BEAUSSET 83330 France)*

–   *DIFFAMATION ENVERS PARTICULIER(S) PAR PAROLE, ECRIT, IMAGE OU MOYEN DE COMMUNICATION AU PUBLIC PAR VOIE ELECTRONIQUE – Période du 08/11/2017 à 08:00 au 07/12/2017 à 10:30 – http://anotow.org/colombo-challenge-facade-dune-organisation-criminelle.html) INTERNET – xxx chemin xxxx à LE BEAUSSET 83330 France)*

–   *MENACE DE CRIME CONTRE LES PERSONNES AVEC ORDRE DE REMPLIR UNE CONDITION – Période du 26/02/2018 à 08:00 au 16/11/2018 à 08:55 – http://anotow.org/colombp-challenge-facade-dune-organisation-criminelle.html) INTERNET – xxx chemin xxxx à LE BEAUSSET 83330 France)*

Ils osent même conclure que le placement en garde à vue est justifié...

Or, nous pouvons constater les mensonges, les fallacieuses déclarations de ces deux super gendarmes, Officiers de Police Judiciaire, qui ont certainement passé des examens de capacités, notamment juridiques, pour en arriver à ce fabuleux grade qui les place au dessus de leurs subalternes collègues devant conserver leur uniforme...

Vous avez remarqué que l'adresse mentionnée est toujours celle du Beausset, que je vous ai cependant dit depuis le début, que l'on m'avait montré, pour chacun des présumés délits, deux lignes correspondant à une adresse du site internet, suivi de mon adresse de Paris, mentionnée dans lesdits courriers suspects.

Je confirme que c'est bien l'adresse de la capitale qui était mentionnée dans le torchon présenté par la paire de pieds nickelés lors de mon interpellation. Cette adresse était justifiée par le fait que les motifs de cette garde à vue était à l'endroit de deux courriers qui comportaient mon adresse de Paris.

Mais, suite à mes discussions avec eux en la brigade, mettant en exergue leurs nombreuses graves fautes professionnelles, délibérées, notamment leurs manigances pour circonscrire leur traquenard à la juridiction de Toulon, ils, la Maréchal des Logis-Chef Aurélie THOULOUZE et son « assistant-esclave » adjudant Franck LA IACONA, ont falsifié le désormais officiel document d'interpellation, de garde à vue et d'enquête...

J'ai même un autre document officiel où cette adresse du Var a été rayée d'une manière manuscrite, et donc à posteriori...

Il est même « curieux », voire illégal, rendant caducs certains procès-verbaux concernés, l'omission volontaire de l'Aurélie THOULOUZE de citer la présence du IACONA...

Or, la loi (française) les oblige à stipuler les noms, prénoms et grades des personnes présentes et en charge de la garde à vue.

Elle l'a mentionné sur certains rapports, pas sur d'autres...

Quant à l'homme du couloir, le « superviseur », il est oublié... Le courage de ces hommes-là !

Vous remarquerez aussi les dates et heures des crimes supposément commis, comme, par exemple, ceux du 26/02/2018 à 08:00.

Or, ce courrier adressé à la CAUSSIN a été réceptionné par ses soins, le 27...

Et en ce qui concerne ceux adressés aux ministres, qui n'apparaissent nullement (!) dans ce procès-verbal, ils ont été reçus par leurs destinataires, le 02 mars.

En somme, je suis accusé de crimes, ce n'est pas anodin, à une date antérieure à leur existence, alors même qu'ils n'avaient pas été encore commis !

« *MINORITY REPORT* » à la sauce gendarmerderie française, c'est-à-dire, bidonnée, pathétique, et ridicule. D'autant que tous ces cerveaux, procureurs, préfets, maire, docteurs, infirmières, directeur et magistrats inclus, se croient tous incommensurablement supérieurement intelligents pour penser, pour croire, pour imaginer que personne ne découvrira leur subterfuge, leurs manigances, leurs mensonges. Ils se croient brillants, et en même temps, nous considèrent extrêmement bêtes.

De plus, vous remarquerez que c'est toujours le même hyperlien qui est mentionné, celui du courrier des actes délictueux concernant Colombo-Caussin-Romano...

Et ce, même en ce qui concerne les faits reprochés à l'encontre d'un fonctionnaire, un dépositaire de l'autorité publique...

A ce stade, et au regard de ces graves bourdes, tout magistrat, tout avocat aurait dû rendre caduc la garde à vue... Si nous étions en France.

Mais, nous sommes en PACA, nous sommes dans le VAR, nous sommes à TOULON !

Et derrière tout cela, à l'origine, et je le découvrirai à la lecture des quelques documents de la procédure photographiés par « Mon Avocat » lors du passage chez le substitut du procureur et du JLD le 28 novembre, dont je n'en ai eu connaissance que fin janvier 2019, étant alors toujours en attente du dossier intégral en bonne et due forme de la part du tribunal de Toulon, une illégale rétention délibérée malgré que la loi (française) oblige ces magistrats à le fournir pour pouvoir étudier une défense cohérente et en relation avec les accusations pour le procès à venir, je disais donc, derrière tout cela, ceux qui sont responsables des fallacieuses accusations basées sur des fausses et détournées déclarations, il y a le gendarme de la brigade du Beausset qui a pris la plainte de son amie Anne CAUSSIN, à savoir l'Adjudant-Chef Michel LECOUTOUR, et la substitut de procureur, Mme MAZIERE, dont son prénom n'est même pas mentionné dans ledit procès-verbal du super et intègre gendarme sus-nommé, en date du 28 février 2018 à 10 heures 45 minutes.

Vous rappelant que l'Anne CAUSSIN était aussi venue la veille...

Pourquoi est-elle revenue ?...

Pour compléter cette mise en abîme morale et juridique, il est aussi intéressant qu'amusant, de comparer ces points d'accusations originaux ayant motivé, une enquête de 6 mois, puis une interpellation musclée, puis une garde à vue rocambolesque, puis un internement abusif, avec les chefs d'accusation qui me sont reprochés en finalité, et qui me causeraient une peine de prison préventive, sans jugement !

Les 3 chefs d'accusations retenus en définitive, tels qu'ils ont été rédigés, avec leurs fautes, par les procureurs du parquet du tribunal de Toulon

• D'avoir à LE BEAUSSET, du 27 février 2018 au 5 mars 2018, en tout cas sur le territoire national et depuis temps non couvert par la prescription, commis un outrage par paroles, gestes ou menaces, de nature à porter atteinte à la dignité ou au respect dû à la fonction de Monsieur D'ALLOPIO Fabien, personne dépositaire de l'autorité publique, dans l'exercice ou à l'occasion de l'exercice de ses fonctions, en l'espèce en disant « il est bien connu que la mafia italienne est présente en région PACA et le nom de gendarme DALL'OPIO, à consonance italienne ne peut m'ôter de l'esprit de parti pris avec les vermines (NATINF 7886), faits prévus par ART.433-5 AL.2,AL.1 C.PENAL, et réprimés par ART.433-5 AL.2, ART.433-22 C.PENAL.

• D'avoir à LE BEAUSSET, du 27 février 2018 au 05 mars 2018, en tout cas sur le territoire national et depuis temps non couvert par la prescription, dénoncé à un officier de justice, en l'espèce en adressant une lettre au ministre de l'intérieur intitulée « les gendarmes et la gendarmerie du Beausset impliqués dans des actions d'intimidation de complicité d'extorsion de fraudes comptables de corruption criminelle mêlant trafic d'influence de drogues et de chantage »,, un fait de nature à entraîner des sanctions judiciaires, administratives ou disciplinaires, en l'espèce, contre Monsieur COLLOMB Gérard, Monsieur PHILIPPE Edouard, en sachant que ce fait est totalement ou partiellement exact (NATINF 33), faits prévus par ART.226-10 AL.1 C.PENAL, et réprimés par ART.226-10 AL.1, ART.26-31 C.PENAL.

• D'avoir à LE BEAUSSET, du 26 février 2018 au 16 novembre 2018, en tout cas sur le territoire national et depuis temps non couvert par la prescription, par quelque moyen que ce soit mais avec l'ordre de remplir une condition menacé d'un crime contre des personnes au préjudice de Madame CAUSSIN Anne, en l'espèce en lui disant « si vous ne me restituez pas dans les 24 h00 à compter de la réception de cette lettre de l'argent que j'ai engagé pour l'achat de deux véhicules, ce sera doigt coupé, main tranché, langue tranchée » (NATINF 7893), faits prévus par ART.222-18 AL.1 C.PENAL, et réprimés par ART.222-18 AL.1, ART.222-44, ART.222-45 C.PENAL.

Rien ne vous choque ??!!

Déjà, au titre de l'emprisonnement préventif ?

Comment peut-on soustraire de sa liberté, une personne non condamnée, en l'attente de son jugement, alors que cette privation ne pourra jamais être dédommagée, remboursée, annulée, et ce, au nom de si mineurs (supposés) délits en ce qui me concerne, de surcroît, éthérés, non concrets, si tant est encore, qu'ils soient incontestablement avérés, chose qui devra être d'abord déterminée définitivement à l'audience du procès ???!!!!!l

Ce point crucial au niveau constitutionnel, je voulais en faire une « QPC ».

Cette question est légitime, et indubitablement importante pour toutes ces incarcérations au préalable d'un procès, dont leurs justifications arbitraires froissent, et même foulent le principe même de la présomption d'innocence, puisque partant du fait évident que la personne concernée sera, quoi qu'il en soit, condamnée !

Ce moyen de confiner les accusés à priori, pour les garder « sous la main », et épargner aux autorités de travailler à une possible, mais non probable, interpellation en cas d'une éventuelle contumace, ne doit concerner que les auteurs de graves crimes, dont la récidive, ou les moyens de pression sur les plaignants ou/et les témoins, est un risque réel. Car, dans des cas « classiques », la technique permet, par exemple, par les bracelets électroniques, de garder à l'œil le prévenu, tout en évitant de commettre ce grave délit à l'encontre de la présomption d'innocence, si chère à cette justice et à cette république typiquement françaises.

Ce qui devrait aussi vous choquer, c'est la désormais absente note relative au moyen et au lieu des infractions, c'est-à-dire, à la publication de ces courriers sur un site internet, pourtant objet principal et originel, initiateur des poursuites, de l'interpellation et de la garde à vue... Et pour cause. Et d'une, ils auraient à poursuivre la fondation « ANOTOW », et non moi, et de deux, surtout, ils devraient répondre des manquements des prétendues victimes à leur obligation préalable avant toute poursuite, qui consiste de contacter ledit site éditeur de leur mécontentement, pour en faire supprimer le contenu ! C'est un point que j'ai évoqué dans mon audition... Une notion juridique fondamentale que ces gendarmes officiers d'élite ne connaissaient pas, tout comme

« Mon super Avocat »...

Ce qui devrait davantage vous choquer, ce sont les dates, incohérentes avec la chronologie matérielle et temporelle des faits au niveau terrestre, dont les contraintes physiques, normalement, empêchent de remonter le temps... Mais, je les ai déjà évoquées.

Ce qui devrait de plus en plus vous choquer, c'est le fait que les ministres en question, à qui j'ai seulement envoyé une note informative, sont déclarés par ces procureurs de pacotille, comme des victimes ! Le savent-ils, au moins ??!!

Ce qui devrait vous faire rire, c'est que ces pieds-nickelés procureurs, mentionnent à l'attention de la fonction de Gérard COLLOMB, et donc, au jour de la rédaction de cette accusation, celle de « Ministre ».

Ce qui devrait vous faire encore plus rire, c'est de constater leurs formules pathétiques pour tenter d'englober au plus vaste le champ d'application des délits, en maniant des mots pour le rendre le plus exhaustif possible, et ce, tout en ayant extirpé désormais, la dérangeante, au niveau juridique, précision quant au support originel de la motivation des poursuites, la publication sur internet par un tiers.

Ce qui devrait vous inquiéter sur la perverse mentalité de ces malhonnêtes procureurs de la République Française, mais pas dénués de stupidité, c'est de constater que leurs accusations sont échafaudées dans un sens fallacieux, et même faux, (ab)usant même de tournures impropres à la réalité, à l'aide de mensonges, comme quand ils expriment : *« commis un outrage par paroles, gestes ou menaces »*. Or, ce sont des écrits, donc aucune parole, aucun geste, aucune menace !

Ce qui devrait encore plus vous inquiéter, c'est de constater encore plus, que leurs accusations sont toujours plus fallacieuses par leur délibérée imprécision, pour les rendre les plus exhaustives possibles, dans le seul but d'écarter tout risque de caducité : *« par quelque moyen que ce soit »* ! Alors que tout est basé sur un support écrit, et que l'origine des poursuites n'est liée qu'à leur publication sur le site internet de la fondation.

Ce qui devrait vous alerter sur leur corruption morale, c'est que leurs allégations accusatrices sont dénuées d'à-propos avec le contexte, comme, par exemple, celui d'« Outrage », alors que ce mot a pour définition d'« affront », d'« injure grave ».

Ce qui n'est pas le cas en ce qui me concerne, sauf si, être témoin, être victime, déposer plainte, informer la justice de crime ou de délit, faire son devoir en prenant fait et cause pour mettre au jour la vérité, soient un « affront », ou une « injure grave »...

Quoi qu'il en soit, tout acte non neutre, tout acte de justice, porte « Outrage » à quelqu'un !

De plus, un outrage est caractérisé essentiellement quand il est adressé directement à la personne concernée... Sinon, c'est une diffamation !

Ce qui devrait vous rendre dubitatif quant à leur génie et leur honnêteté, c'est le fait qu'ils osent déclamer : « *en sachant que ce fait est totalement ou partiellement exact* » !

Donc, et quelle partie, de ce que je dénonce, est vraie... Car, aucune enquête, aucune instruction n'a été cependant diligentée quant à cette primordiale « partie », qui fait de mon entreprise d'en les informer, non plus un délit, mais bel et bien un devoir, en tant qu'Homme, et par obligation de la Loi, française, s'entend !

Ce qui devrait vous rendre encore plus dubitatif et inquiet quant à leur capacité morale, mentale et intellectuelle, tant au sujet des super gendarmes que des procureurs du vice, c'est que la charge la plus grave, la plus lourde, concerne le fait que j'aurais écrit la phrase suivante et adressée à la CAUSSIN :

« *par quelque moyen que ce soit mais avec l'ordre de remplir une condition menacé d'un crime contre des personnes au préjudice de Madame CAUSSIN Anne, en l'espèce en lui disant « si vous ne me restituez pas dans les 24 h00 à compter de la réception de cette lettre de l'argent que j'ai engagé pour l'achat de deux véhicules, ce sera doigt coupé, main tranché, langue tranchée* ».

Or, **non seulement cette phrase n'existe pas**, dans aucun de mes courriers, mais, en plus, en ce qui concerne les punitions auxquelles s'exposent les contrevenants, elles ne sont qu'une mise en garde en cas d'action, et non une menace en cas d'inaction. C'est fondamentalement différent. Dans le second, c'est une menace d'obligation à faire, « remplir une condition », et dans le premier, la réalité de mes propos, il n'y a aucune condition, bien au contraire, l'avertissement consiste à une sanction en cas de méfait, puisqu'il ne faut pas commettre un acte, un délit, comme dans la Loi française !

Il est à rajouter que cette circonspection consiste à ne pas commettre de délits, déjà au regard de la Loi française, et donc de la respecter !

De plus, et pour finir sur leur médiocrité morale, mentale, intellectuelle et leur piètre culture générale (et spécialement leur connaissance de la langue française, d'où la nécessité de traducteurs déjà évoquée), il est à remarquer que ces mises en garde ne concernent pas CAUSSIN, ni ses acolytes, mais bel et bien, et spécifiquement, ses « enculés » d'avocats qui vérolent le système judiciaire de la France !

«... *et que vous choisissiez la méthode procédurale juridique avec l'entremise d'avocat(s), de les prévenir de bien prendre garde à ce qu'ils écriraient ou diraient. Pour faire simple, le premier écart commis d'une des catégories décrites ci-dessus, entraînera les verdicts, les sanctions suivantes, au regard de la loi universelle et supranationale "ANOTOW" : un doigt coupé, le deuxième écart, ce sera une main tranchée, le troisième la langue, le quatrième, les yeux, etc.* ».

Vous pouvez constater sans aucun doute, d'abord, et il est évident pour toute personne normalement constituée et éduquée, et donc connaissant le langage, la sémantique, les mots et leur définition, que cette précaution est à l'attention exclusivement des avocats véreux qui s'amuseraient à vouloir jouer à la magouille corruptive, notamment par le trafic d'influences françaises-maçonniques. Donc, l'Anne CAUSSIN n'est nullement visée par ces hypothétiques sanctions !

En aparté, à voir ma situation, mes soupçons sont avérés...

Il y a donc une première « incohérence », qui ne peut porter à croire que c'est une menace. A moins d'être un con, un abruti, une merde, un béotien, un malhonnête, un de mauvaise foi, un français-macon !

Ensuite et surtout, c'est une menace irréalisable, techniquement, et chronologiquement !

Cela en est même un non-sens.

En effet, supposons qu'il y ait un premier « écart » de conduite, cela voudrait dire que le concerné serait « visité » ou enlevé, qu'il aurait un doigt coupé, puis serait relâché à ses occupations, qu'il continuerait, et qu'en en commettant un autre, il aurait alors la main tranchée, etc. Comme s'il était toujours à disposition, et que, pendant ce temps, les autorités ne feraient rien pour empêcher la suite ?!!! Et qu'il continuerait ses viles activités d'avocat comme si de rien n'était ?! Et s'il était séquestré, il n'aurait pas l'occasion de commettre d'autres « erreurs » et d'en souffrir les affres.

C'est absolument débile, et il n'y a qu'un débile pour prendre de tels propos au premier degré, et les considérer comme une menace réelle.

Pourtant, ces supers gendarmes d'élites, officiers de police judiciaire, THOULOUZE, LA IACONA, HOARAU, ZAMMIT, LECOUTOUR, ROTH, et ces procureurs, MAZIERE, BATTLE, CAUCHY, et CHAFFAI en tête, ont bien pris cette tangente « interprétationnelle » vers la débilité...

Un parti-pris...

Et une motivation indubitable de malsaine revanche, de représailles tardives, car, il est à noter que j'ai redécouvert dernièrement, en puisant dans mes anciens dossiers, que j'avais déposé, déjà il y a plusieurs années, des plaintes pénales pour corruption contre certaines personnes de ce tribunal de Toulon, quand elles étaient alors en service en celui de Marseille.

C'est la France.

Quand un magistrat corrompu est mis au jour, il est sanctionné par une mutation dans le département voisin !

C'est de même avec les huissiers, puisqu'une bande de véreux de la juridiction toulonnaise avait dû prendre bagages vers les Bouches-du-Rhône...

Mais c'est bien une seule personne, rédactrice, signataire et responsable de ces poursuites définitives assorties d'un placement sous contrôle judiciaire ! Pour de simples écrits confidentiels, je rappelle, et non pour de véritables crimes comme des vols, des cambriolages, des agressions, des viols, où leurs auteurs ne subissent pas autant de leur part pour leurs méfaits !

C'est bien la substitut du procureur Carine CAUCHY, qui est l'auteure de ce torchon juridique et moral !

Pour être honnête et neutre, toutes ces remarques, toutes ces analyses, toutes ces argumentations, toutes ces subtilités, même « Mon super Avocat » ne les a pas relevées...

Depuis le début de la garde à vue, n'ayant toujours pas pris connaissance des documents qui me sont reprochés, et prélevés sur internet, je n'ai pu ni les confirmer, ni les contester.

Cependant, au vu de leurs gravissimes interprétations farfelues, j'évoquais même une possibilité de piratage de mon site, par lequel des malins mal intentionnés à mon endroit et à celui de l'ONG « ANOTOW », certes dérangeante, aient installé des fichiers compromettants.

Cela est fort possible, vu que j'avais reçu plusieurs courriels auparavant, m'indiquant qu'« ils » avaient piraté plusieurs de mes comptes et m'en demandaient une rançon.

J'ai conservé ces preuves que j'ai communiquées à « Mon super Avocat », qui n'en a pas pris la bonne mesure...

Côté « Pieds-Nickelés » gendarmesques et parquetiers, cette évidente précaution n'a pas été prise en compte...

Pour revenir à cette initiative régionale, au vu des seuls éléments à ma connaissance, je peux déclarer haut et fort, avec l'appui de preuves incontestables fournies par elles-mêmes, que ces délits d'intimidations, de coercitions, de diffamations, de crimes, à mon encontre, ont été perpétrés et organisés à leur origine, par les personnes suivantes.

Les autres qui ont participé ultérieurement, et/ou en amont, n'en sont pas pour autant dédouanées.

Le fait le plus grave, celui retenu de « *MENACE DE CRIME CONTRE LES PERSONNES AVEC ORDRE DE REMPLIR UNE CONDITION – Période du 26/02/2018 à 15:39 au 27/02/2018 à 15:39* » a bien été originellement inventé, faussé et vicié par le gendarme Officier de Police Judiciaire, Adjudant-Chef Michel LECOUTOUR, avec la complicité de la substitut du procureur MAZIERE, puis de Mme CAUCHY (dont le prénom est toujours non mentionné - problème de légalité d'un tel procès-verbal...), et ce, pour le seul bénéfice d'Anne CAUSSIN, afin de m'intimider, me nuire, me contraindre à renoncer à des poursuites contre elle, pour recouvrer la somme qu'elle a détournée avec ses complices lascars, Philippe COLOMBO et Laurent ROMANO.

A ce titre, il est intéressant de noter que ledit super gendarme intègre qui l'a auditionnée pour sa plainte, n'a entrepris aucune enquête sur les graves délits que je dénonçais, se cantonnant aux seuls propos d'évangile de l'Anne CAUSSIN qui y répondait, par lesquels ce n'était qu'un conflit commercial ! Fi des détournements, fi des faux, fi des fraudes comptables, fi des fraudes fiscales, fi du blanchiment, etc.

C'est grâce à cette malversation collusive de tous ces individus peu scrupuleux, que tout a pu commencer à mon encontre, bien loin de la Capitale.

Je découvrirai aussi, à la lecture des documents, que celui qui a poussé cette frauduleuse et crapuleuse cabale, en interne, est le Capitaine Daniel ROTH, commandant en second de la compagnie de gendarmerie de La Valette du Var...

Il est à remarquer le fait, aussi grave qu'étonnant, que ces gendarmes et cette procureure, qui prennent en compte au premier degré de prétendues graves menaces, et donc de leurs supposées dangerosités, n'aient agi à mon encontre que 9 mois et demi après...

C'est bien que la véritable motivation de cette officielle entreprise criminelle est toute autre que celle qu'elle paraît, c'est-à-dire, plutôt essentiellement politique, religieuse et dogmatique.

Si ces menaces avaient été réelles, j'aurais agi depuis longtemps...

C'est donc bien qu'ils savaient pertinemment qu'elles n'en étaient pas !

Maintenant, que l'on me prouve que la gendarmerderie locale, et même certains gendarmes spécifiquement, et que certains procureurs, ne sont pas liés, ni complices du maléfique trio de civils mafieux !

Parce que moi, j'ai bien les preuves du contraire ! Et pléthore, déjà, avec cette parodie de procédure.

Passons au procès-verbal rédigé par le duo HOARAU-ZAMMIT, pour la reprise de la garde à vue, horodaté du 27 novembre 2018 à 19 heures 15 minutes.

Déjà, le ZAMMIT n'est pas cité comme présent...

Ensuite, cette super Officier de Police Judiciaire, intègre représentant de l'État et de la gendarmerderie, reprend les mêmes bourdes que sa collègue, 11 jours plus tôt, au sujet des supposés crimes décrits ci-dessus, avec l'adresse du Beausset, si ce n'est qu'elle a bien pris soin de ne pas mentionner, par vice, les adresses du site internet, support des infractions.

Et pourquoi ?

Parce que depuis le début, je disais que ces supposées infractions concernaient une publication, et donc la fondation « ANOTOW ».

Ainsi, pour pallier à ce problème juridique qui leur serait, d'une part, préjudiciable pour l'« intégrité » de l'enquête, et d'autre part, funeste pour leur entreprise crapuleuse de me nuire définitivement, ils devaient omettre ce « détail » gênant...

C'est aussi pour cela que la procureure Carine CAUCHY s'est bien abstenue de mentionner ce point juridique particulièrement embarrassant, qui faisait état des circonstances et du lieu des délits sur une localité immatérielle, « internet », dont elle ne peut avoir juridiction, ce qui aurait créé un contexte dangereux pour sa carrière.

Ils naviguent tous dans les eaux troubles de la qualification des délits, tantôt sur internet, ce qui fait que le coupable est un tiers, une fondation ONG, concernant une publication, et tantôt sur les courriers eux-mêmes !

D'ailleurs, vous mettrez en parallèle leur croissante volonté absolue d'être méticuleusement imprécis, avec une de mes réponses lors de mon audition, le 28 novembre, au sujet de la réglementation et des lois (françaises) pour l'environnement internet.

Un constat juridique qui les dérange particulièrement, et qu'ils veulent occulter coûte que coûte.

Cela concerne spécifiquement les publications qui font mention de l'identité d'une personne citée. Si cette dernière n'est pas contente d'un contenu à son propos, elle n'a qu'à manifester son désaccord par courriel au propriétaire du site, ou à son gérant technique (webmaster). Ce n'est qu'après les avoir informé, et ne pas avoir obtenu gain de cause, comme, par exemple, la suppression de tout ou partie du texte incriminé, que la personne s'estimant lésée peut entreprendre des poursuites, et déposer une plainte.

Je l'expliquais longuement, avec précision et pédagogie, sans doute le plus long des paragraphes de l'audition, aux prétendus gendarmes enquêteurs, qui ne connaissaient même pas cette législation, comme beaucoup d'autres lois, d'ailleurs...

Et je finissais mon exposé juridique par un fait concret de cette affaire, en déclarant, à l'attention aussi des procureurs, qu'aucune des supposées victimes n'a contacté, ni le webmaster, ni moi-même, auteur des courriers !

Les poursuites judiciaires à ce titre, étaient, ou devenaient nulles et non avenues.

C'est bien pour cela, qu'un grand flou judiciaire à tendance unilatérale à mon encontre, a été créé et entretenu par ces éminences en la matière juridique, ayant obtenu de tel poste à responsabilités dictatoriales, à la faveur de diplômes décernés après de nombreuses années d'étude du Droit français !...

Cherchez l'erreur !!!

« Mon super Avocat », lui ne voit toujours rien d'utile pour mon affaire...

Pour finir, il est intéressant de remarquer deux documents conclusifs de l'« Enquête ».

Le dénommé « Procès-Verbal de Synthèse », daté du 28 novembre mais pas horodaté(...), rédigé par la très intelligente, très compétente, très honnête, très intègre Aurélie THOULOUZE, par lequel les raccourcis « intellectuels » à leur avantage sont légions. Les bourdes chronologiques aussi, et les faits eux-même aussi.

Mentant, cette gendarme d'élite ose mentionner que tout a débuté, l'affaire, l'enquête le 05 mars 2018.

Elle écrit dans le récapitulatif de l'« Enquête » :

« *Le 05 mars 2018, le Mdl/C DALLOPIO dépose plainte à l'encontre de Mr. Laurent GRANIER* ».

« *Poursuivant notre enquête, au mois de mai 2018, nous apprenons que le même écrit diffusé par Mr. Laurent GRANIER fait également l'objet d'une procédure (4555/00373/2018) ouverte pour des faits de menace de crime contre les personnes avec ordre de remplir une mission suite à une plainte de de Mme CAUSSIN...* ».

Alors que tout a commencé par la venue les 27 et 28 février, de Anne CAUSSIN, en la gendarmerderie du Beausset.

Et que les notifications aux ministres, envoyées le 28 février et reçues le 02 mars, de mise en l'index à l'encontre de la gendarmerderie locale, sont la conséquence de leur venue, le 27 février, pour m'intimider suite à la prétendue plainte de Anne CAUSSIN...

Il y a aussi la multiple fusion, celle des deux courriers, pourtant bien distincts, celle des délits, pourtant bien distincts, et celle des victimes, pourtant bien distinctes, au sein même de cette même procédure, et ce, alors qu'ils prétendent tous le contraire, qu'il n'y a aucune complicité, aucune collusion, aucun copinage !

Un comble de la morale et de la probité !

Du pur français-maconnisme(...), une aberrante fusion d'affaires qui mène à une confusion totale des faits reprochés !

Pour information, quand j'exprimais mon questionnement affirmé de cet incohérent double à-propos juridique et judiciaire à « Mon super Avocat », il me répondait que leur unification était normale puisque le point central et commun c'était ma personne ! Mais, lorsque je lui rétorquais qu'à partir de cette étrange considération, alors, il n'y avait qu'à faire de ce procès, tous ceux possibles à mon encontre par toutes les personnes du monde ayant un grief contre moi, il se tut...

Vous remarquerez donc les raccourcis « intellectuels » et les malversations factuelles de cette gendarme, et de ses chefs, la supervisant toujours en catimini, ces derniers étant assez lâches pour se cacher et laisser aller au front, une femme ! Une femme ? Pas tout à fait...

C'est cependant elle, avec sa magnifique intelligence, son extraordinaire propension à la préhension de la finesse et de la subtilité de la sémantique de la langue française, dotée en juxtaposition de sa capacité cérébrale d'une haute teneur de connaissance et d'évaluation psychologique, le tout mené par une intégrité absolue, un sens profond de l'Honneur et du Devoir, elle, qui en peaufine les chefs d'accusation suivants, faux, fallacieux, détournés, inventés, à la seule attention personnelle, bien ciblée, de l'Ahmed CHAFFAI, de valeur morale et intellectuelle identique, adjoint ou substitut du procureur ! Qui plus est, raciste !

Ses conclusions arrangeantes pour détourner l'attention de son enquête à charge, et surtout, médiocre, ridicule et pitoyable, mènent finalement à « ne relever que 3 chefs d'accusation », qui sont aussi repris dans l'autre rapport final, le « Bordereau d'envoi judiciaire », daté du 28 novembre à 12 heures 40 minutes, signé, mais dont l'identité de l'auteur, gendarme, n'est pas mentionnée... Encore une faute procédurale grave.

Ce document « anonyme », rapport des valeureux, compétents et intègres Officiers de Police Judiciaire, fait toujours état de la fausse adresse du Beausset, mais aussi, comporte les mêmes « erreurs » chronologiques antidatées, avec une page consacrée à l'énumération des victimes, toutes confondues dans une même procédure (!), et pour le futur même procès (!), à savoir Anne CAUSSIN, Gérard COLLOMB (Oui ! L'ex-ministre !), Fabien DALLOPIO !

Dans l'extrait de son identité, il y est fait mention de sa date de naissance, et de sa profession, « *MINISTRE* », en novembre 2018...

Une mascarade digne des Pieds-Nickelés, mais version Gendarmerie Française et Procureurs de la République Française !

Il y aura donc un seul et même procès mêlant l'Anne CAUSSIN et le gendarme sus-nommé que j'accusais de complicité, mais concernant des faits bien distincts, pour des chefs d'accusations bien distincts, et au titre de 2 courriers bien distincts !

D'ailleurs, cet offusqué gendarme avait déposé plainte contre moi pour le fait, retenu en définitive, que j'avais fait un amalgame d'appartenance homonymique avec une probable organisation criminelle de même origine, et non, sur le fait grave de sa complicité avec la malhonnête CAUSSIN.

Il est même intéressant de noter que cette accusation que je lui portais, n'a jamais été ni relevée, ni contestée, ni reprochée pénalement ou juridiquement, ni par ledit gendarme, ni par ses collègues, ni même par les procureurs... ni même par les ministres concernés... « ...*Totalement ou partiellement exact...*»...

Sans compter la « nomination » de Gérard COLLOMB comme « victime », alors que, déjà, il n'était pas visé, mais seulement qu'il en était le destinataire de ma « notification » en tant que responsable hiérarchique, et ensuite, contre qui je n'avais rien, et contre qui je n'avais déposé de plainte...

Et j'oubliais, tant ce document officiel est médiocre, comme son mystérieux auteur gendarme Officier de Police Judiciaire, qu'après la citation des 3 « victimes », il y a mon nom, en tant que « *auteur des faits* » (Merci la présomption d'innocence...), et il y a ensuite, une autre victime, Édouard PHILIPPE !

Qui est pourtant dans le même cas que celui de Gérard COLLOMB, c'est-à-dire, contre qui je n'avais pas déposé de plainte, mais plutôt à qui j'avais seulement porté l'information...

D'ailleurs, savent-ils qu'ils sont inscrits nommément dans une telle burlesque procédure pénale ?

Le PHILIPPE ? Sans doute, puisqu'il y a des relents politiques derrière, et qu'il en est l'un des commanditaires.

Mais, Gérard COLLOMB, il n'y a aucune raison. Surtout après avoir démissionné de son poste d'alors, pour certaines raisons d'incompatibilités morales...

Et encore plus, en tant que « victime » ?!

Savent-ils qu'ils ont subis et subissent toujours de présumés préjudices ???

Il ressort évidemment, que ce type de recours à de telles extrapolations juridico-judiciaires, mensongères, fallacieuses et détournées, de surcroît à l'insu des personnes citées comme telles, et non concernées, doit être sanctionné durement, et que de telles accusations doivent être invalidées par le Conseil Constitutionnel, et donc faire l'objet d'au moins, une « QPC », au titre de « victime imaginaire » !

En conclusion dans le paragraphe de cet authentique grotesque « torchon » procédural, rédigé et émis officiellement par des gendarmes, à l'attention du parquet de Toulon, de ses procureurs, et spécifiquement d'un, l'Ahmed CHAFFAI, c'est dire son implication active dans cette manœuvre hautement délictueuse et crapuleuse, il y est exprimé sous l'intitulé « *Manière d'opérer* » (Toujours fautes incluses...) :

« *Le site internet www.anotow.org administré par Laurent GRANIER diffuse une lettre contenant des propos outrageant et calomnieux. Mr GRANIER se présente comme maître Philosophe, théoricien et fondateur de l'ONG ANOTOW implantée à Paris ou Londres,dénonçant la corruption en France et dans le monde.* ».

On retrouve sur un des documents signés, la mention de l'auteur comme quoi ce rapport final est destiné au substitut du procureur, l'Ahmed CHAFFAI, afin de m'inculper.

Soit dit en passant, hormis les fallacieux raccourcis arrangeants comme quoi, par exemple, le site est « administré » par moi-même, la considération de « *propos outrageant et calomnieux* » bafoue la présomption d'innocence par le fait évident que ce prétendu gendarme fait état de son appréciation intellectuelle, et juridique, alors que la caractérisation et la qualification de ce genre de « fait » pour y attribuer une interprétation quant à la réalité de l'intention, ne peut incomber qu'à un juge, et spécialement parce qu'en de telles circonstances, l'auteur peut se défendre et expliquer.

Le mystérieux (et pour cause...) gendarme en question s'octroie illégitimement et illégalement des droits qu'il n'a pas, et dont, même, il a l'interdiction de propager. Il doit se complaire dans le factuel, non dans l'expression hypothétique.

Je sais à présent, en toute certitude, que leur intention était de me faire faire de la détention provisoire, l'autre moyen avec l'internement, d'emprisonner sans besoin de jugement, ni même de délit, quelqu'un !

L'auteure signataire et la complice active de cette machination, cette crapulerie judiciaire, est l'Aurélie THOULOUZE.

Sûr, qu'avec ses sales actes, obéissante servante au point de renier son serment aux valeurs originelles de la Gendarmerie, et sa conscience « pro-fessionnelle », elle a dû obtenir une promotion dans cette sale armée, et dans la secte satanique des français-macons, digne de celle « canapé ».

Et avec ce que je vais vous révéler maintenant, je pense que les véritables « Pieds-Nickelés » vont me faire un procès pour les avoir comparés à ces ridicules pompeux Officiers de Police Judiciaire.

En parcourant les quelques documents du dossier que j'ai eu fin janvier, je découvre que ces prétendus gendarmes d'élite ont fait des enquêtes sur mes « contacts » téléphoniques.

Déjà, en dehors de ma personne, cela porte à de l'illégalité pure quant aux personnes visées, par une atteinte à leur vie privée.

Ces « chères loques hommes » ont relevé quelques numéros, trois ou quatre, avec lesquels j'avais eu une correspondance téléphonique.

Ils ont alors émis des réquisitions auprès de leurs opérateurs respectifs !

C'est de la pure illégalité, de l'abus de pouvoir.

Mais, j'ai pire dans le pathétisme, la consternation.

L'un d'eux correspondait à celui d'un particulier qui vendait des phares de « Renault 5 », et qui avait, pour cela, passé une annonce sur « LeBonCoin » !

Un autre, était celui d'une personne à qui j'avais vendu une moto...

Quant aux deux ou trois autres numéros, je ne sais même pas à qui ils étaient attribués.

Sans doute d'autres anonymes, vendeurs ou acheteurs du site bien connu...

Vous parlez de fins limiers !

Mais ce n'est pas tout.

Il y a aussi le fait affligeant d'avoir émis des réquisitions simultanées sur mon numéro de téléphone, à deux opérateurs, « FREE » et « ORANGE » !

Les vrais « Pieds-Nickelés », eux, sont au moins, quelque peu, malins, ce qui en fait transpirer quelques notions d'intelligence...

Vous comprenez maintenant, comme moi, que les enquêtes criminelles de la Gendarmerie Française sont une hérésie, qu'elles sont vouées à l'échec, et que, lorsqu'elles aboutissent à quelque chose de concret, d'authentique, liées à la vérité, ce n'est que par pur hasard, ou parce que le cas était évident de facilité, ou par aide providentielle, comme celle d'un témoin, et non, en aucune manière, par un véritable travail intellectuel.

Il est aussi compréhensible que de véritables personnes intègres et intelligentes, présentes au sein de cette affligeante armée à l'encontre des civils, contrôlée par pléthore de « fantaisistes » moraux, soient malmenées, déconsidérées, méprisées, et appelées à démissionner, et même à se suicider...

J'en veux pour exemple, le véritable gendarme enquêteur, Christian JAMBERT, qui mérite tous les véritables honneurs, et qui avait été « écarté » de l'affaire des disparus de l'Yonne...

- **Chapitre Final : Le Droit à un procès INÉQUITABLE, en 2018, en FRANCE, pays autoproclamé des « Droits de l'Homme » (mais pas de tous...), avec la grâce de mafieux magistrats et gendarmes français-macons, inventant des phrases pour façonner de fausses accusations et de faux motifs d'inculpation.**

« Tout ça pour ça ! ».

La phrase du gendarme ayant mené l'audition, de la seconde équipe, a sonné tel un glas.

Sans doute, croyait-il, le « Christopher », être dans un de (s) (c)es épisodes de séries américaines.

Mais, nous sommes en France, avec l'esprit étriqué qui l'accompagne.

Sans compter qu'il n'a pas compris qu'il n'était qu'une marionnette, dirigée par ses supérieurs qui n'avaient « rien à foutre » de leurs prétendues enquêtes, n'ayant que pour seul objectif que de me réduire au silence, sous ces faux prétextes que les gendarmes d'en-bas, « pensent » que c'est la véritable raison.

Se pose-t-il au moins la question, maintenant, depuis sa phrase désespérée ?

D'une enquête de six mois sur moi, bien orientée, bien à charge, en ayant bien pris soin d'occulter les éléments qui leur seraient gênants, tout en exagérant, et même tirant des conclusions hâtives et raccourcies, ayant constitué un dossier de vingt centimètres d'épaisseur (oui, 20 !), portant à six supposés, injustifiés et illégitimes motifs de poursuites préalables, qui m'ont toujours été présentés comme des liens internet du site de la fondation « ANOTOW », il ressort une audition d'une page et demi !

Bien sûr, dans cette « interview », ils avaient aussi pris soin de ne pas reprendre les faits dont nous en avions eu la discussion officieuse, et qui auraient démontré leur incompétence et leur médiocrité, tout en mettant à mal leur prétendue enquête, tel que le point qui m'était attribué pour attester de mon lieu de résidence au Beausset, dans le Var, par le relevé de bornage de ma ligne téléphonique dans cette localité. Document informatif dont je n'ai pas eu le privilège de constater, mais pour lequel je précisais tant que j'objectais de la directe conclusion arrangeante, que s'ils avaient bien fait leur travail, ils auraient demandé la facture à l'opérateur, et qu'ils y verraient d'abord que l'adresse de facturation est à Paris, et qu'ensuite il concerne un abonnement à deux euros, c'est-à-dire, une ligne que je ne prends guère à l'étranger, et que, par conséquent, elle eut bornée au Beausset sans que j'y sois...

Sans compter l'absence de loi comme quoi tout titulaire de ligne téléphonique mobile a l'obligation de garder toujours avec lui son téléphone, toujours allumé, et qu'il n'a pas le droit de le prêter et/ou de le confier à quelqu'un d'autre, etc.

Bref, « Tout ça pour ça ! ».

Mais, il leur fallait, d'une part, justifier de ces six mois d'enquête, qui se serait soldée par une impasse, et d'autre part, me contraindre à me taire, avec un ton de vengeance typiquement français-macon. Même s'ils ont tort, ils n'aiment pas être mis à l'index, et leur revanche a plutôt le goût des sales eaux des égouts.

J'ai donc été inculpé de trois chefs d'accusation, si graves que j'ai été transporté, toujours menotté, au parquet de Toulon, pour m'être signifiés par le procureur, ou plutôt son substitut.

Une situation judiciaire associée à mon sort prochain, en l'attente du jugement « divin » (toulonnais...), se présentait sous deux mauvais auspices, celui d'un nouvel internement, ou celui d'un emprisonnement à titre préventif.

J'ai découvert et compris que cette seconde option était aussi un mépris pour le fameux sali droit fondamental, de la présomption d'innocence...

Cette exposition pénale leur a aussi permis une autre faveur, celle de relever mes empreintes, digitales, palmaires et génétique (ADN), et même de prendre des photos de ma personne, ces dernières avec le mobile de l'Aurélie THOULOUZE...

Il paraît que, selon la Loi, tout sera effacé si je ne suis pas condamné.

Il paraît. Mais de leur parole, ou de leur respect de la loi, je n'en crois mot.

Au tribunal, j'ai eu la « chance » de tomber sur une substitut, pas trop injuste.

Ou plutôt, j'ai eu la « chance » de ne pas tomber sur le pire, le plus salaud et le plus corrompu, la « tête de con » par excellence (propos qui ne sont pas les miens, mais qui sont repris selon la considération de ceux qui le côtoient...), une personne qui devrait être évaluée au niveau psychiatrique, lui, puisque, ayant lui, de lourdes responsabilités qui portent à de graves et irrémédiables conséquences.

Il m'avait entretenu en visioconférence, pour prolonger ma garde à vue, sous menaces, et fait état de mon casier judiciaire, mon passif, dans lequel il y avait mon prétendu excès de vitesse en bateau. Prétendu, parce que les malhonnêtes flics de la mer, appartenant à la préfecture du Var, m'avaient verbalisé alors que j'étais seul sur l'eau, au loin, et qu'ils avaient évalués ma vitesse « au pif », comme mon éloignement de 300 mètres de la côte (il n'y avait pas de bouées...). Bref, un procès-verbal abusif, comme beaucoup, pour justifier de leur salaire du jour.

Il est intéressant de noter l'aspect frauduleux, crapuleux même, de ces contrôles nautiques, et spécialement dans le VAR, dont leurs autorités profitent d'une manne, avec aucun recours possible. C'est une véritable mafia.

J'ai donc été placé sous contrôle judiciaire.

Ils ne voulaient pas perdre la face.

Les conditions, aberrantes et outrancières, injustes et injustifiées, étaient celles-ci :

- *3000 euros de caution ;*
- *Mise sous séquestre de tous mes biens* (- très pratique pour informer officiellement les mafieux que je dénonçais, et qui sont de connivence avec la gendarmerie du Var et les magistrats locaux...-) ;
- *Obligation de répondre à toute demande ;*
- *Mise sous soins psychiatriques !*

Bref, la prison sans la prison, mais avec beaucoup de contraintes au delà des proportions des motifs d'inculpation.

La date était prévue pour le 26 avril 2019.

Mais, avant d'être libéré, j'avais à passer, encore, devant le « Juge des Libertés et de la Détention » (JLD) pour statuer de ces conditions.

286

J'ai attendu dans la sale geôle du tribunal, et j'ai été, à nouveau, après l'audience de la veille pour la suite à donner sur l'internement, devant la juge.

« Mon Avocat » faisant enfin son office, il a été entendu que la mise sous séquestre de tous mes biens était autant loufoque qu'extrêmement exagérée au regard des préjudices que j'aurais causés, et auxquels les présumées « victimes » pourraient prétendre.

Douée d'un certain sens de l'équité, de la mesure et de l'intégrité, cette juge a finalement décidé que j'avais à :

•   *Verser avant le 10 janvier 2019, entre les mains du régisseur de recettes du tribunal, en espèces ou par chèque certifié et en un versement(s) la somme de cinq mille euros,*
Ce cautionnement garantissant :

•   *a. à concurrence de 600 euros la représentation à tous les actes de la procédure ainsi que l'exécution des autres obligations prévues dans la présente ordonnance ;*

•   *b. le paiement, dans l'ordre suivant, à concurrence de : 4400 euros de la réparation des dommages causés par l'infraction ;*

•   *répondre aux convocations de toute autorité, de toute association ou de toute personne qualifiée ;*

•   *ne pas se rendre dans les lieux ci-après déterminés : à la BT DU BEAUSSET (*BT = gendarmerie).

Je suis au moins tombé sur une magistrate, femme qui plus est, assez douée de probité pour générer une décision, certes obligée par ses fonctions et sa hiérarchie, à la « bonne » mesure.

Elle ne manqua cependant pas de montrer le vrai visage de la commune magistrature, leur volonté de me punir, une de leurs motivations à participer à cette cabale « politico-religio-dogmatique », utile et nécessaire pour certains, en « sortant de ses gonds », comme du dossier épais de 20 centimètres, en le brandissant, un document de la copie d'écran du compte « Facebook » de la fondation « ANOTOW », que je découvrais alors, et qui mentionnait, selon elle, que je disais, mais je ne peux l'attester, ne l'ayant pas eu sous les yeux, que « *tous les magistrats et juges sont des pédophiles, etc.* ».

Et me prenant à parti, toujours énervée, me faisait état, « *Cela vous plairait que des personnes disent,...* », en s'adressant à mon avocat comme exemple de quidam, « *Monsieur GRANIER est un pédophile* », « *qu'y répondriez-vous ?* », puis, s'adressant au planton sur place, « *Monsieur GRANIER est un enculé* » *(sic, authentique !)*, pour finir, « *Monsieur GRANIER est un franc-maçon* »...

Je lui rétorquais alors que « Franc-maçon » n'était pas une insulte.

Elle y contre-argumentait que pour certains, cela en était une.

Alors, je lui demandais un droit de réponse et d'explication, qu'elle me refusa.

Si ces textes qu'elle me reprochait n'avaient pas été déformés, ce qui m'étonne un peu, il ressort qu'ils étaient mal interprétés, et surtout sortis de leurs contextes.

Déjà, elle ne comprenait pas que toute situation extrême, nécessite et justifie toute provocation, arme que j'utilise souvent pour « secouer le cocotier ».

Cela fonctionne, la preuve, mais, malheureusement, ceux qui reprennent ces propos outranciers sont peu intelligents, quand ils ne sont pas moralement malhonnêtes, et les prennent au premier degré, ce qui les arrange bien.

Ou alors, ne sont-ils que simplement des béotiens absolus, qui ne savent, ni ne peuvent, ni ne veulent comprendre qu'il puisse exister dans le monde un autre degré de lecture que le premier. Une sorte de Monde à une dimension, intellectuelle.

Et ces gens-là, sans culture, sans intelligence, sans honnêteté, sans connaissance de la sémantique, ont des postes à responsabilités, qui plus est, de nature purement intellectuelle, où le langage, écrit et parlé, est la base de leur travail et de leur fonction !

Pire, le jugement de et par celui-ci !

Je ne lui en veux cependant pas.

Je pense même que c'est la seule personne honnête dans cette espèce de tribunal fallacieusement français.

Mais, si j'avais pu (lui) répondre, je lui aurais dit que si quelqu'un m'insulte, mais qu'il a raison, et que j'ai tort, que c'est vrai, même exagéré, je fermerais ma gueule.

Je lui aurais aussi dit qu'il faut bien appeler un chat, « un chat ».

Je lui aurais précisé que si je ne voulais pas être traité de la sorte, je n'avais qu'à ne pas agir de la sorte !

Je lui aurais aussi expliqué que c'est bien quand et parce que personne ne fait rien contre les ignominies, et surtout ceux qui sont payés pour entreprendre des mesures contre elles, les acteurs du système judiciaire, magistrats en premier lieu, qu'on est bien obligé d'être outrancier, provocateur, et ce, pour tenter de faire naître un sursaut de moralité, un électrochoc moral chez ceux-là, au point qu'ils renient enfin leur méprisable corporatisme, de facilité mentale...

Je lui aurais aussi dit qu'il n'y a rien de plus légitime de, au moins, dénoncer les travers, notamment de ceux qui sont censés les corriger et les sanctionner, et qui sont payés pour, alors que je fais cela gratuitement, de mes deniers même, de mon temps personnel, et même au péril de ma vie !

Et j'aurais fini par lui dire que si ces propos concernent ce que je pense ce pour quoi ils ont été publiés, c'est une réponse au fait abject d'un juge qui avait relaxé un individu de 27 ans qui avait violé une fille de 11 ans, au titre que le prévenu avait déclaré qu'elle avait été consentante ! Si ce n'est pas de la complaisance... Et ce, en sus, de faire fi déjà, du délit de « détournement de mineur » en vue de commettre un autre crime, plus grave.

La jeune fille est perturbée à vie, et doublement. Déjà par l'atrocité qu'elle a subie, mais aussi et surtout par la découverte de la corruption, de l'injustice viciée de la magistrature française. Sans compter le temps qu'elle a perdu à attendre que cette dernière daigne lui offrir de son temps pour un procès.

Car, ce n'est pas le fait d'une seule personne, ledit sale magistrat, mais plutôt surtout celui de ses pairs, de toute la magistrature française qui n'a mot dit (*sic*), qui ne s'est pas offusquée de cette impunité, voire d'une telle absolution d'un crime devenu alors inexistant, de pédophilie et de viol.

Une absence de réaction comme si cette méthode était habituelle chez certains magistrats... bien connu(e)s.

Donc, puisque ce juge qui a blanchi un « enculé » est par transitivité un « enculé » (au sens figuré), et je défie quiconque de me prouver le contraire, tous ceux qui ne l'ont pas mis à l'index, ni même sa décision, sont du même acabit.

Et quant à sa défense du pauvre gendarme, elle me sermonnait que les mots, en général, pouvaient être importants de gravité, par leurs suites sur le « ciblé ». Et qu'il fallait bien penser aux conséquences avant d'en prononcer ou d'en écrire.

Elle avait certes raison, mais elle flânait toujours au premier degré du langage, faisant fi même du pourquoi et du comment, de la possible motivation délibérée.

Elle défendait le « petit poulet », sans avoir d'éléments en mains pour déterminer sans l'ombre d'un doute leur fausseté, commettant un à priori facile, con-corporatiste.

A moins qu'elle ne connaissait pertinemment son innocence parce qu'elle savait que le véritable auteur de la « machination », le commanditaire, était en réalité un de ses supérieurs.

Ce qui est sans presque aucun doute, la plus probable possibilité, rappelant la systématique couardise des « français-macons » pour faire faire les sales besognes par des sous-fifres, non affranchis... Et en protégeant le soldat envoyé au feu, cela permet à toute la tribu de continuer à occulter l'identité de(s) véritable(s) coupable(s), puisqu'il pourrait parler en cas de véritable interrogatoire par de véritables enquêteurs, c'est-à-dire, non gendarmes, non « français-macons », non corrompus...

Pour achever mon exposé à ce sujet, je lui aurais simplement demandé, à cette magistrate, si une enquête en bonne et due forme, c'est-à-dire non entreprise par la gendarmerderie elle-même (!), et un jugement en bonne et due forme aussi, c'est-à-dire par des magistrats non « français-macons », avaient établi l'innocence du gendarme dénoncé ?

Ou découvert le(s) « cerveau(x) » qui se cache(nt) derrière cette crapuleuse entreprise ? Car, quoi qu'elle en dise sur la non culpabilité du gendarme dénoncé, cette cabale est bien réelle, et donc, une ou plusieurs personnes l'ont bien ourdie !

Et si, quid de sa culpabilité ? Alors, quid de mes préjudices qui ne peuvent être que supérieurs à ceux dudit quelconque et inutile militaire ???

Et quid de ce que je dénonçais originellement, c'est-à-dire le détournement de fonds par la bande CAUSSIN-COLOMBO-ROMANO ???

Pour finir, je tiens à expliquer pourquoi je ne citerai pas le nom de cette magistrate.

Non pas par gêne, ou par crainte, mais parce qu'elle est cependant « saine », surtout par rapport à ses con-frères/sœurs présent(e)s au sein de ce magistral (sic) cloaque toulonnais, mais par expérience, pour la protéger. Il y a quelques années, j'ai nommé l'attitude honnête d'une « saine » magistrate, la seule au sein du sale tribunal d'Aix-en-Provence. Elle a été mutée ipso facto !

Je cite autant les salauds que les bonnes personnes.

Je dénonce les mauvais actes comme les bons.

Ces derniers, personnes et actes, sont assez rares pour les mettre en exergue.

Et de l'importance de citer le nom des crapules, elle est nécessaire pour éviter toute méprise, tout quiproquo, qui proviendrait d'avoir laissé dans le brouillard le quidam n'ayant pas accès à toutes les informations pour identifier, sans l'ombre d'un doute, les véritables auteurs de crimes, et qui, par voie de conséquences, pourrait attribuer indûment et injustement les sales actions à une autre personne, innocente, mais d'apparente similarité par le fait qu'elle ait la même fonction professionnelle, ou le même lieu d'habitat ou de travail, etc., que son auteur, que le coupable.

Être évasif devrait être puni par la Loi, au grand dam de celle abâtardie qui protège les salauds par de faux-semblants moraux de la prétendue diffamation, utilisée fallacieusement par abus de droit jamais sanctionné, d'une manière systématique comme représailles, par les « enculés » d'avocats, dans le seul but de détourner l'attention des crimes commis par leurs tout autant « enculés » de clients.

Une forme de chantage officialisé qui bafoue la loi principale d'entrave à la manifestation de la Vérité.

Dans ces cas devenus communs au sein de certaines chambres des tribunaux, aucun « français-macon » n'a déposé une « QPC ». Et pour cause...

Indépendance n'est pas synonyme d'Intégrité.

Bien au contraire.

De l'Indépendance naît la dictature, la perversion, la corruption.

J'ACCUSE !

...les personne suivantes, d'une liste loin d'être exhaustive, dans un ordre hiérarchique décroissant de responsabilités au titre de leur fonction, d'avoir commis tous ces actes crapuleux à mon encontre, sous les circonstances aggravantes d'association de malfaiteurs et de crimes en bande organisée, dont l'énumération ne peut être exhaustive, d'abus de pouvoir, de faux et d'usage de faux, de fausses déclarations, de fausses attestations, de faux certificats, d'entraves à la manifestation de la vérité, de dissimulations de crimes, de menaces, de menaces exécutées, de chantages, d'extorsions d'aveu, d'extorsions d'informations confidentielles et privées appartenant à des sociétés, d'extorsions d'empreintes génétiques, palmaires et digitales, d'extorsions de fonds, de complicité de détournement de fonds, de fraudes comptables et fiscales, de négationnisme, de participation, d'association et de collusion avec une organisation criminelle de type mafieuse, de séquestration, d'internement abusif, de fraudes multiples procédurales, de non respect des droits français de la défense, de non respect des procédures et des lois françaises, etc.

- Au niveau du gouvernement :
  Emmanuel MACRON, Édouard PHILIPPE, Christophe CASTANER, Stéphane BOUILLON, Nicole BELLOUBET, etc.

- Au niveau local, préfecture et municipalité :
  Jean-Luc VIDELAINE, Emmanuel CAYRON, Éric De WISPELAERE, Thierry ALBERTINI, etc.

- Au niveau « gendarmerderie » :
  Richard LIZUREY, Daniel ROTH, Michel LECOUTOUR, Franck LA IACONA, Aurélie THOULOUZE, Denis ZAMMIT, Mathilde HOARAU, etc.

- Au niveau du parquet de Toulon, procureurs et déclinaisons :
Bernard MARCHAL, Carine CAUCHY, Mme MAZIERE, Stéphanie BATTLE, Ahmed CHAFFAI, etc.

- Au niveau du Tribunal de Grande Instance de Toulon :
Lucette BROUTECHOUX, etc.

- Aux niveaux médico-légal, médical et hospitalier :
Bénédicte BASTIEN-FLAMAIN, Thomas LEPAGE, Gilles REINE, Agnès MARCHESSAUX, Michel PERROT, etc.

- Au niveau local annexe :
Emily LINOL-MANZO, etc.

- Aux niveaux supra-national et localisé, sans qui toute cette collusion, ces trafics d'influences n'auraient pu se faire :
- Les loges maçonniques de tous bords, de Toulon, du Var, de Marseille, d'Aix-en-Provence, des Bouches-du-Rhône, de la région PACA, au sein desquelles toutes les personnes citées dans cet ouvrage sont parties prenantes...

- Les loges maçonniques dirigeantes, dont ces dernières dépendent, à savoir,
la Grande Loge de France (GLDF) par son maître en chef depuis juin 2018, Pierre-Marie Adam (qui a travaillé presque toute sa carrière dans la police, notamment au sein des Renseignements généraux...),
et la Loge du Grand Orient de France (GODF), la plus ancienne obédience maçonnique française et la plus importante d'Europe continentale, en le maître, depuis août 2018, Jean-Philippe HUBSCH (courtier en assurances...).

- Sans oublier, Anne CAUSSIN, Philippe COLOMBO et Laurent ROMANO, sans qui je n'aurais pas subi ces mésaventures au niveau local...

- **Chapitre Bonus : Note d'information NEUF : Informations annexes sur des bénéficiaires quasiment insoupçonnables, « ENEDIS » et les compteurs « LINKY ».**

Étrangement, toutes mes mésaventures sont arrivées, au surplus de mes actions épistolaires précitées, une quinzaine de jours après cette mise en demeure, pour laquelle je n'ai jamais reçu de réponse, et dont l'accusé de réception ne m'a jamais été réexpédié.

Il est à noter une petite magouille involontaire, mais contractuellement frauduleuse, de la part de la Poste, qui est tout au bénéfice des grandes entreprises qui ont des choses à se (faire) reprocher. Ces dernières, recevant énormément de courriers, ce qui prendrait beaucoup de temps au facteur pour faire leur travail de faire signer les accusés de réception ipso facto, ont le privilège de faire un tri a posteriori, c'est-à-dire qu'ils leurs sont déposés pêle-mêle dans leur « boîte aux lettres », recommandés inclus. A charge du destinataire de signer et de tamponner les accusés selon leur charge de travail, puis de les restituer au facteur, les jours suivants. Bien entendu, quand le courrier est « gênant », l'accusé de réception disparaît...
Un service payant de la Poste...

NOTIFICATION DE CONTREFAÇON / INTELLECTUAL PROPERTY INFRINGEMENT NOTIFICATION
MISE EN DEMEURE AVANT POURSUITES/ FORMAL NOTICE BEFORE LAWSUIT
02 Novembre 2018

envoi par courrier R.A.R. via le site de la Poste, certifiant aussi son contenu

ENEDIS S.A.

Tour Enedis, 34 Place des Corolles, 92079 Paris-La Défense

Capital social de 270 037 000 euros, RCS Nanterre n°444 608 442

A l'attention de Philippe MONLOUBOU, *né en 1955,* **Président** *;*
Pierre TODOROV, *né en 1958,* **Vice-Président** *;*
Marianne LAIGNEAU, *né en 1964,* **Président du conseil de surveillance.**

Objets :
- **Notification de délit de contrefaçon « Compteur LINKY » ;**
- **Préavis avant dépôt de plainte pénale ;**
- **Mise en Demeure d'interdiction de commercialisation et d'usage.**

Madame et Messieurs,

votre société commercialise depuis des années la contrefaçon d'un produit dont je suis l'inventeur et détenteur de la propriété intellectuelle, « COPYRIGHT », que vous appelez commercialement « LINKY » ou « COMPTEUR LINKY ».

Je suis l'inventeur, l'auteur et propriétaire depuis la date officielle de son dépôt horodaté le 21 AOUT 2002.

Vous êtes sous le coup du délit pénal international de contrefaçon, comme tous les acteurs de telles fraudes, du fabricant, au transporteur, au prescripteur, au diffuseur, au « commercialisateur », à l'installateur, aux usagers (tant celui qui l'utilise et en profite professionnellement, que le bénéficiaire, et en l'occurrence au regard d'un compteur, celui qui l'utilise pour obtenir des données à facturer que celui qui est fournit, votre client), et même le particulier.

Il s'agit donc d'un vol manifeste de propriété intellectuelle.

Nous estimerons dès à présent mes préjudices à hauteur de 500.000.000 € (cinq cent millions d'euros), charge à vous de poursuivre en justice les malandrins qui vous ont « arnaqués » en vous le fournissant, acte qui vous dédouanerait, mais dont je doute votre motivation puisqu'ils doivent être de vos amis, vos complices (voir Nota Bene Historique ci-après...)...

Il va sans dire que les autres véritables auteurs de ce vol, les compères qui vous fournissent ce produit contrefait, et ceux qui les installent (si tant est qu'ils ne soient pas les mêmes) sont les coupables et responsables principaux. Mais, désormais, en étant exploitant de ce qui m'appartient, et sans mon agrément, vous êtes les nouveaux responsables/payeurs.

Nota Bene Historique : Le facteur aggravant

J'avais contacté en son temps, il y a donc plus d'une dizaine d'années, EDF, pour leur proposer mon système. La réponse fut aussi débile contemporainement, que malhonnête ultérieurement. « Ils » n'en voulaient pas, au prétexte qu'il déplairait aux syndicats, mettant en exergue leur médiocrité et bassesse de penser, qu'une telle innovation serait dangereuse pour l'emploi ! Je leur objectais que, bien au contraire, ils en seraient ravis dès lors qu'on leur présenterait la chose d'une manière intelligente, à savoir intéressée pour leur petits nombrils, le report de ces emplois dédiés aux relevés, fastidieux et coûteux, à une tache davantage vouée à l'accueil et au service des clients, tout en leur donnant l'opportunité « d'en foutre le moins possible » ! Donc, pas de réduction d'emploi, mais plutôt de tâches.

Et au surplus, la société EDF y gagnerait en frais de déplacement (et de pollution, même si vous vous en moquez éperdument), et donc, serait un peu plus rentable, donc plus encline à l'emploi. Toute mon argumentation, légitime, pertinente et vraie, ne tenait pas en compte de la malhonnêteté de certains, bien introduits chez EDF, qui ont profité de l'aubaine, pur créer à leur compte, des sociétés qui voleraient ma propriété intellectuelle, comme ENEDIS..., et pour tirer tous les bénéfices personnels du recel...

JE TIENS À DIRE QUE JE N'APPRÉCIE PAS, VRAIMENT PAS, VOS MÉPRISANTES MÉTHODES COERCITIVES MAFIEUSES POUR IMPOSER MON INVENTION À CEUX QUI NE LA VEULENT PAS, D'AUTANT QUE JE NE L'AI PAS CRÉÉE

POUR ESPIONNER NI ASSERVIR LES GENS, LES CLIENTS.

DONC, JE NE CAUTIONNE EN RIEN VOS SALES ARGUMENTATIONS POUR INSTALLER UN PRODUIT DONT J'AI LA DÉCISION EN TANT QUE PROPRIÉTAIRE INTELLECTUEL DE SA DESTINÉE ET DE SON MOYEN DE DIFFUSION, ET PAR LEQUEL VOUS IMPLIQUEZ À LEUR INSU ET MALGRÉ EUX, CES PERSONNES DANS UN GRAVE DÉLIT PÉNAL !

MISE EN DEMEURE :

AUSSI, PAR LA PRÉSENTE, JE VOUS INTERDIT JUSQU'À NOUVEL ORDRE ET L'OBTENTION D'AUTORISATION DE MA PART D'INSTALLER TOUT NOUVEAU COMPTEUR « LINKY » (OU DE TOUTE AUTRE APPELLATION DÈS LORS QU'ILS SONT CONÇUS POUR ET UTILISENT TOUT OU PARTIE DE MA PROPRIÉTÉ INTELLECTUELLE), ET D'USER TOUT COMPTEUR DE LA SORTE DÉJÀ INSTALLÉ !

Pour en revenir à notre affaire, la balle est dans votre camp.

Soit nous trouvons rapidement un arrangement à l'amiable, en France, ou ailleurs ;

soit, j'engage des poursuites aux USA, lieu de prédilection de quelques unes de mes affaires de propriété intellectuelle. J'ai aussi des sociétés à Londres, si vous préférez.

Pour des raisons de logistiques et de pratiques temporelles, nous allons utiliser mon adresse en France, à Paris, et surtout celles de courriel : **XXXXX**.

Par ailleurs, j'informe tous les mécontents de vos services, particuliers, associations et municipalités qui refusent ce type de compteur, qu'ils ont mon aval pour refuser leur installation, mais aussi pour les désinstaller, et même les détruire, comme pour tout produit contrefaits.

Ils pourront même mener une « Class Action » (en France et dans les autres pays où vous avez vendu cette contrefaçon), contre vous personnellement, contre votre société et contre celles affiliées, pour participation coercitive à un délit pénal, tel que pour tout produit contrefait.

Si, dans les 7 jours suivant la réception de la présente, je n'ai aucune nouvelle de votre part, par courrier ET par courriel (double communication pour éviter les méprises de retard postaux), j'entreprendrais les poursuites nécessaires en France et depuis les USA, et bien évidemment, nous parlerons de tout autre montant, à la hausse s'entend.

Par ailleurs, et pour finir, je vous rappelle, au vu des différentes lois nationales des pays dans lesquels vous êtes présents, et notamment celles boursières, votre obligation d'informer vos partenaires et vos actionnaires d'un tel grave problème juridique et judiciaire.

Veuillez recevoir, Madame et Messieurs, mes salutations.

Laurent GRANIER

Pour information, « ENEDIS » comme « ENGIE » sont des filiales d'« EDF », tenues par la mafia « française-maconnique », tout comme « AREVA », « VINCI »...

Tel qu'ils pillent l'état, les « français-macons » volent les propriétés intellectuelles des individus qui ne sont pas de leur secte.

Vous comprenez aussi le risque encouru par ces derniers.

Vous avez dû remarquer l'étrange coercitive insistance avec laquelle les responsables de ces entreprises semi-étatiques, imposent par la force et illégalement ces compteurs espions.

Uniquement parce qu'ils veulent maîtriser, contrôler tout le monde, et cela passe par la connaissance de tous leurs faits et gestes, en les épiant, les espionnant.

Je n'avais pas inventé ce système pour cela, pour espionner les personnes, mais bien pour rendre plus facile et plus économique la tâche de relever les compteurs. Point !

Conclusion(s) non finale(s)

Je suis obligé de me défendre.

Ils l'ont bien voulu, ils l'ont bien cherché.

Je ne suis pas un « membre » du bétail qui se laisserait égorger, ou asservir, d'autant pour me retrouver en laisse du côté obscur que cette secte veut imposer à tout prix. A tout prix. A tout le Monde.

Telle la question pseudo scientifico-philosophique, qui de la poule ou de l'œuf a été le premier, en matière « française-maconnique », il serait intéressant de savoir qui du « macon » ou du mafieux, a créé cet « ordre » religieusement détourné.

Il reste que la gangrène « maconnique » dans tous les milieux de pouvoirs ne peut plus être une interrogation, ni un doute, mais désormais, avec toute certitude raisonnée, un fait réel et concret, démontré d'une manière parfaite par « mon » affaire, qui a été orchestrée par ces acteurs, de secondes zones certes, mais aux postes principaux de l'état, c'est-à-dire, autant du gouvernement que de l'institution auto-proclamée indépendante de la première, la magistrature et son système judiciaire bien gardé.

Cette démonstration de force est éclatante par le fait qu'ils font preuve d'une certitude d'immunité, d'impunité des actes délictuels et criminels qu'ils n'ont pas hésité à entreprendre, aux yeux de tous.

De plus, ce semi-ostentatoire étalage de pouvoirs à tous les niveaux, montre et prouve à ceux qui ne savaient pas, et à ceux qui avaient des doutes à leur sujet, la spécieuse « spiritualité » de la « française-maconnerie » en général, et la duplicité morale de ses disciples en particulier, mais aussi ses funestes desseins finaux, pour lesquels il est bien nécessaire que toutes les loges soient administrées, commandées et détenues par d'authentiques crapules.

Toutes ? Oui, nous pouvons l'affirmer, car aucune des deux principales n'a dénoncé l'autre pour ses travers.

A ce jour, il m'est impossible de distinguer l'une de l'autre, au niveau national, et même local, pour déterminer laquelle des deux abrite les salopards qui s'en sont pris à moi.

Laquelle des deux ? Si ce ne sont les deux.

Toutes ces mésaventures offrent le bénéfice de montrer au jour, encore davantage, leur absence totale de considération, et même un mépris absolu pour le sens de l'Honneur (l'authentique), la noblesse d'esprit, la chevalerie en terme de combat et de respect de l'adversaire.

Tout est faux chez eux.

Sauf le fait qu'ils sont en réalité, l'absolu contraire, l'absolu opposé de ce qu'ils prétendent être, penser et agir en conséquences.

Au moins, c'est aisé de connaître leurs intentions.

Par ailleurs, vous avez dû remarquer qu'il y a beaucoup de femmes dans cette affaire. Et quand on voit certaines, et même certains, stupides féministes (*sic pour le pléonasme*) qui déclament haut et fort, trop, que celles-ci sont dévalorisées, qu'elles sont sous-estimées, qu'elles n'ont pas de poste à responsabilité et à pouvoir, il est à admettre, dans une position neutre, que leurs revendications sont plutôt malhonnêtes, injustifiées, voire indécentes.

Déjà, parce que c'est partiellement faux, mais aussi et surtout, parce qu'elles ne parlent pas du fait qu'elles méritent ces plus hauts grades, en compétences s'entend.

Somme toute, il y a pléthore de femmes à de hauts postes, et si elles en sont là, c'est sans aucun doute qu'elles les justifient.

Celles qui râlent ne sont que des personnes qui n'ont pas suffisamment de valeur intrinsèque pour atteindre de telles fonctions, et qui ont pour habitude de bénéficier de privilèges de courtoisie, qui leur facilitent la vie quotidienne, et qui, par conséquence désobligeante, leur permettent de croire sans vergogne, que tout leur est dû par le fait de leur genre.

C'est un véritable paradoxe moral !

Elles en démontrent alors, un esprit vengeur, revanchard, vicelard.

Celui-là même que nous pouvons constater de manière récurrente dans les divorces.

Tel celui de la « française-maconnerie », au sein duquel elles exercent leur pouvoir à outrances...
Et nous atteignons le « pourquoi du comment » des travers de la « française-maconnerie ».

Les notions nobles de l'Honneur (l'authentique), de la parole donnée, du respect de la parole donnée, de l'esprit de Chevalerie, de la Justice, de la droiture morale, de la franchise, sont suffisamment rares chez la Femme pour comprendre qu'elle en est dépourvue.

Tout ce que je dénonce, et je ne suis pas le seul, de la « française-maconnerie », et que je peux prouver désormais avec « mes mésaventures », est, trait pour trait, la définition faite Femme, cette dernière idolâtrée par ses adeptes.
Ceci explique cela.
Pour en revenir à leur référence originelle, un divorce divin où ce ne serait pas « dieu/diable » en tant que « mâle/mâle », mais plutôt « mâle/femelle ».

Pour finir, il est affligeant de constater qu'il est nécessaire, en FRANCE, en 2018, d'avoir à recourir à un avocat « qui connaît le juge » quand on est innocent.

Il est affligeant de constater qu'il est nécessaire, en FRANCE, en 2018, d'avoir un avocat qui paye, de quelque manière qu'elle soit, pour « dé-corrompre » un magistrat, quand on est innocent.

Il est affligeant de constater qu'il est nécessaire d'avoir à avoir, en FRANCE, en 2018, un « JéSus » assisté d'un avocat qui fait acquitter à tort (*sic*) les coupables, quand on est innocent.

Il est de toute « apparence », un système au sein du système judiciaire, mis en place, en FRANCE, en 2018, qui oblige à avoir un duo de « défenseur », l'un qui paye le magistrat, et l'autre, pour donner le change officiel d'un verdict avantageux, en faisant de ses élucubrations une plaidoirie larmoyante et/ou outrancière, à tendance ridicule, absurde et grand-guignolesque... Ce dernier s'accaparant tous les honneurs médiatiques d'un surprenant et soudain acquittement, dans des affaires où les accusés sont, somme toute, « responsables mais pas coupables ».

Et quand il s'agit d'innocents, cette vérole contamine les prérogatives qui leur en auraient été légitimement dues.

Rien n'est gratuit...

Encore moins la « justice » française.

Et les cons de médias français, ne s'offusquant pas d'une telle injustice de blanchiment, crient même au génie.

La défense de l'Injustice par leurs soins ! Quelle mascarade !

Par ailleurs, les abrutis de tous poils, évidemment malhonnêtes et de mauvaise foi, la plupart des politiques et des journalistes, français, sans oublier les magistrats de toute nature, toujours bien franchouillards, se délectent à propager l'idée, et même plutôt le fait, que la population n'aime pas les autorités, les policiers, les gendarmes, les procureurs, les juges, les avocats, les huissiers, les notaires, etc.

Ce n'est pas dans nos gè(ê)nes !

Bien au contraire.

Nous tous, avons, ou plutôt avions, une haute notion de ces fonctions, de la démocratie, de la République de France.

Si ces personnes, normales, c'est-à-dire qui ne sont ni des criminels, ni des salauds, qui apprécient le confort de nos sociétés occidentales, et qui ont bien d'autres choses plus intéressantes à faire de leur vie, apprennent à détester, voire haïr ces institutions, ce n'est pas par hasard, ce n'est pas par plaisir, ce n'est pas par manque de « hobbies », ce n'est pas par un phénomène de mode, ni par idéologie « païenne ».

Mais, c'est bien la conséquence de ce qu'ils observent, et même de ce qu'ils subissent, et ce, d'une manière la plus injuste possible, depuis des lustres, la corruption de chacune de ces institutions par ses propres acteurs, qui trahissent, sans cesse et sans vergogne, la République, la fonction pour laquelle ils ont prêté serment, pour laquelle ils sont payés, et ce, tout en en tirant des bénéfices personnels de et pour leur « fraternité »...

Il ne faut pas oublier que c'est bien le peuple qui a fait la Révolution, même s'il a été particulièrement manipulé par les bourgeois d'alors.

Le Monde n'a pas changé.

Ce sont les mêmes nantis qui les « dirigent », et qui continuent à leur imposer toujours plus d'injustices. Encore et encore.

Les « Gilets Jaunes » ré-apprennent amèrement, à leurs dépends, cette pérenne situation des classes.

Et le mépris.

Le MACRON le leur rappelle tous les jours depuis des mois.

Mais, les gens savent désormais...

Et il « leur » sera de plus en difficile de les duper. Pacifiquement s'entend.

C'est pour cela que leurs actions musclées se développent autoritairement, notamment par les forces militaires que sont la « Gendarmerderie Française », mettant au jour leurs véritables desseins autant que leur vraies faces.

Si je définis ces « Conclusion(s) » comme « Non finales », c'est bien qu'à l'heure où j'écris ces lignes pour achever mon témoignage, en cette fin mars 2019, à moins d'un mois du procès « Non-équitable » qui devrait se tenir illégalement au Tribunal de Toulon, en le 26 avril 2019, pour de faux chefs d'accusations basés sur des écrits que je n'ai pas rédigés, c'est que je n'ai toujours pas mon dossier en main pour en élaborer ma défense, et ce, par le simple fait d'une rétention délibérée de la magistrature locale, dirigée par Lucette BROUTECHOUX.

La suite donnée sera intéressante car toutes ces mises à l'index que vous avez lues précédemment, sont les faits et actes délictueux pour lesquels je dépose une plainte pénale contre toutes ces personnes, et contre l'état Français.

Elle sera aussi intéressante car j'informe aussi, avant la date fatidique, le Conseil Supérieur de la Magistrature, le Conseil Constitutionnel, et certaines autorités responsables, en sus des médias.

Comme j'informe officiellement aussi, Lucette BROUTECHOUX, présidente du tribunal de Toulon, ce, afin que les preuves de sa connaissance entière sur ladite « affaire », c'est-à-dire, sur ses multiples et graves entorses au Droit Français, jusqu'à cette rétention double des dossiers, à savoir celui de l'internement abusif et celui du futur procès, lui ôtent toute envie ultérieure d'oser déclamer qu'elle n'était au courant de rien.

Je ne me fais aucune illusion quant à sa corruption morale, ou à son intégrité, elle a été décorée de la Légion d'Honneur en 2017...

On n'a rien sans rien, surtout sous la « République Française »...

Vous remarquerez aussi le constant roulement de ces magistrats qui « évoluent » de juridiction en juridiction, toujours les mêmes, Marseille, Lyon, Grenoble...

Pour ma part, je veux et revendique le Droit Français, et uniquement lui, et je réfute le droit « maconnique », imposé par les « français-macons », comme celui Toulonnais imposé par les mafias locales de tous poils.

TOULON est dans le VAR, et le VAR est un département français, géographiquement et administrativement, où la loi qui doit s'appliquer est celle de ce pays qu'est la FRANCE, et non celui des mafieux, dont les magistrats du cru sont issus.

Quant à « Mon Avocat », je n'ai plus de nouvelles de lui depuis plus de quinze jours, depuis que je lui ai demandé de me restituer un chèque frauduleux d'« HSBC » que je lui avais confié pour qu'il recouvre la somme, en vain. Et surtout depuis que je lui demande le reçu officiel du Régisseur des Recettes du Tribunal de Toulon, relatif au paiement en espèce de la « rançon » des 5.000 euros, effectué par sa consœur locale...

Un reçu d'autant plus utile et nécessaire qu'il est indispensable pour se faire rembourser la somme...

Ou alors, il ne répond plus parce que je lui ai finalement demandé une quittance comptable pour les 5.500 euros que je lui ai versés en espèces pour solder ses « prestations » originelles, quittance qui l'empêcherait de faire obstruction, au prétexte fallacieusement déontologique, à un agrément pour faire entreprendre la suite de l'affaire par un autre défenseur...

Ou alors, parce que la dernière affaire que je lui avais confiée, mettait en cause la notaire marseillaise véreuse (*pléonasme?*), Pascale BRANCHE, qui me doit toujours 15.000 euros, et qui était alors acoquinée avec la mafia toulonnaise. Et que cette dernière était peut-être, directement ou indirectement par quelques origines insulaires, parmi ses clients permanents...

Ou alors, c'est seulement parce qu'il a obtenu suffisamment d'informations confidentielles de ma part, pour le compte de mes ennemis, en me leurrant sur ses intentions.

ANOTOW

Pour finir, il est important d'évoquer la nature de « ANOTOW », « ANOther TomorrOW » (Un Autre Demain).

« ANOTOW » est un courant philosophique appliqué, ayant pour seule motivation l'inscription de l'Intelligence (l'authentique, celle dictée par la noblesse d'esprit, et non celle de la malignité) comme « maître-étalon » (*sic*) dans les sociétés, au sein des pouvoirs, dans le seul but d'obtenir un Monde (plus) juste, (plus) équitable et (plus) équilibré, bref, un Monde meilleur que celui qui existe depuis des millénaires, et qui semble se pérenniser pour toujours, voire s'empirer.
Ce « maître-étalon » éthique, moral, est sous l'égide du « **Sens Commun** ».

« ANOTOW » est l'expression non exclusive ni réservée de l'« agissement », tant spirituel, mental que physique, de ce qui est « guidé » et motivé essentiellement et sans défaut, par le « Sens Commun », l'intuition naturelle, l'inconsciente conscience, et la Nature dans toutes ses définitions existentielles.
« ANOTOW » puise sa légitimité dans la source des notions élémentaires de l'Univers, par l'intemporalité et par la non localisation spatiale et/ou dimensionnelle.
Il est question de « propreté » et d'harmonie.

« ANOTOW » n'est qu'un mot, qu'un nom, qu'une expression raccourcie pour notre langage, pour désigner nominativement une évidence indiscutable de principe, qui est intelligible en n'importe quel lieu de l'Univers, spatial et dimensionnel, en n'importe quel temps, et par n'importe quelle espèce douée de raison et de bonne foi, dotée de cette Intelligence abnégative, du moins désintéressée.
Le bon sens est la logique d'esprit, liée à une intuition que prédomine et incite la bonne conscience.
Un ressenti de ce qui est « Bien », ou pas.
Cela va au delà du conflit « Bien » - « Mal ».
Car celui-ci oppose l'un à l'autre, exprimant la nécessité d'une commune présence, par juxtaposition.

Or, le principe « ANOTOW » est de faire ce qui est « Juste », qui sera ainsi « Beau », qui sera ainsi « Bien », qu'importe l'existence et la présence, ou non, du « Malin ».

Par extrapolation, ce qui n'est pas dans le camp du « Bien », n'est nécessairement pas un opposé, un « ennemi », mais déjà un état à mépriser, du moins à déconsidérer par valeur par défaut.

De ce qui est « Bien », ou pas.

Cette approche permet et oblige à considérer, à juste titre, toute neutralité comme un acte, une attitude, une pensée, une réflexion, une position morale, malsain(e)(s), car non intelligemment salubre(s), non éthiquement judicieuse(s), provenant d'une défectuosité intellectuelle créant à la fois, l'indéfini et le flou, un non engagement portant à la couardise, du moins, à une carence, ou à une lacune, ou au pire à une faiblesse de moralité, non pas négative, mais nulle.

Une déficience de cette intelligence appropriée, nécessaire pour aborder et déterminer toute chose avec une lucide raison, et respectabilité.

Un handicap du jugement, de l'estimation.

« ANOTOW » permet de se passer de lois, de réglementations, d'ordres, c'est-à-dire, non pas de leur existence écrite, mais de leur rédaction exhaustive.

Les textes législatifs, rédigés par de simples hommes, et surtout lus et appliqués par d'autres « simples » hommes, dont aucune garantie sur leurs intellects ni leur moralité ne peut être, notamment en ce qui concerne les prétendus « professionnels » desdits systèmes juridico-judiciaires terriens, tels que magistrats, juges, greffiers, huissiers, avocats, obligent à l'entrebâillement d'interprétations multiples, voire à de fallacieux profitables détournements linguistiques et sémantiques.

Ces intellectuelles « traductions » formatées d'une manière monomorphe depuis une spécieuse exégèse orientée et partiale, provenant d'un cursus d'obligatoires analyses tronquées et manipulées, dispensées par les professeurs les enseignant dans un seul sens, sont élaborées pernicieusement pour s'en affranchir.

Les législateurs, ceux honnêtes, en sont contraints à rendre ces édits le plus exhaustif possible au point de les rendre nébuleux, abscons, et même inintelligibles. Leur crainte est le vide juridique.

La prédominance du « Sens Commun » permet de rendre une exhaustivité d'application à des principes, à des préceptes, à des lois, sans avoir besoin de les circonscrire d'une manière écrite pour et dans tous les cas possibles, voire même improbables, afin de ne pas exposer une fâcheuse inéquitable situation qui épargnerait un coupable à la faveur d'un subtil et affligeant manquement ou omission.

Le « Sens Commun » de principe, fait que l'écrit devient une base, mais non point un environnement d'application in extenso.

Pour exemple, « Les Dix commandements » ne font pas état de tant de circonvolutions de champs d'applications...

Le « Sens Commun » est une extension morale, d'application de ce qui n'est pas écrit, mais qui est légitime à l'absolu, et raisonnant de cette résonance par le seul fait que toute évocation d'une loi non écrite ou non précise, doit être entrevue et reconnue comme toute autant recevable, puisque les prétentions et les argumentations découlent du même esprit, de la même inspiration, du même principe universel et intemporel.

Mais, il relève qu'une telle revendication, quelle qu'elle soit, élaborée sur ce fondement, doit être sans faille, ni doute, ni omission contre-argumentaire. Honnêteté et intégrité.

Ainsi, en matière de corruption, entraînant la duplicité délibérée au niveau des « compréhensions » des principes fondamentaux, elle est à considérer comme un crime de haute trahison à l'encontre de l'esprit universel du « Sens Commun ».

Une insulte à l'« Intelligence ».

Une infamie contre-nature, et contre la Nature (*universel*).

Aussi, les principaux acteurs tels que les juges et assimilés, ainsi que les avocats, doivent et seront condamnés à supporter au moins la peine qu'ils n'ont pas infligée, ou pour laquelle ils ont participé fallacieusement et malhonnêtement à son privilégié énoncé.

Cette approche permet aussi de corriger les erreurs de rédaction, non plus quant aux manquements ou omissions, mais celles édictées, et ce, pour remettre en cause une faute de loi qui aurait échappé à la règle ultime du « Sens Commun ».

De ce fait, le « Sens Commun » est LA RÈGLE FONDAMENTALE UNIVERSELLE, une loi non écrite, d'ordre supra-national.

« ANOTOW » a la charge, non pas d'une manière exclusive, de son évocation, de son application, quelle qu'en soit la manière, et en tout lieu en l'Univers où un tel principe fondamental n'est point existant. Comme sur Terre...

Par ailleurs,
« ANOTOW » n'a pas, et n'est pas une divinité.
« ANOTOW » n'est pas une religion, ou assimilée, une secte.
« ANOTOW » n'a pas de chef, pas de gourou, pas de guide.
« ANOTOW » n'a pas de membre, pas d'adepte, pas de disciple.
« ANOTOW » n'a pas de rite, de rituel initiatique ou récurrent, ni même de culte, d'idole, de méthode de prosternation, de prêche ou de prière, d'adoration, ou de supplique.

« ANOTOW » ne s'approprie pas, ou ne peut permettre de s'approprier des mérites.
« ANOTOW » ne racole pas, ne recrute pas, ne fait pas de prosélytisme.
« ANOTOW » n'en demande pas non plus des oboles, des adhésions, des contributions financières.

« ANOTOW » n'a sa raison d'existence que par celles d'autres « courants », d'ordre malin, afin de s'y opposer, de le(s) combattre en présentant un contre-pouvoir spirituel, réel, moral, physique et matériel.

« ANOTOW » est aussi un ardent courant de divulgation et de diffusion de la « Vérité », notamment par la dénonciation des mensonges, des contre-vérités et des complots, et de ceux qui les génèrent, les fomentent et les propagent.

« ANOTOW » est la manifestation nominale de cet ensemble de pensées universelles et intemporelles, qui ne devraient même pas être érigées comme un « chemin à suivre » tant elles relèvent de ce bon-sens, de la logique, de l'esthétisme, de la conscience évidente, de l'Univers.

« ANOTOW » n'est rien d'autre que l'expression de que ce qui peut se trouver dans le « Camp du Bien », l'élégance de pensée, sans être ignorant des turpides qu'elle a à dénoncer et à combattre sans faillir.

« ANOTOW » sert les causes pour la protection de la Nature, de l'Environnement naturel, dans son universalité et son entièreté, autant la Flore que la Faune, que le Minéral.

« ANOTOW » ne fait aucune distinction entre l'Homme et les autres animaux, et considère le tout comme un Tout.

« ANOTOW » ne considère pas les « Droits de l'Homme », mais ceux du « Vivant ». Tout organisme a des droits fondamentaux inaliénables, et avant tout, ceux relatifs au respect, et ce, même si ces organismes n'en sont pas conscients, et/ou ne peuvent les invoquer. C'est à l'être dit d'un niveau supérieur, et/ou d'un pouvoir dominant, d'en prendre compte, considération et résolution.

« ANOTOW » considérant les « Droits du Vivant », considère à un niveau supérieur, les « Devoirs de l'Homme », puisque ce dernier est un être conscient, au plus haut échelon du monde animal terrestre connu, qui, de surcroît, profite et tire bénéfice des autres êtres vivants et de la Nature, cette dernière étant un bien partagé, commun à et pour toutes les espèces. La qualité de cette supériorité de grade moral en matière de devoirs par rapport aux droits, exprime le fait qu'avant de prétendre à des droits, l'Homme doit assumer ses obligations. Il est évident que ces charges fondamentales ne sont pas uniquement rattachées à l'Homme, mais bien à toute espèce dit « intelligente » qui a un ascendant sur une autre, ou même sur un seul être.

« ANOTOW » ne considère pas le fait que l'Homme ne puisse profiter de ce que l'Univers offre matériellement et concrètement, mais considère que l'Homme a des responsabilités et des devoirs envers la Nature et les autres animaux, qu'il doit respecter au plus haut point et sans l'ombre d'une défaillance, notamment quand il y en retire un avantage ou un bénéfice.

« ANOTOW » considère que tout acte doit être assumé par son auteur, qui doit en payer les conséquences, les préjudices causés et induits, directement et indirectement.
Aucun pardon ne peut être prodigué, dispensé, sauf par la victime elle-même, et uniquement lorsque le coupable est absolument sincère, sans aucun doute possible sur la nature authentique de ses regrets, et que des préjudices sur autrui ne

sont pas ou plus existants, ou ne puissent être induits ultérieurement d'une telle sérieuse déclaration d'absolution. Ce dernier point étant au regard de possible réitération de délit envers d'autres personnes.

« ANOTOW » est à la fois, un absolu respect de l'individualité, mais aussi et surtout, une limite du libre arbitre quant à l'impact sur autrui, à son encontre, à sa gêne, et ce, sans absolument aucune notion de communisme. Toute liberté légitime ne se borne qu'à celle de l'« autre ».

« ANOTOW » est purement nominal, aussi, toute personne qui suit par instinct, par choix, ou par noblesse d'esprit, ou simplement inconsciemment, les mêmes aspirations Intellectuelles, est de ce fait, une partie d'« ANOTOW », sans que « cette dernière » (*licence littéraire, poétique et philosophique pour la -temporaire- féminisation*) ne puisse en revendiquer l'appartenance ou l'aliénation de cette personne, et sans que cette seconde dernière en sente être la propriété, l'esclave ou la proie.

« ANOTOW » ne formule aucune intimidation, aucune menace, aucun chantage envers toute personne du « Bien », et même notamment à l'encontre de celle qui assénerait qu'elle n'est pas, ou n'a jamais été, ou ne sera jamais de son idéologie morale nominale.

« ANOTOW » ne déclare aucune, et refuse toute appartenance avec quelconque religion.

« ANOTOW », de part son principe d'évidence et de logique universelle du « Bon Sens », ne peut avoir de raison d'être sans mettre en exergue toute vérité, la déclamer, et par conséquence, sans combattre sans défaillir, autant les mensonges et les vérités travesties, que leurs auteurs et propagateurs.

« ANOTOW », de part son principe d'évidence et de logique universelle du « Bon Sens », ne peut être étranger à tout savoir, toute connaissance.

« ANOTOW », de part son principe d'évidence et de logique universelle du « Bon Sens », ne peut être l'apanage d'une espèce, et ne peut être restreinte à s'appliquer qu'au « Vivant » de la planète Terre, mais bien à toutes les espèces existantes, tant animales, végétales et même spirituelles, et ce, autant en la dimension usuelle connue et conventionnelle, qu'à toute(s) autre(s).

Aussi, tout être vivant dit « intelligent » (conscient), a le devoir et l'obligation de s'y tenir.

Ainsi donc, l'espèce humaine a ce droit de conserver cette liberté de décision, et spécialement lors de contacts et de discussions avec d'autres espèces dites « intelligentes ».

Dans ce périmètre d'exercice, il est à ajouter que les abductions non consenties, comme toute séquestration, comme toute coercition, sont une grave violation de ces inaliénables universels droits fondamentaux du Vivant.

Les êtres ou entités commettant ces actes délictueux sont sous le couperet de ce grave crime d'absence de respect du libre-arbitre, celui du choix, et celui de refuser, et par voie de conséquences, de sanctions exemplaires.

Il va de soi qu'aucune nation, aucun gouvernement, aucune organisation ne peut accorder un passe-droit à un(e) quelconque autre, pour opérer sur sa population, et encore moins sur celle entière de la planète, notamment quant à des expériences forcées, non consenties, et pire, occultées mentalement (amnésie).

Tout pacte est frauduleux, et caduc.

Une supériorité technologique et/ou de savoir ne peut induire une supériorité morale, de conscience ou de « droit », mais, en revanche, cette qualité matérielle constitue une obligation d'intervention dès lors que la Loi fondamentale, celle du « Bon Sens », servant le « Bien », la noblesse, l'élégance spirituelle de ce qui est « Juste », est entachée. Ce qui revient au grave délit de « Neutralité ».

En résumé, « ANOTOW » par son principe universel, est supra-national, international, interplanétaire, inter-galactique.

Ainsi, « ANOTOW » est un courant philosophique appliqué, de valeurs et de motivations absolument inverses, opposées de ce que sont, que font et qu'entreprennent à mal dessein, la « française-maconnerie », et plus particulièrement, les « français-macons », si ce n'est la « Freemasonry », et les « Freemasons », et est paradoxalement, ce que toutes ces dernières et tous ces deniers revendiquent être et faire, avec spéciosité et duplicité.

« ANOTOW » est évidemment et nécessairement l'ennemi de ces membres sectaires qui ne vouent un culte qu'à l'obscurantisme éclairé sous leur illumination personnelle d'un faisceau bien contenu, dans le seul but de distordre, de travestir et même d'effacer la réalité des faits, des actes, la Vérité, souvent par une ombre déportée.

Il est sans conteste, en cette présente affaire qui vaut l'existence de ce poli-témoignage, en ces mésaventures aux multiples actions délictueuses et criminelles, en sus d'une insulte permanente aux lois de la République de France, un défi à titre spirituel, philosophique, moral, dogmatique, et même religieux.

Cela dépasse forcément la sphère politique dont cette dernière est l'esclave.

Le caractère masqué de ce procès était bien politique et religieux, ce qui est anticonstitutionnel au niveau français...

About the author

Laurent A. C. GRANIER is a French author, an eclectic writer, of philosophy as much as movie scenario or concept of Reality TV.

He is Master Philosopher as well as Theoretician.

His other books talk about different subjects.

One about the possibility of the existence of God by the mathematical reasoning, another one about a new theory treating the Dinosaurs extinctions by an increase of Gravity, and another one about the theory of Relativity vs. Quantum Mechanics.

In this last field, Laurent GRANIER is the one who has found the Einstein's mistake about his theory of Relativity, and his other one about Quantum Mechanics.

He works on anti-gravity "engines", a nuclear power with almost no waste and a massive dissuasion weapon. For this, he is writing a new physical basis.

Among his confidential discoveries on physics, he has found too, the real paradox of Time Travel.

He developed a new theory about Evolution, going further than Darwin's one, by explaining how it works.

He works on a new med to erase migraine.

As an inventor, he holds more than 25 patents. E.g. the "Bank Gift Card" is his invention, as well the warning system of car's blind spot mirror.

Since he is an expert in intellectual property, he wrote a book : "Patent Rights: Aberrations, Lures and Scams", denouncing the big mistakes and the fake rights and laws of Patent system.

In addition, he is a designer.

His capacity to analyze deeply everything enables him to find a solution to (almost) any problem.

Laurent GRANIER is a sensitive, open minded autodidact.

Open eyes, open ears, he never keeps quiet in front of injustice, fighting it everywhere."

He is the founder of the NGO foundation « ANOTOW – Another Tomorrow ».

First edition of French version.

Printed and published in April 2019.

Première édition en français de la version originale.

Imprimé et publié en avril 2019.

The Cocker Publisher.
www.thecockerpublisher.com
Publié pour le compte de l'ONG Supranationale
"ANOTOW" (Another Tomorrow – Un Autre
Demain)

ISBN: 9781091792739